한국
경제
/
대안
찾기

한국
경제

대안
찾기

| 정대영 지음 |

경제정책 전문가가 제안하는
대한민국 개혁 매뉴얼

창비

한국경제가 직면하고 있는 문제는 아주 많다. 불평등과 양극화의 심화, 괜찮은 일자리 부족과 높은 청년실업률, 비싼 집값·집세와 가계부채, 고령화 및 노동인구의 감소, 좋은 직업과 그렇지 못한 직업 간의 과도한 격차와 비정규직 문제, 복지 부족과 빈곤, 저성장과 재정 건전성 악화, 재벌의 경제력 집중과 전횡, 중소기업의 경쟁력 약화, 정책의 불투명성과 자의성, 금융소외 계층의 증가와 금융산업 낙후성 등이다. 이들 문제는 하도 복잡하게 얽혀 있어 어디서부터 어떻게 풀어나가야 할지, 해법을 찾기 어렵다. 그 실마리를 찾는다 해도 해결 가능성은 높아 보이지 않는다. 젊은이들은 결혼하기도 어렵지만 결혼을 해도 아이를 잘 안 가지려 한다. 지금도 힘들지만 미래는 더 불안하기 때문이다. 일부 젊은층에서는 지옥같은 한국이라는 의미의 '헬조선'이라는 말까지 쓰고 있다.

상황이 이러함에도 정부는 예전부터 해오던 부동산 띄우기, 금리인하와 재정지출 늘리기, 재벌 총수에게 고용 확대 부탁하기만을 주요 정책으로 내놓는 상황이다. 녹색경제나 창조경제도 이름은 그럴 듯하지만 그 효과를 언제 어떻게 거둘지 알 수 없다. 노동개혁도 직접 생산현장에서 일하며 약간의 혜택을 받는 대기업 정규직의 노동조건을 악화시키는 방향으로 진행된다. 더 많은 특권과 특혜를 누리는 임대사업자, 의사 등 전문직, 교수와 공무원 등의 개혁에는 선뜻 나서지 않는 것이다. 그렇다고 진보진영에서 주장하는 법인세율 등의 인상을 통한 복지 확대와 경제민주화가 한국경제의 문제 해결에 큰 도움이 될 것 같지도 않다. 법인세율 인상은 부실한 조세체계의 근본적 개혁과는 거리가 멀고, 경제민주화는 개념이 모호하다. 또한 경제민주화의 핵심이라는 재벌개혁도 괜찮은 일자리 창출과 집세 안정 등 서민의 살림살이를 개선하는 일과 바로 연결될 것 같지 않다.

이 책은 한국경제의 구조와 문제점을 살펴보고 정책대안을 찾아보려는 시도에서 탄생했다. 한국경제의 여러 문제를 나열하기보다는 문제의 문제, 즉 문제의 뿌리가 무엇인지를 알아보는 데 집중했다. 책의 절반 가까이는 구체적 정책대안을 제시하는 데 할애했다. 조세정의 확립, 일자리 창출 같은 큰 정책방향에 대해서는 많은 사람이 쉽게 동의한다. 그러나 임대소득 과세, 의사 정원 확대, 은행 설립의 단계적 허용 같이 구체적인 정책대안으로 들어가면 사람들의 의견이 제각각 달라지고, 이해당사자의 반발도 아주 크다. 모두에게 좋고 반대가 별로 없는 정책은 십중팔구 인기 영합주의 정책이라고 보아야 한다. 아니면 실질적 효과가 없는 말잔치일 가능성이 크다.

본문에서는 임대사업자·전문직·관료·금융권 등 특권적 이익집단의 혜택을 축소하고 법과 제도의 공정성을 강화하는 정책을 많이 제시했다. 특혜를 누려온 이들의 반발이 아주 심할 것이다. 이들은 다수가 아니지만 목소리가 커서 정책 추진이 쉽지 않을 것이다. 그러나 이 정책들은 많은 선진국에서 이미 채택하고 있는 글로벌 스탠더드에 가깝다. 국민적 합의를 통해 이러한 정책들을 채택하고 추진해야 선진국이 될 수 있다.

이 책은 세개의 장으로 구성되어 있다. 제1장에서는 한국경제의 흐름과 구조를 다룬다. 한국경제의 문제와 정책대안을 찾기에 앞서 먼저 국민경제의 순환과 경제구조, 한국의 잠재GDP, 피케티 이론과 한국의 불평등, 금융위기와 한국경제 등을 조금 지루하지만 분석해보았다. 경제학의 기초지식이 있는 사람은 제1장을 건너뛰어도 좋을 것이다. 다만 제5절 '피케티 이론과 한국의 불평등'에서는 한국의 경우 상위 0.1%나 1%보다 상위 10%의 소득집중도가 더 높고, 상위 10%의 소득집중도는 거의 세계 최고 수준이라는 것을 밝혔다. 이는 한국경제의 구조적 문제를 만드는 뿌리이기 때문에 꼭 관심을 가져야 할 내용이다.

제2장은 한국경제의 구조적 문제와 부조리, 즉 한국경제 문제의 뿌리를 탐색하는 부분이다. 신뢰 부족과 이에 따른 불확실성의 증가는 사회와 경제 전체에 큰 영향을 주는 근본적 문제 가운데 하나다. 한국의 신뢰 부족은 국민의 정직성 부족 및 법과 제도 등의 불공정성으로 인해 점점 심화되고 있다. 이는 공동체 의식을 훼손하고 불확실성을 높여 국민경제의 생산성과 경쟁력을 약화시킨다.

다음으로 재벌뿐 아니라 임대사업자, 의사 등 전문직, 관료, 공기업 등 여러 특권적 이익집단이 국민경제의 성과를 과도하게 가져가는 것이 양극화와 불평등의 뿌리임을 설명했다. 특히 과도하게 가져가는 것이 시장원리보다 불공정한 제도나 정부의 과보호 때문임을 밝혔다. 또한 한국의 비싼 집값과 집세는 괜찮은 직업을 가진 사람을 포함하여 대다수 국민을 고단하게 하고 한국의 경쟁력을 약화시킨다는 사실도 설명했다. 이 세가지 외에 정책의 불투명성과 자의성, 금융산업의 낙후성, 어설프고 부실한 조세제도와 복지제도 등의 문제에 대해서도 살펴보았다.

제3장에서는 구체적인 정책대안을 찾아 제시했다. 우선 이해해야 할 것은, 한국경제의 고질적인 문제를 해결할 수 있는 정책은 거의 모두 그 정책으로 인해 손해를 보는 사람들의 반대가 크고 부작용이 있으며 어려운 정책뿐이라는 점이다. 제시한 구체적 정책 가운데 첫번째는 임대소득 과세를 통한 집값·집세의 안정 등 다양한 부동산시장 정상화 방안이다. 이울러 주택시장의 경착륙에 대비한 비상계획도 마련해보았다. 두번째는 한국경제의 오랜 숙제인 괜찮은 일자리 창출 방안이다. 이를 위한 정책과제로 직업 간 과도한 보상 격차의 해소, 비정규직과 중소기업 노동자의 노동조건 개선, 새로운 직업 창출을 막는 법과 제도의 개혁, 일자리를 많이 만드는 산업에 대한 지원 등을 제시했다.

다음으로 한국의 가장 강력한 이익집단 중 하나인 관료의 개혁방안과 함께, 가장 낙후된 산업 가운데 하나이지만 좋은 일자리를 창출할 가능성을 지닌 금융산업의 발전방안을 구체적으로 살펴보았다. 이해관계가 복잡하게 얽힌 조세제도와 복지제도, 연금제도의 개혁 방향도 찾아보았다. 마지막으로 중소기업과 농업 지원정책의 방향, 대표이사 연대보증제의 폐지, 자연의학과 우리 술 산업의 육성 방안, 아시아판 에어버스 사업 등 산업정책과 남북협력사업에 대한 몇가지 아이디어도 제시했다.

이 책에서 제시된 정책대안 중 일부는 전문가가 보기에 피상적일 수 있고, 또 일부는 생각이 달라 논란이 클 수 있다. 이를 감수하면서도 여러 정책대안을 제시하려 애쓴 것은 한국에 구호와 정책방향은 많지만 구체적인 대안 제시나 이에 대한 치열한 논의가 별로 없었기 때문이다. 이 책을 통해 한국경제의 구조를 바꿀 수 있는 건설적인 정책대안에 대한 토론이 보다 많이 이루어졌으면 한다.

한 개인이 너무 많은 분야의 주제를 다루다보니 부족한 부분이 많지만 많은 사람의 도움으로 책을 마무리할 수 있었다. 한국은행의 오랜 동료였던 유병하 박사와 김윤철 박사는 원고 전체에 대해 소중한 조언을 하고 중요한 오류도 바로잡아주었다. 박양수 박사는 한국의 잠재GDP 부분을 작성하는 데 큰 도움을 주었으며, 최규권 팀장은 국민소득 통계를 비롯하여 제1장의 여러 오류를 지적해주었다. 송승주 박사, 류상철 박사, 서영만 실장도 원고 전반에 대해 유익한 조언을 해주었다. 한국은행의 전영실 과장은 원고 정리와 통계조사 등에서 많은 도움을 주었다. 모든 이에게 마음 속 깊이 고마움을 느끼고 있다.

이렇게 많은 도움에도 불구하고 이 책에 오류가 남아 있다면 그것은 전적으로 필자의 책임이다. 논란이 많을 수 있는 이 책을 흔쾌히 내주신 (주)창비의 염종선 이사와 출판 과정에서 많은 수고를 해주신 편집자 여러분에게도 깊은 사의를 표한다. 끝으로 계속되는 책 쓰기 작업을 성원하고 지지해준 가족, 새로 가족이 된 손자 지민과 함께 이 책을 완성한 기쁨을 나누고 싶다.

2015년 11월
정대영

차
례

제1장

한국경제의 흐름과 구조 이해하기

불균형과 불평등의 구조

1. 국민경제는 어떻게 순환하는가

　한국경제의 문제점과 정책대안을 찾아내려면 국민경제의 순환과 경제구조 그리고 금리·물가·환율 같은 거시경제 문제를 어느정도 이해해야 한다. 거시경제는 다소 복잡하고 어려운 분야로, 그 분석은 여러가지 방법과 시각에서 이루어질 수 있다. 여기서는 언론 등을 통해 많이 접할 수 있는 국민소득 통계를 기초로, 가능한 쉽게 국민경제의 순환과 경제구조 등에 대해 설명해보고자 한다.

　국민소득 통계는 일자리·환경 등 국민의 살림살이를 모두 반영하지 못하는 면이 있지만, 국민경제 전체의 흐름을 파악할 수 있는 여러 자료를 제공한다. 국민소득 통계에서 나오는 경제성장률이나 1인당 국민소득은 경제정책 목표의 수립과 국가 간 경제수준의 비교 등에 많이 사용된다. 또한 국민소득은 분배구조와 산업구조 등을 파악하고 저축률·투자율 등 많은 분석지표를 산출할 수 있는 기초통계이기도 하다. 국민소득 통계를 기초로 거시경제에 대한 이해의 폭을 넓히고 한국경제의 문제점과 정책대안을 고민해보자.

경제 분석의 출발점

생산·분배·지출

지금의 국민경제 아래에서는 수없이 많은 상품이 생산·유통되고, 이 과정에 많은 기업이 참여할 뿐 아니라 서로 복잡하게 얽혀 있다. 갈수록 개인들의 소비는 다양해지고, 수출입은 확대되며 정부의 역할도 커진다. 여기에 금융거래까지 모두 포함된 국민경제의 전체 순환 과정은 매우 복잡하여 머릿속에서 잘 그려지지 않는다. 이를 좀더 이해하기 쉽게 만드는 방법이 있는데, 전체 순환 과정을 생산·분배·지출로 나누어 살펴보는 것이다. 크고 복잡한 덩어리를 몇개의 부분으로 나누는 것은 모든 경제 분석의 출발점이다. 나누어진 부분이 공통된 특징을 갖고 있으면 분석이 더 쉬워진다.

첫째, 생산은 기업 등 경제주체가 노동·자본·기술 등 생산에 필요한 여러 요소를 사용하여 갖가지 물건이나 서비스를 만들어 공급하는 과정이다. 생산 방식과 기술은 변하고 있으며 이러한 변화가 경제발전의 중요한 요소다. 산업혁명이란 생산 방식과 기술의 급속한 발전으로 인해 한 국가나 사회의 생산능력이 비약적으로 늘어난 것으로 볼 수 있다.[1]

---

[1] 세계경제의 연평균 성장률은 1700년 이전까지 0.1~0.2%, 산업혁명기인 1700~1820년에는 0.5%, 이후 1820~1913년에는 1.5%, 1913~2013년에는 3.0%로 추정된다.(피케티 『21세기 자본』, 장경덕 옮김, 글항아리 2014, 95면) 이렇게 보면 한국경제가 이룩한 과거의 높은 성장은 산업혁명이 몇번 일어난 정도의 기적적인 성과다.

둘째, 분배는 생산에서 얻어진 소득을 생산에 참여한 사람에게 나누어주는 과정이다. 노동을 제공한 사람에게는 임금, 자금을 빌려준 사람에게는 이자, 토지나 건물 등을 빌려준 사람에게는 임대료를 지급한다. 이러한 비용을 제한 후 남는 것이 기업가의 이윤이다. 물론 분배 과정에서 다양한 종류의 세금도 낸다.

셋째, 지출은 각 경제주체가 분배된 소득을 사용하는 과정이다. 개인은 식비·의류비·주거비 등을 지출하고, 남은 소득은 미래의 소비 등을 위해 저축한다. 기업은 새로운 생산을 위해서나 기존의 생산능력을 늘리기 위해 공장을 짓거나 기계를 구입하고, 연구개발을 위한 지출 즉 투자를 한다. 그리고 일부는 개인과 같이 미래를 위해 저축을 한다. 정부역시 거두어들인 세금으로 소비·투자·저축을 한다. 소비 및 투자 행위인 지출은 생산된 물건이나 서비스를 사용하는 형태로 나타나기 때문에 수요 측면으로도 볼 수 있다.

국민경제는 생산·분배·지출이 복잡하게 얽힌 채 순환하고 있으며, 이 순환 과정이 커지는 것이 성장이다. 단순히 국민경제의 규모만 커지는 것을 성장이라고 하고, 생산성 증가 등 질적인 변화가 동반되는 것을 발전이라고 부르기도 한다. 여기서는 성장과 발전을 엄격히 구분하여 사용하지는 않을 것이다. 성장과 발전을 구분하다보면 성장은 문제가 있고, 발전이 더 중요하다는 식의 논쟁과 연결되기 쉽기 때문이다.

성장은 일차적으로 생산요소인 노동·자본·기술의 양과 질에 의해 결정된다. 투입되는 생산요소의 양이 늘거나 질이 좋아지면 경제는 성장한다. 장기적으로 보면, 생산요소의 양과 질의 변화 없이는 성장이 이루어지지 않는다. 경제발전의 초기 단계에 있는 나라 같이 수요에 비해 생산이 부족한 경우, 성장정책의 핵심은 생산요소의 투입을 늘려 생산능

력을 확대하는 것이다. 그리고 한 나라에서 생산된 물건이나 서비스의
규모가 세계시장에서 차지하는 비중이 아주 작아, 그 나라의 생산량 변
화가 세계시장의 수요·공급 변화에 거의 영향을 주지 않는 경우에도 생
산능력이 성장을 결정하는 중요한 요소로 작용한다.

그러나 경제규모가 커질수록 생산된 재화 및 서비스에 대한 수요가
뒷받침되어야 성장이 가능하다. 즉 생산능력의 확충은 성장의 필요조
건이긴 하지만 충분조건은 아니다. 수요가 있어야 생산된 물건이 팔리
고 지속적인 성장이 가능한 것이다. 현재의 세계경제는 중국과 인도 등
과거 생산이 부족했던 나라가 빠르게 공업화되고 있어 생산능력이 크
게 늘어났다. 이에 비해 수요는 인구정체와 고령화, 저성장 등으로 충분
히 늘지 못하고 있어 세계적으로 생산은 과잉상태다. 경쟁력 있는 생산
도 중요하지만, 현재는 그보다 분배구조의 개선과 새로운 시장의 개척
등을 통해 국민경제의 수요 기반을 안정적으로 늘리는 것이 더 중요할
뿐 아니라 더 효과적인 성장정책일 수 있다.

국민소득

국민경제의 순환 과정에서 생산된 물건과 서비스의 합계를 국민소
득이라 하며 이는 국내총생산(GDP), 국민총소득(GNI) 등으로 불리는
통계치로 측정된다. 국민소득 통계를 기초로 경제성장률이나 1인당 국
민소득 등도 계산할 수 있다. 경제성장률과 1인당 국민소득은 작성 기
준이 조금 다르다. 먼저 경제성장률은 특정연도(예를 들어 2010년)의
가격을 기준으로 국내총생산이 전년도나 전 분기 등에 비해 얼마나 증
가했는지를 계산한 것이다. 특정연도의 가격을 기준으로 해야 물가상
승으로 부풀려진 부분을 빼고 실제 늘어난 국민소득을 알 수 있다. 이렇

게 특정연도의 물건 및 서비스의 가격을 기준으로 작성한 국민소득을 실질국민소득이라 한다. 한편 1인당 국민소득은 어떤 연도의 소득 수준을 파악하는 것이기 때문에 해당 연도의 가격을 기준으로 한다. 이렇게 그해 그해의 가격을 기준으로 하여 추계된 국민소득을 명목국민소득이라 한다. 한국의 2014년 명목GDP는 1485조원이고, 실질GDP는 명목GDP보다 GDP디플레이터라고 불리는 물가상승분[2]만큼 적다.

국민소득 통계는 생산·분배·지출 각각의 순환 과정에서 모두 작성할 수 있으며, 생산국민소득·분배국민소득·지출국민소득 등으로 불린다. 세가지 국민소득은 하나의 국민소득을 순환 과정상의 다른 측면에서 본 것이기 때문에 이론상 통계치가 같아야 한다. 이를 국민소득의 삼면등가의 법칙이라 한다. 실제 한국의 국민소득 통계도 생산·분배·지출 세가지 측면에서 작성되고 있다. 그러나 국민경제의 방대성, 물건과 서비스의 다양성, 거래관계의 복잡성 등으로 인해 세가지 측면의 통계치가 정확히 일치하지 않는다. 따라서 세가지 측면의 국민소득은 통계상 불일치 항목을 통해 조정하여 사후적으로 일치시킨다.

국민경제가 방대하고 복잡해도, 기초통계가 잘 구비되어 있고 정확도가 높으면 통계상 불일치 규모는 줄어들 것이다. 이제 국민소득 통계를 생산·분배·지출로 나누어 국민경제의 흐름과 경제구조의 문제점 등을 살펴보자. 국민소득의 생산·분배·지출 측면을 잘 이해하면 거시경제 분석의 상당 부분이 친숙해진다. 이 때문에 거시경제학은 소득이론이라 불리기도 한다.

---

2 GDP 통계에서 사용되는 물가는 GDP디플레이터라 하며, 생산자물가·소비자물가·임금·환율 등 GDP에 영향을 주는 모든 물가요인을 포괄하는 물가지수다.

국민소득 통계 활용하기 1: 생산국민소득과 산업구조

생산국민소득이란?

국민소득 통계는 한 나라의 가계·기업·정부 등 모든 경제주체가 일정 기간에 새로이 생산한 물건과 서비스의 가치를 금액으로 평가하여 만든다. 생산국민소득은 농림어업, 제조업, 건설업, 금융보험업 등 경제활동별로 새로이 생산된 물건과 서비스의 가치를 합한 것이다. 다시 말해 국민소득이란 각 경제주체가 새로이 생산한 가치, 즉 부가가치의 합계다. 따라서 기업의 매출액이나 생산액의 합계와는 당연히 다르다.

생산 과정에서 하청이나 외주(outsourcing)를 늘리면 같은 규모의 최종 생산을 위해 여러 기업의 매출이 늘어나 국민소득이 저절로 늘어난다는 주장이 있다. 이는 국민소득이 부가가치의 합계라는 사실을 이해하지 못한 것이다. 하청이나 외주 과정에서 새로운 부가가치를 만들지 못하면 국민소득이 늘지 않는다. 또한 삼성 등 특정 재벌기업의 매출 규모가 국민소득의 얼마를 차지한다는 통계도 비교 기준이 달라 유의해서 살펴봐야 한다. 부가가치는 생산에 참여한 각 경제주체가 중간투입물인 원자재를 제외하고 새로이 창출한 가치다. 당연히 매출이나 생산액보다 훨씬 작다. 2013년을 기준으로 보면 중간투입액까지를 포함한 총 산출액은 3500조원 정도이고, 부가가치 기준인 GDP는 1429조원이다. 경제학 교과서에서 많이 사용하는 밀·밀가루·빵의 사례를 들어 부가가치를 살펴보자.

농부가 밀농사를 지어 밀가루 회사에 100만원을 받고 밀을 팔았을 때, 농부가 창출한 부가가치는 100만원이다. 밀가루 회사가 이 밀로 밀가루를 만들어 빵 회사에 150만원을 받고 팔면 밀가루 회사가 창출한 부가가치는 50만원이 된다. 빵 회사는 이 밀가루로 만든 빵(설명의 편의상 다른 원자재를 쓰지 않았다고 하자)을 소비자들에게 230만원에 팔았다. 빵 회사의 부가가치는 80만원이다. 이 과정의 총부가가치는 농부 100만원, 밀가루 회사 50만원, 빵 회사 80만원을 합친 230만원이다. 총 부가가치는 최종 생산물인 빵을 판 금액 230만원과 같게 된다. 국민소득은 이런 부가가치의 합계다.

현실 경제에서는 부가가치액을 산출하기가 쉽지 않다. 앞에서 예를 든 밀이 빵이 되는 과정만 살펴보아도 농부가 밀을 생산하기 위해서는 종자·비료·농약 등의 중간투입물이 필요하다. 따라서 실제 부가가치액은 밀 판매액인 100만원에서 종자·비료 등의 구입액만큼 줄어든다. 빵 회사의 경우도 마찬가지로 설탕·버터·팥 등 다양한 중간재를 투입한다. 이것들의 금액을 빼야 실제 부가가치가 나온다. 부품이 많은 자동차나 휴대폰 등의 생산 과정에서 각 품목별로 정확한 부가가치액을 산정하는 것은 매우 어려운 일이다. 국민경제 전체로 보아 여러 산업의 수많은 기업들이 생산한 부가가치액을 정확히 합산한다는 것은 더더욱 어려울 수밖에 없다.

따라서 국민소득 통계를 만드는 일은 통계를 집계한다고 하지 않고 추계(estimate)한다는 말을 쓴다. 여러가지 관련 통계를 이용해 중간투입액과 부가가치액을 추정 산출하는 것이다. 부가가치액의 추정에 사용하는 주요 통계는 산업연관표, 기업경영 분석, 광업·제조업·건설업 등에 관한 조사보고서, 정부 예산지출 관련 보고서 등 다양하다. 이러한 기초통계가 정확해야 국민소득도 정확히 추계할 수 있다.

한국의 산업구조

일반적으로 산업구조는 각 연도별로 산정된 명목 생산국민소득 통계를 기초로 작성한다. 한국은 1970년대 이후 농림어업 비중은 빠르게 줄고 제조업·서비스업 비중이 늘어나, 현재는 다른 선진국 같이 서비스업의 비중이 가장 크다. 2014년 부가가치 기준 한국의 산업구조를 살펴보면, 농림어업이 2.3%, 제조업은 30.3%, 건설업은 4.9%, 서비스업은 59.4%를 차지한다.

한국의 산업구조는 1차산업(농림어업)에서 2차산업(광공업) 그리고 3차산업(서비스산업)으로 중심이 이동되어왔다. 2차산업 및 3차산업의 비중이 커지는, 소위 산업구조의 고도화가 이루어지고 있는 것이다. 그러나 아직은 제조업 비중이 꽤 높다. 한국의 산업구조는 제조업 기반이 유지되고 있는 독일·일본과 유사하다. 어떤 측면에서 서비스업 비중이 과도하게 높은 미국과 영국에 비해서는 양호하다고 볼 수도 있다.

다만 한국 제조업은 부가가치율이 독일과 일본에 비해 10%포인트 정도 낮은 상태이고, 이러한 부가가치율 격차는 1990년대 이후 장기간 계속되고 있다. 즉 한국은 제조업이 성장해도 국민경제에 떨어지는 실제 가치(부가가치)가 독일 등에 비해 훨씬 작다는 것이다. 여기에 더해 한국 제조업의 취업계수는 1995년 10.3에서 2011년 2.1로 급격히 떨어졌다. 취업계수는 일정액(10억원) 생산에 직접 필요한 취업자의 수로, 제조업의 생산이 늘어도 취업자는 과거보다 늘지 않는 상황이 된 것이다. 제조업이 좋아져도 다른 산업으로의 파급 효과 및 고용확대 효과가 크지 않아 국민이 체감하는 경기는 별로 좋아지지 않을 수 있다는 의미다.

산업구조는 국민소득 통계의 부가가치 기준 외에 다른 자료를 통해서도 파악할 수 있다. 하나는 고용통계를 이용한 종사자 기준이고 다른

한국 산업구조의 변천
(부가가치 기준)

(구성비, %)

	1970	1975	1985	1995	2005	2014
농림어업	28.9	26.9	13.0	5.9	3.1	2.3
광업	1.6	1.5	1.2	0.5	0.2	0.2
제조업	18.8	21.9	26.6	27.8	28.3	30.3
전기·가스·수도 사업	1.4	1.2	3.0	2.3	2.6	2.8
건설업	5.0	4.5	6.5	9.0	6.4	4.9
서비스업	44.3	44.1	49.7	54.6	59.4	59.4

출처: 한국은행 국민계정.

주요국과의 산업구조 비교
(2013년 기준)

(구성비, %)

	한국	미국	독일	영국	일본
농림어업	2.3	1.4	0.9	0.7	1.2
광업(전기·가스·수도 포함)	2.5	4.3	3.9	4.4	2.0
제조업	31.0	12.1	22.2	9.7	18.8
건설업	4.9	3.7	4.6	6.1	5.6
서비스업	59.3	78.6	68.4	79.1	72.4

출처: United Nations Statistics Division.

한국·독일·일본의 제조업 부가가치율 추이

(구성비, %)

	1995	2000	2005	2009	2011
한국	25.8 (10.3)	24.6 (4.9)	22.9 (3.4)	19.9 (2.5)	20.1 (2.1)
독일	36.5	33.4	32.2	30.2	30.1
일본	36.2	35.6	33.6	30.5	30.5

출처: WIOD, 괄호 안의 수치는 제조업 취업계수 한국산업연관표에서 작성함.

하나는 산업연관표의 총산출 기준이다. 종사자 기준 산업구조는 농림어업과 서비스업의 비중이 조금 더 높다. 이는 농림어업과 서비스업의 경우 생산성이 낮아 부가가치에 비해 더 많은 사람이 일을 하고 있기 때문이다. 총산출 기준의 산업구조는 제조업의 비중이 더 높아진다. 제조업은 총산출에서 부가가치가 차지하는 비율인 부가가치율이 서비스업 등에 비해 낮아 부가가치액이 상대적으로 크지 않기 때문이다.

종합해보면 한국의 산업구조는 외형적으로는 선진국화되어 있고 양호한 모습이지만, 실제로는 농림어업과 서비스업의 생산성이 낮고, 제조업의 부가가치 비율과 고용창출 효과가 낮다는 문제를 안고 있다. 이에 생산국민소득과 여러 분석지표를 이용하면 경제정책의 방향과 대안을 찾을 수 있다. 먼저 농림어업과 서비스업은 생산성이 높은 고부가가치 산업으로 바꾸어야 한다. 질 좋고 비싼 농산물의 생산과 유통, 농산물을 활용한 고급 제품 생산이 중요하다. 또한 고품격·고부가가치 서비스 산업 및 지식산업을 육성해야 한다. 제조업에서도 부가가치율과 고용유발 효과를 높일 수 있게 숙련기술 인력이 많이 필요한 정밀기계 등 부품산업이나 엔지니어링 산업 등의 발전을 유도·촉진해야 한다.

국민소득 통계 활용하기 2: 분배국민소득과 분배구조

분배국민소득이란?

분배국민소득은 국민경제의 순환 과정에서 창출된 부가가치가 노동·자본 등 생산요소를 제공한 각 경제주체에게 어떻게 분배되었는지를 알아보는 통계다. 소득의 분배는 일차적으로 노동자의 임금인 피용자 보수, 생산주체(기업)의 몫인 영업잉여, 생산 판매 수입 등에 부과되는 세금 등으로 나누어진다. 영업잉여는 자금 또는 건물·토지 등을 빌려주어 생산활동에 간접적으로 참여한 경제주체에게도 이자·배당·임료[3] 등의 재산소득으로 다시 분배된다.

이러한 재산소득은 국민경제 전체로 보면 이자의 예대마진(예금과 대출이자의 차이로, 금융기관의 주 부가가치) 부분을 제외하고 대부분 지급과 수취가 서로 상쇄되어 사라진다. 즉 배당은 기업이 지급하고 개인이 받고, 임료도 기업과 개인이 지급하고 다른 기업이나 개인이 받기 때문에 서로 상쇄되는 것이다. 따라서 이자·임료 등 재산소득 상황은 기업·가계·정부 등의 부문별 국민소득 통계와 산업연관표 등의 다른 기초통계를 이용해야 알 수 있다.

피용자 보수·재산소득·세금 등으로 1차 분배된 소득은 2차·3차로 사회보장제도 등을 통해 재분배되면서 다시 조정된다. 소득의 재분배는 기초생계비 지원, 노령연금, 실업급여 같은 현금지원뿐 아니라 공공교육·보건 등 현물지원도 포함된다. 따라서 분배국민소득을 추계하는 것은 생산국민소득의 복잡한 부가가치를 추계하는 것보다 더 어렵고 정확도가 떨어질 수 있다.

한국의 분배구조

분배국민소득 통계로는 일차적으로 노동자의 소득(노동소득)과 자

---

3 국민소득에서는 임료와 임대료를 구분한다. 임대료는 건물과 기계 등 생산활동을 통해서 만들어진 고정자산을 빌린 댓가로 지급하는 비용이다. 건물 등을 빌려준 주체는 임대서비스를 창출하고 임대료를 받는 것으로 본다. 반면 임료는 토지 등 자연자산의 사용 댓가로, 서비스의 생산이 아닌 분배계정의 재산소득으로 본다.

본의 소득(영업잉여)으로 얼마만큼 분배되는지를 알 수 있다. 국민소득 중 노동자 소득의 비율은 노동소득분배율, 자본소득의 비율은 영업잉 여율 또는 자본소득분배율이라고 한다. 자영업자의 소득은 자신이 직접 일하는 노동소득과 투자한 자본의 소득이 섞여 있지만 이를 구분하지 않고 모두 자본소득으로 분류한다. 따라서 자영업자의 비중이 높으면 분배국민소득 통계를 통해 노동자와 자본 간의 분배 상태를 정확히 파악할 수 없다. 특히 한국은 자영업자 중 소규모 음식점이나 동네 슈퍼마켓, 미용실 등 영세자영업자의 비중이 높다. 이들은 자본보다는 자기의 노동을 주로 이용해 생산활동을 하는데, 소득은 국민소득 통계상 자본소득인 영업잉여로 잡힌다. 한국은 노동소득분배율이 낮고 자본소득 분배율이 높을 수밖에 없는 구조다.

통계를 보면 한국의 2014년 노동소득분배율은 62.6%로 미국(65.6%, 2013), 독일(68.0%, 2013), 일본(69.3%, 2013) 등에 비해 크게 낮다. 이것은 자본의 몫이 상대적으로 큰 것과 자영업 비중이 큰 경제구조가 복합된 결과다.

노동소득분배율은 2010년 59.1%에서 2014년 62.6%로 소폭 상승했다. 이것이 노동자에게 분배되는 소득이 증가한 것인지, 내수위축으로 자영업자의 숫자가 줄었기 때문인지 살펴볼 필요가 있다. 실제로는 임금이 별로 오르지 않아 노동자의 소득은 정체되었지만 영세자영업자의 폐업으로 자영업자 수가 줄어 노동소득분배율이 상승했을 가능성이 크다. 말하자면 노동소득분배율 상승이라는 지표상의 변화와는 반대로 다수 국민의 생활은 자영업의 위축으로 더 어려워지는 상황일 수 있다.

따라서 노동소득분배율과 자본소득분배율 통계를 갖고 국민의 경제 생활, 즉 가계의 살림살이가 어떻게 되어가고 있는지를 파악하기 위해서는 분배국민소득의 기초통계를 조금 변형해야 한다. 자영업자의 소득 일부를 노동소득으로 보아 노동소득분배율을 조정하는 것이다. 이렇게 조정된 노동소득은 2000년대 이후 경제성장률보다 낮은 증가세를 보이고 있다. 반면 조정된 자본소득은 경제성장률보다 훨씬 높은 성장세가 지속되고 있다. 노동소득과 자본소득 간의 성장세 격차는 2008년 세계경제위기 이후 기업의 실적둔화로 다소 축소되고 있으나, 여전히 자본소득이 노동소득보다 빠르게 증가하고 있다. 이러한 방식으로 계산한 노동소득분배율은 1980년대 82%에서 2010년대 초반 73% 수준으로 낮아져 노동자와 영세자영업자의 살림살이가 상대적으로 어려워지고 있다는 것을 바로 알 수 있다.

노동자와 영세자영업자의 소득이 위축되면 가계수입의 대부분을 기본 생계유지와 빚 갚는 데 쓸 수밖에 없다. 저축할 돈이 없으니 자연스럽게 저축률이 낮아지게 된다. 가계의 순저축률은 1980년대 말 1990년대 초 23~24%까지 상승하여 세계 최고 수준이었다. 그러나 이후 가계의 순저축률은 계속 낮아져 2012년에는 3.4%까지 떨어졌다. 이는 저축을 별로 안 하는 미국(2010년 5%)보다도 낮은 수준이다.

그렇다고 한국경제 전체의 저축률이 낮은 것은 아니다. 2014년 한국의 총저축률은 34.7%로 2000년대 이후에도 계속 30%를 상회하고 있으며 미국(17.2%), 독일(26.0%), 일본(21.4%, 2012년)보다 크게 높은 수준이다. 이는 과거와 달리 한국에서 저축의 대부분이 가계가 아닌 기업 부문에서 이루어지고 있음을 의미한다. 기업을 포함한 국가 전체로는 여유가 있는데 개인의 살림살이가 어려운 것이다. '잘사는 나라에서 당신은 왜 가난한가?'라는 질문의 답이 국민소득 통계에서 드러난다.

기업 부문 내부에서도 수익성과 자금 사정 등이 좋은 기업과 나쁜 기업

● 노동소득분배율을 조정하는 세가지 방식

하나는 OECD가 사용했던 방식*으로 자영업자도 임금노동자와 같은 임금소득이 있다고 간주하는 것이다. 즉 자영업자 수와 임금노동자의 평균소득을 곱한 금액을 자본소득에서 빼서 노동소득에 포함시키는 방법이다. 한국의 경우 자영업자의 평균소득이 임금노동자에 비해 크게 낮기 때문에 이 방식을 쓰면 노동소득분배율이 실제보다 높아져 현실을 왜곡할 수 있다.

둘째는 자영업자의 소득도 법인기업 같이 자본과 노동소득으로 구성되어 있다고 간주하여 자영업자 소득을 자본소득과 노동소득으로 구분하는 것이다. 이렇게 계산한 자영업자의 노동소득은 피용자 보수에, 자영업자의 자본소득은 영업잉여에 넣어 노동소득분배율과 자본소득분배율을 계산하는 방식이다. 이 방식은 영세자영업자 소득의 대부분이 노동소득 성격인 점을 감안하면 노동소득분배율이 실제보다 다소 낮게 나올 수 있다. 그리고 이 방식은 과거 국민계정 통계의 보완이 지연되어 현재 2010년 이후의 통계 작성만 가능하다는 문제가 있다.

셋째는 자영업자 중 기장의무가 없는 영세자영업자의 소득을 전부 자본소득에서 빼서 노동소득에 포함하는 방식이다. 이 방식은 노동소득이 실제보다 조금 커질 수 있으나, 한국에서 영세자영업자의 경우 소득의 대부분이 노동소득 성격이라는 점, 기장의무가 있는 자영업자의 노동소득이 일부 자본소득에 포함되어 있다는 점 등을 감안할 때 통계의 유의성이 있다. 또 이 방식은 과거 시계열 통계 확보가 쉽다는 장점도 있다. 이 책에서는 이 세번째 방식으로 노동소득과 자본소득을 조정해보았다.

* OECD는 2013년 이후 이 통계를 작성하고 있지 않다. 각국의 자영업자 비중, 자영업자의 소득 수준 등의 차이가 커 통계의 신뢰성이 떨어지기 때문인 것으로 추정된다.

한국의 저축률과 투자율 추이

	1985	1990	2000	2010	2012	2014
총저축률	32.8	39.3	34.4	35.0	34.2	34.7
가계 순저축률	14.9	21.7	8.4	4.1	3.4	6.1
국내 총투자율	33.0	39.5	33.2	32.1	30.8	29.0

출처: 한국은행 국민계정.

조정 노동 및 자본소득의 성장률과 분배율 추이

(연평균, %)

	1980년대	1990~1996	2000~2007	2009~2014
경제성장률	9.9	8.5	5.4	3.2
조정 노동소득 증가율	11.1	7.3	3.6	3.0
조정 자본소득 증가율	9.1	6.0	9.6	5.4
조정 노동소득 분배율	82.0	82.0	78.0	73.2
조정 자본소득 분배율	18.0	18.0	22.0	26.8

＊ 주: 기장의무가 없는 영세자영업자의 소득을 자본소득에서 빼어 노동소득에 포함. 통
계의 유의성 확보를 위해 1997~99년 IMF 시기와 2008년 세계금융위기 시기는 제외.
＊ 출처: 한국은행 국민계정.

의 차이가 있겠지만 기업 부문 전체는 가계 부문보다 저축이 많고 여유
자금도 충분한 셈이다. 경제의 활력을 잃지 않게 하면서 기업 부문의 소
득이 가계 부문으로 더 많이 흘러갈 수 있도록 만드는 방안을 찾아야 한
다. 이것이 분배국민소득 통계가 보여주는 중요한 정책과제[4]의 하나다.

---

4 이를 위해 실적이 좋은 대기업이나 공기업 등의 정규직 보수를 인상하는 정책은 바람
   직하지 않다. 뒤에서 살펴보겠지만 한국경제의 구조적 문제의 하나가 직업 간 보상 수
   준의 큰 격차인데 이미 좋은 대우를 받는 사람에게 더 좋은 대우를 해주는 것은 격차를
   키우는 것이기 때문이다.

지니계수,
분배구조를 보여주는
또다른 지표

노동소득분배율이나 가계저축률 이외에 분배구조를 알 수 있는 또다른 대표적인 통계가 지니(Gini)계수다. 지니계수는 소득분배가 완전 균등할 때는 0이 되고, 완전 불평등할 때는 1이 된다. 즉 지니계수가 0에 가까울수록 소득분배 상태가 균등한 것이다. 한국의 2014년 11월 공식적인 지니계수는 0.302로, OECD 가입국 가운데서는 중간 정도 수준이며 프랑스 등과 비슷하다. OECD 국가 중 소득분배가 불균등한 국가는 칠레(0.5), 미국(0.39) 등이고 아주 균등한 국가는 노르웨이(0.25), 스웨덴(0.27) 등이다.

뭔가 이상하다. 한국경제의 대표적인 문제가 소득불평등, 즉 양극화인데 사회보장이 잘 되어 있는 프랑스 등과 지니계수가 비슷한 수준이라면 양극화가 문제될 리가 없다. 지니계수는 통계청에서 가계동향조사를 기초로 작성하고 있는데 가계동향조사가 예전에는 봉급생활자를 모집단으로 했기 때문에 현재 보완이 되었다고는 하나 문제가 있을 가능성이 크다. 한국의 진짜 고소득자는 기업가와 임대사업자, 의사와 변호사 등 전문직이다. 저소득자는 영세자영업자나 직장이 없어 봉급을 받지 못하는 사람이다. 통계의 표본에 소득이 아주 높은 사람과 아주 낮은 사람이 빠지기 쉬워 소득분배구조가 좋게 나올 수밖에 없는 것이다. 또한 통계조사가 설문조사 형식으로 이루어지기 때문에 부유층일수록 정확한 응답을 기대하기 어렵다.

이에 따라 통계청에서는 2013년 11월부터 보조지표로 신 지니계수를 발표하고 있다. 신 지니계수는 2013년 0.36 수준으로 불평등도가 다소 높아졌으나 미국보다는 여전히 낮다. 이것도 얼마나 신뢰할 수 있는지 알 수 없다. 또한 지니계수가 있는데 신 지니계수는 무엇인지, 국민들은 어떤 것을 이용해야 하는지 혼란스럽다. 통계의 핵심은 신뢰성과 현실 설명 능력이다. 소득분배와 불평등 문제는 중요성을 감안하여 이 장 5절의 '피케티 이론과 한국의 불평등' 부분에서 다른 접근법과 통계를 이용하여 살펴보고자 한다.

국민소득 통계 활용하기 3: 지출국민소득과 수요구조

지출국민소득이란?

지출국민소득은 분배된 소득이 소비·투자[5] 등의 지출 과정에서 어떻게 사용되는지 추계한 국민소득 통계다. 국민경제에서 생산이 공급 과정이라면 소비·투자 등의 지출은 생산된 물건과 서비스의 수요 과정이라고 볼 수 있다. 국민소득의 수요는 가계의 소비, 기업의 투자 등 민간부문 이외에 정부 부문에서도 발생한다. 정부는 기업처럼 물건과 서비스를 이용하여 행정·국방·교육·복지 등의 공공서비스를 생산하는 주체이지만 국민소득통계에서는 이러한 공공서비스를 정부가 모두 소비하는 것으로 기록한다. 정부서비스는 시장가격이 없고 가계가 댓가를 직접적으로 지불하지 않을 뿐만 아니라 불특정 다수가 공통으로 혜택을 보기 때문이다. 따라서 국민소득 통계에서 정부소비는 민간소비와 구분하여 통계를 만든다. 반면 정부의 투자는 기업의 투자와 성격이 비슷하기 때문에 민간 부문의 투자와 합해 설비투자·건설투자·지식재산생산물투자·재고증감 등 투자형태 별로 구분하여 통계를 작성한다.

설비투자는 기계·컴퓨터 등 기업의 생산에 사용되는 설비와 자동차·선박·항공기 등 운수장비 등의 구입을 말한다. 농업 부문에서 번식용 가축이나 우유 생산을 위한 젖소, 양모 생산용 양, 운반수단으로 사용하는 동물 등을 구입하는 것도 설비투자에 포함된다. 건설투자는 주택이나 빌딩 등의 건물 건설과 도로·항만·지하철 등 토목 건설이 있다. 상하

---

5 여기서의 투자는 국민경제의 자본총량을 증가시키기 위해 기업·정부·개인이 재화를 구입하거나 건축물을 새로 만드는 것으로, 주식 등 금융자산 투자와 기존 주택구입은 투자에 포함하지 않는다.

수도 시설, 환경시설, 전력시설 등도 건설투자에 포함된다. 지식재산생산물투자는 생산 과정에서 일년 이상 장기간 사용되는 연구개발 투자와 오락 및 예술품의 창작, 컴퓨터 소프트웨어 개발 등에 대한 투자다. 광물 및 석유 등의 탐사도 이에 포함된다. 재고투자는 생산 및 판매 과정에서 보유하고 있는 원료와 부품, 완성품 등의 증감을 말한다.

소비와 투자, 즉 수요의 범위를 해외 부문까지로 확대해보자. 한국에서 생산된 물건과 서비스의 일부는 수출되어 외국인의 소비 및 투자 대상이 된다. 수출은 국내 생산물에 대한 외국인의 수요로서 국내의 소득을 증가시킨다. 즉 국내의 소비와 투자가 내수라면 수출은 해외수요가 된다. 이와 반대로 외국에서 수입된 물건과 서비스로 국내의 소비와 투자가 이루어지기도 한다. 수입된 물건과 서비스에 대한 지출은 한국의 생산·소득과는 직접적인 관계가 없고 외국의 생산과 소득을 증대시키므로 국민소득의 공제(마이너스) 항목이 된다. 즉 수출에서 수입을 뺀 순수출이 국민소득의 구성요소가 되는 것이다. 이것을 종합하면 거시경제학에서 많이 사용되는 국민소득의 구성요소에 관한 다음과 같은 항등식[6]이 도출된다.

$$Y = C + I + G + (X - M)$$

Y: 국민소득, C: 민간소비, I: 투자, G: 정부소비,

X: 수출, M: 수입, (X − M): 순수출

---

6 다른 측면에서 보면 국민소득은 민간과 정부의 소비, 그리고 미래에 투자로 사용될 저축(S)의 합으로 볼 수 있고, 이를 항등식으로 표현하면 Y=C+S+G다.

지출국민소득은 소비이론·투자이론 같은 거시경제 이론, 재정정책 등 경제정책과 연결될 수 있어 경제 분석의 기초자료로 많이 활용된다. 또한 이러한 경제이론을 근거로 논리적 추론이 가능하며 정책효과를 고려할 수 있어 경제 전망도 지출 측면의 국민소득을 기초로 하는 경우가 많다. 즉 정책당국자나 경제학자들이 많이 이용하는 것이 지출국민소득이다.

지출국민소득 통계는 기본적으로 생산된 물건과 서비스의 최종 수요자인 가계·기업·정부의 지출 현황을 조사하는 방식으로 작성한다. 이를 수요접근법이라 한다. 현실 반영도가 높은 점, 생산국민소득과 독립적이어서 상호 점검이 가능한 점, 지하경제의 일정 부분을 포괄할 수 있는 점 등의 장점이 있다. 설비투자 같이 수요를 파악하기 어려운 부분은 공급접근법이라 하여 산업연관표를 기초로 생산물이 순차적으로 처분되는 과정을 추계하는 방식을 사용하기도 한다. 국민소득 통계는 이렇게 여러 측면에서 추계함으로써 상호 확인하고 한쪽 부분에서 추계할 수 없는 비관측 부분을 찾아낼 수도 있다.

지출국민소득 통계와 관련해 관심을 가져야 할 부분은 해외여행·유학 같은 해외소비다. 해외소비는 우리 국민이 소비한 것이므로 민간소비에 포함되어 추계하지만 국내에서 수입품을 사용한 것과 경제적 효과가 똑같아 최종적으로는 국민소득의 공제 항목이 된다. 즉 해외여행이나 유학 등이 많아질수록 소비는 늘어나지만 국민소득은 늘어나지 않게 된다. 따라서 국내 관광자원을 개발하거나 국내 교육의 질을 높이는 것도 국민소득을 높일 수 있는 좋은 정책방안이다.

한국의 수요구조

지출국민소득을 통해 국민소득 가운데 민간소비·정부소비·투자 등이 차지하는 비중, 즉 국민소득의 수요구조를 알 수 있다. 한국 국민소득의 수요구조는 상대적으로 민간소비의 비중이 작고 투자의 비중이 크다는 것이 큰 특징이다. 국민소득에서 민간소비가 차지하는 비중은 한국이 50% 정도로 미국(68.5%), 일본(61%), 독일(55%) 등에 비해 크게 낮다. 한국도 소비 비중이 1990년대 중반까지는 55% 내외를 유지했으나 IMF 금융위기 등을 거치면서 조금씩 낮아졌다. 반면 GDP에서 투자가 차지하는 비중은 29% 정도로 미국(19%), 독일(19%), 일본(21%), 대만(22%)에 비해 여전히 크게 높다.[7]

언뜻 보면 한국처럼 소비의 비중이 낮고 투자의 비중이 높은 것이 좋아 보인다. 소비는 써버리는 것이고 투자는 공장이나 건물이 남는 것이기 때문이다. 그러나 투자가 많다고 좋은 것만은 아니다. 1990년대 초중반에 이루어진 기업 부문의 과잉 설비투자는 1997년 IMF 금융위기의 주요 원인이 되었다. 이명박정부의 4대강 사업과 같은 잘못된 건설투자는 환경파괴와 유지보수 비용 등으로 국민경제에 큰 부담이 된다. 주택투자도 과잉이 되면 부동산 거품과 연결될 수 있다.

한국은 투자 중 주택건설·토목공사 등 건설투자 비중이 토건국가라 불리는 일본보다도 높다. 이용객이 거의 없어 관리비용만 들어가는 지방공항, 수요가 부족하여 세금으로 건설업체의 수익을 보전해주는 민자건설 도로와 교량, 지방에 중복 건설되어 다니는 차가 거의 없는 도로

---

7 IMF 금융위기 직전인 1990년대 중반에는 GDP에서 투자가 차지하는 비중이 36%(건설투자 22%, 설비투자 14%)에 이를 정도로 높았다.

주요국의 소비·투자 등의 구성비

(명목 기준, %)

		한국	미국	독일	일본	대만
민간소비		50.4	68.5	54.6	61.1	53.2
투자		29.2	19.3	19.3	21.1	21.6
	건설투자	14.7	7.6	9.6	10.0	8.6
	설비투자	8.5	6.7	6.3	9.1	8.4
	지식재산 생산물투자	5.8	5.1	3.4	2.0	4.6
정부소비		15.1	15.2	19.4	20.6	14.5
순수출		5.3	-3.0	6.7	-2.8	9.7

＊주: 미국·일본은 2013년, 나머지는 2014년 기준.
＊출처: 각국의 국민계정.

등 건설투자의 과잉상태가 심각하다. 여기에다 지방에는 이용하는 사람은 거의 없고 건물만 있는 체육시설·문화시설·행사장 등도 많다. 모두 자원이 낭비되고 비효율적으로 세금이 사용된 사례들이다.

소비도 부족하면 여러가지 문제가 생긴다. 먼저 음식점·미용실·동네 슈퍼·호프집 등 영세자영업자가 어려워진다. 가계의 소비위축은 자영업자의 매출감소로 직결되기 때문이다. 자영업자의 영업환경 악화는 자영업자 간의 과당경쟁도 있지만 장기화되는 소비위축이 주요 요인이다. 소비부진의 또다른 부작용은 경기의 진폭을 크게 만든다는 것이다. 소비는 개인생활과 밀접한 지출로 경기 상황에 따라 변동이 크지 않기 때문이다. 그리고 소비·투자·수출 가운데서 소비의 일자리 창출 효과[8]

---

8 10억원당 유발되는 취업자 수인 취업유발계수(2012년 기준)는 소비가 15.7명, 투자 13.3명, 수출 7.7명이다.

가 상대적으로 크기 때문에 소비가 부진하면 같은 성장을 해도 일자리가 적게 늘어난다. 즉 고용없는 성장이 되기 쉽다.

현재 한국경제가 겪고 있는 일자리 부족, 자영업자의 어려움 등은 소비부족과 밀접히 연결되어 있다고 볼 수 있다. 이렇게 보면 우리 국민의 살림살이를 개선하려면 대통령이 재벌 등에게 투자나 고용확대를 부탁하는 것보다 소비를 늘릴 수 있는 사람들에게 소비를 늘려달라고 부탁하는 것이 더 경제 현실에 맞는 말이다. 해외소비보다는 국내소비를, 국내소비 중에서도 낙후된 지역이나 분야의 소비가 늘어나도록 하면 국민경제에 많은 도움이 될 것이다.

그러나 소비증대가 투자증대보다 훨씬 어렵다. 소비부족은 양극화, 노령화, 사회안전망 부족, 불확실성 증가 등 한국경제의 여러 구조적 요인에서 기인하기 때문이다. 이 가운데서 양극화로 인한 중산층 붕괴가 소비부족의 대표적 원인일 것이다. 실제 소비를 늘릴 수 있는 사람은 돈 많은 사람이나 돈 없는 사람보다 중간층이기 때문이다. 돈 많은 사람은 이미 충분한 소비를 하고 있어 소비를 늘려도 해외소비나 사치품 같이 국내 파급효과가 없는 소비일 가능성이 높다. 반대로 돈 없는 사람은 있는 돈을 다 쓰고 있어 추가적인 소비 여력이 별로 없다. 결국 중산층이 두터워야 소비가 살아난다. 한국은 분배구조의 악화로 실제 소득 기준상으로도 중산층이 줄고 있다. 또한 하우스푸어, 렌트푸어, 에듀푸어, 스펙푸어 등 스스로 가난하다고 느끼는 사람도 늘고 있다. 소비가 쉽게 늘어나기 어려운 상황이다.

2. 소비·투자·수출입, 어떻게 움직여야 하는가

소비·투자·수출입은 지출 측면의 국민소득 구성요소이고, 소비동향·투자동향·수출동향 같이 부문별 경제동향 분석의 대상이다. 경제 전망도 소비·투자·수출입으로 나누어 이루어지는 경우가 많다. 그리고 소비이론·투자이론·무역이론 같이 경제학의 중요 연구 분야이기도 하다. 여기서는 소비·투자·수출입이 대략 어떤 요인들에 의해 결정되는지, 어떤 방향으로 움직여야 현재의 한국경제에 도움이 될 것인지 살펴본다.

소비를 이끄는 힘은 무엇인가

소비는 국민소득의 절반 이상으로 가장 많은 부분을 차지한다. 투자나 순수출(수출−수입)에 비해 훨씬 크다. 소비는 그 변화가 국민소득에 미치는 영향도 당연히 크므로 경기 흐름의 기조적 요인으로 작용한다. 또한 소비는 의식주 등 일상생활과 관련된 지출이기 때문에 변동성이 작아 경기를 안정화시킨다. 즉 기업환경이 아주 나빠 투자와 수출이 빠르게 줄어도 국민소득의 가장 큰 부분을 차지하는 소비는 어느정도 유지되기 때문에 전체 경기의 급격한 침체를 막아준다. 반대로 경기가 아주 좋을 때는 투자나 수출은 크게 늘어나지만 소비 회복은 천천히 이루어지는 경우가 많아 경기의 과열을 억제해준다. 다시 말해 국민소득에서 소비가 차지하는 비중이 작을수록 경기의 진폭이 커져 불안정한 경제가 되는 것이다. 또한 소비는 앞에서 살펴본 대로 투자와 수출에 비해 일자리 창출효과가 크고 자영업자의 영업환경에 미치는 영향도 절대적이다.

이러한 소비가 어떤 요인에 의해 결정되는가는 소비이론이라는 이름으로 거시경제학에서 많은 연구가 이루어졌다. 소비에 영향을 미치는 변수는 다양하지만 경제학자들의 학설을 종합해보면 소득이 가장 중요한 결정요인이고, 다음으로 금리·보유자산·세금 등이 큰 의미를 갖는다. 소비 결정에 관한 아주 색다른 이론도 있다. 하나는 소비가 다른 사람들에게 보여주기 위한 과시적 욕구에 의해 결정된다는 베블런(Thorstein Veblen)의 과시소비이론이다. 다른 하나는 소비가 문화적으로 다른 사람과 차별화하기 위한 노력에 의해 결정된다는 보드리야르(Jean Baudrillard)의 문화소비이론이다. 둘 다 인간의 심리를 잘 반영하는 흥미로운 이론이지만 주류는 아니다.

소비를 결정하는 요인 1: 소득

먼저 소득은 소비에 가장 큰 영향을 주는 요인으로, 상식으로 볼 때도 당연히 소득이 늘면 소비가 늘어난다. 그러나 소득과 소비의 실증분석

과시소비이론은 베블런이 『유한계급론』(The Theory of the Leisure Class: An Economic Study of Institutions)에서 설명한 인간의 소비 행위를 체계화한 것이다. 베블런은 "가격이 하락하면 수요가 증가한다"라는 신고전학파의 수요법칙을 인간의 행태 변화 및 여러 현실 사례를 들어 비판했다. 봉건시대에는 폭력과 약탈에 의한 전리품이 과시의 대상이었으나, 자본주의가 성숙하면서 전리품이나 영웅보다는 부와 칭호, 귀족적 미덕이 중시되었다. 사람들은 한가함을 이용해 예절과 교양을 배워 부와 명예를 표시하게 되었다. 이로써 한가함이 곧 고귀한 신분을 드러내게 되고 노동은 궁핍함의 증거가 되었다.

사람들은 의복·음식·스포츠 등의 소비 과정에서 자신의 사회적 지위를 드러내기 위해 경쟁한다. 소비에서 사용가치보다는 자신의 한가함과 유복함을 과시하는 것이 중요해졌다. 예를 들어 코르셋을 입은 여성은 움직이기 불편하지만, 남자들은 코르셋을 통해 자신의 부인이 한가로울 수 있는 사람임을 보여주는 것이다. 명품 의류와 가방, 고급 와인, 손으로 그린 그림이 있는 식기, 크고 화려한 집, 고급 가구와 차 등이 대표적으로 과시적 소비의 대상들이다.

이러한 물건은 가격이 비쌀수록 가치도 같이 올라가 소비가 오히려 늘어난다. 부촌의 한 가구점에서 적절한 가격을 붙여놓았을 때는 가구가 팔리지 않더니 가격표에 '0' 하나를 더 추가하자 가구가 불티나게 팔렸다는 이야기가 있다. 이것이 과시소비이론의 단적인 사례다. 베블런의 이런 생각은 보드리야르 등의 문화소비이론으로 계승·발전되었다.

문화소비이론가들은 과시소비이론도 크게 보면 효용의 최대화라는 고전학파의 경제적 사고 틀 안에 있다고 본다. 과시욕구도 사용가치는 없지만 효용의 한 부분으로 볼 수 있어, 이 또한 효용의 극대화를 위한 소비결정이라는 의미다. 문화소비이론은 소비 개념을 효용이 아닌 문화 차원으로 전환하는 것이다. 사람은 물질적·정신적 욕구를 만족시키거나 과시하기 위해서만 소비하지 않는다.

보드리야르는 『소비의 사회』(La Societe de Consummation)에서 소비는 문화의 영역을 표출하기 위한 수단으로, 사회의 문화체계에 의존한다고 말한다. 사람은 사회에서 준비된 코드에 맞추어 소비하고 개성을 표현한다는 것이다. 예를 들면 청바지·티셔츠·운동화는 육체노동자의 드레스코드로, 정장바지·와이셔츠·가죽구두는 지식노동자의 드레스코드로 분류되고 사람들은 이에 맞추어 소비한다. 날씬한 몸매를 만들기 위해 헬스클럽에 다니는 것, 연주하지도 않을 피아노를 구매하는 것, 자동차나 전자제품을 신형으로 자주 교체하는 것 등도 문화소비이론으로 설명할 수 있다.

과시소비이론과 문화소비이론은 현대사회 소비의 일부분을 설명하는데 매우 유용하지만, 거시경제 분석에 활용하는 데는 어려움이 있다.

결과를 보면 둘의 관계가 항상 일정하게 나타나지 않았다. 따라서 소득의 어떤 부분 또는 어떤 형태의 소득이 소비에 영향을 주는 것인가에 많은 연구와 가설이 제시되었다.

첫째는 케인즈(John M. Keynes)의 소비이론으로, 현재 소득의 절대 크기가 소비를 결정한다고 보는 것이다. 이는 절대소득가설(absolute income hypothesis)이라고도 불린다. 케인즈 소비이론의 핵심은 소비는 소득의 크기에 따라 결정되지만 소득이 늘어난 만큼 소비가 늘어나지 않는다는 것이다. 케인즈는 소득이 한 단위 증가할 때 새로 소비되는 양인 한계소비성향이 0과 1 사이에 있다고 보았다. 즉 소득이 늘면 소비가 늘지만 소득에 대한 소비비율인 평균소비성향은 감소하게 된다.[9] 케

---

9 이는 소득불평등이 심화되면 소비가 위축된다는 논리의 기초가 되기도 한다. 소득이 많은 사람은 소비성향이 낮고, 소득이 낮은 사람은 소비성향이 높기 때문에 소득불평등의 심화는 경제 전체의 소비위축을 초래한다.

인즈에 따르면 이러한 평균소비성향의 감소는 장기적으로 불황의 기본 요인이 된다.

둘째는 모딜리아니(Franco Modigliani) 등의 생애소득가설(life-cycle hypothesis)로 일생 동안의 평균적인 소득의 크기가 소비를 결정한다는 것이다. 생애소득가설은 케인즈의 소비함수가 실제 자료를 적용했을 때 잘 맞지 않는 이유를 설명하기 위한 것이다. 사람은 일생 동안 소득이 높은 시기와 낮은 시기가 있고 소득이 높은 시기에는 저축을 많이 하여 은퇴 후 소득이 낮은 시기에도 적절한 소비를 할 수 있게 된다는 것이다. 즉 생애소득가설은 사람들이 소득을 일생 동안 평탄하게 하여 소비하고, 소비는 저축 등에 의해 축적된 부에 의해서도 결정된다는 생각이다.

세번째 밀턴 프리드먼(Milton Friedman)의 항상소득가설(permanent income hypothesis)은 생애소득가설을 보완한 것이다. 항상소득가설은 현재의 소득은 장래까지 지속되는 항상소득과 지속되지 않는 일시소득으로 구성되고, 항상소득이 주로 소비를 결정한다는 것이다. 항상소득은 자신의 교육수준·직업·사업 내용 등을 감안했을 때 평균적으로 계속 기대되는 소득이며, 일시소득은 복권 당첨이나 일시적인 호황에 따른 소득이다. 즉 항상소득가설에서는 소비자는 합리적이어서 현재 소득뿐 아니라 장래의 소득까지 고려하여 소비를 결정한다고 보았다.

소비를 결정하는 요인 2: 부

다음으로 소득에 이어 소비에 큰 영향을 미치는 것은 부(wealth), 즉 예금·주식·부동산 등의 자산이다. 자산보유자는 물가를 감안한 보유자산의 가치(실질가치)가 늘어나는 경우, 가치 증가분의 일부를 쉽게 소비에 사용할 수 있다. 그리고 보유자산의 가치 증가를 부의 축적으로 인식하면 소득에서 저축을 줄이고 소비를 늘릴 수 있다. 자산가치의 증가에 따라 소비가 늘어나는 효과를 부의 효과(wealth effect)라 부르기도 한다. 주식·예금 등의 금융자산의 경우에는 부의 효과가 어느정도 명확히 나타나지만 주택 등 부동산의 효과는 일정치 않다. 주택가격이 상승하는 경우 다주택자나 비싼 집을 갖고 있는 사람은 자산가치가 늘어 소비가 증가하지만 무주택자나 더 비싼 집으로 옮겨야 하는 사람은 추가비용 부담이 늘어나 소비를 줄일 수밖에 없다. 따라서 주택가격 상승 시 소비증가의 효과는 생각보다 크지 않을 수 있다.

주택가격과 함께 전·월세 가격 등 집세도 소비에 큰 영향을 준다. 집세가 오르면 세입자의 가처분소득은 줄고 임대인인 집주인의 소득은 늘어난다. 세입자는 통상 중하위 소득자이고 젊은 사람들이다. 집주인은 고소득자이고 나이든 사람일 가능성이 크다. 중하위 소득자와 젊은이의 소비성향이 높으므로, 집세가 오르면 소비가 줄어들 가능성이 크다. 한국의 집값과 집세 변화가 소비에 미치는 실증분석도 비슷한 결과를 보인다.[10] 전·월세 가격이 소비자물가 상승률보다 1%포인트 추가 상승하는 경우, 가계 소비의 경우 장기적으로 각각 0.15%, 0.09% 감소하는 것으로 추정되었다. 집값의 경우 소비자물가보다 1%포인트 추가 상승하면 소비가 0.06% 증가하는 데 그치는 것으로 추정되었다.

---

10 김영태·이관교·박진호 「전·월세 가격이 가계소비에 미치는 영향」, 『조사통계월보』, 한국은행 2011.2.

소비를 결정하는 요인 3: 금리

소득, 자산가치 다음으로 소비에 영향을 주며 경제적 의미가 큰 변수는 금리다. 금리는 저축을 할 것이냐 소비를 할 것이냐를 결정할 때 고려하는 중요 요소 가운데 하나다. 일반적으로 금리가 떨어지면 저축에서 나오는 이자가 적어져 저축하려는 욕구가 줄고 소비가 늘어난다. 또한 금리하락은 차입비용을 감소시켜 신용카드나 할부제도 등을 이용한 소비재 구입을 늘린다.

다른 면에서 보면 금리하락이 반드시 소비증가를 가져오지는 않는다. 이자는 가계의 비용 요인이기도 하지만 소득의 원천이기도 하다. 금리 생활자의 경우 금리가 떨어지면 사용 가능한 소득이 줄어 소비도 적어진다. 여기에 생애소득가설을 원용해보면, 금리가 낮아질수록 소비를 평탄화하는 데 더 많은 금융자산이 필요해지기 때문에 젊어서 저축을 더 해야 한다. 즉 금리가 낮아지면 은퇴자는 이자소득이 줄어서 경제활동을 하는 시기에 더 많은 저축을 해야 하기 때문에 소비가 줄어들 수 있다. 금리가 낮아지면 소비가 늘어나고 금리가 오르면 소비가 줄어드는 관계는 그렇게 크지 않을 수 있는 것이다.

소득·자산·금리 외에도 소비에 영향을 미치는 경제변수가 많이 있지만 현실적으로 중요한 것은 세금과 대출이용 가능성이다. 당연히 소득에 부과되는 세금이 많아지면 소득이 감소하기 때문에 소비가 줄어든다. 반대로 세금이 줄거나 마이너스 세금인 복지 등의 보조금이 늘어나면 소비가 늘어난다. 가계에 대한 금융기관의 대출이 늘면 소비가 늘고 대출이 감소하면 소비가 준다.

소비를 어떻게 늘릴 것인가

이러한 소비 결정요인을 기초로 한국에서 어떤 방향으로 정책이 운영되어야 소비를 늘릴 수 있는지를 간단히 살펴볼 필요가 있다. 한국의 소비는 1997년 IMF 금융위기 이후 양극화 지속과 2000년대 초 IT 버블 붕괴와 신용카드 사태, 그리고 2010년 이후 하우스푸어 문제와 집세 폭등 등이 겹치면서 계속 위축되고 있다.

소비가 늘어나려면 소비의 가장 큰 결정요소인 소득이 늘어야 한다. 특히 소비성향이 높은 중하위 소득계층과 젊은층의 소득이 늘어야 하되, 늘어난 소득이 일시적 소득이 아니고 항상소득이어야 한다. 또 가능하다면 현재의 은퇴자뿐 아니라 젊은 세대의 은퇴 후 소득에 대한 불안감을 줄여주어야 한다. 이를 위해서는 젊은 세대를 위한 괜찮은 일자리 창출 정책이 가장 중요하고, 일자리의 안정성을 높이기 위한 실업급여 확충도 큰 의미가 있다. 다음으로 국민연금제도에 대한 신뢰성과 지속가능성을 높이는 정책도 중요하다. 노령연금의 사각지대를 줄이기 위한 기초연금의 확대도 필요하다.

부의 효과와 관련해서는 한국의 가계는 보유자산의 70~80%가 부동산이기 때문에 자산가치 변화에 따른 소비 증감이 명확하지 않다. 따라서 개인들이 부동산보다는 금융자산을 더 보유하도록 금융자산 보유를 더더욱 이끌어내야 한다. 요즘처럼 주택가격이 안정세를 보이면서 전·월세 가격이 오를 때에는 소비가 크게 위축될 수밖에 없다. 전·월세 안정화 정책도 소비확대를 위한 핵심과제가 된다.

금리는 이미 충분히 낮은 상태로, 금리 생활자의 어려움이 크기 때문에 추가적인 금리인하를 통한 소비확대도 기대하기 어렵다. 부자와 법인기업에 대한 감세는 적절치 않다. 부자는 가난한 사람보다 한계소비성향이 낮아, 즉 소득이 늘면 저축의 비중을 높이므로 소득이 늘어나도 소비가 크게 늘지 않는다. 앞에서 살펴보았듯, 한국의 기업은 개인에 비해 소득증가율이 높고 저축도 많아 세금을 줄여주어도 추가적인 투자나 고용의 확대를 기대하기 어렵다. 소비성향이 높은 중하위층에 대한 복지 확충은 좋은 소비확대 방안이 될 수 있다. 그러나 재정 건전성을 감안할 때 한계가 있고, 퍼주기라는 인식이 있어 국민의 공감대를 확보하기 어렵다. 소비확대를 위한 쉬운 정책이 없는 이유이기도 하다.

투자를 이끄는 힘은 무엇인가

투자를 일차적으로 결정하는 요인은 기업가의 경기에 대한 판단과 예측, 투자의욕 등이다. 당연히 변동성이 크고 불안정하다. 때에 따라서는 연간 투자의 변동 규모가 국민소득 전체의 변동 규모보다 큰 경우도 있다. 투자는 예측하기 어려운 기업가의 투자심리에 큰 영향을 받지만, 간략히 경제변수를 중심으로 한 결정요인을 찾아보자. 투자 결정요인은 설비투자·건설투자·재고투자 등 종류별로 조금씩 다르기 때문에 각각 구분해 살펴볼 필요가 있다.

설비투자 결정요인: 소득·주가·세금

먼저 설비투자의 주요 결정요인은 금리·소득·주가·세금·자금이용 가능성 등이다. 금리는 기업이 투자를 자기 자금으로 하든 차입으로 하든 공장·기계·장비 등 자본재 설치에서 가장 중요한 비용 요인이 된다. 돈을 빌려 설비투자를 하는 경우에는 이자를 지급해야 하고 자기 자금으로 하는 경우에는 받을 이자를 포기해야 하기 때문이다. 따라서 금리가 오르면 투자가 줄고 금리가 내리면 투자가 느는 것이 일반적이다.

소득은 경기와 밀접히 연결되어 있다. 기업과 가계의 소득이 늘면 경기 상황이 좋은 것이고 투자도 늘어난다. 반대로 경기가 나빠 소득이 줄면 투자도 줄어든다. 이때 투자를 결정하는 요인은 과거나 현재보다는 앞으로 기대되는 소득이나 경기 상황이다. 그러나 미래의 소득과 경기는 불확실하기 때문에 투자 결정도 불확실한 상황에서 이루어질 수밖에 없다.

주가는 시장에서 평가되는 기업의 가치이므로 주가가 오르면 해당 기업의 시장가치가 올라간다. 기업의 시장가치가 공장과 설비 등의 장부가격에 비해 오르면 새로이 투자하여 공장 등을 만드는 것이 유리해진다. 새로 지은 공장 등을 포함해 기업의 가치가 더 커지기 때문이다. 또한 주가가 오르면 주식시장에서 보다 쉽게 자금을 조달할 수 있어 투자가 용이해지기도 한다. 반대로 주가가 떨어지면 투자가 줄거나 어려워진다.[11]

법인세 등 기업에 부과되는 세금이 늘면 투자가 줄고, 마이너스 세금인 투자세액 공제 등 투자와 관련된 보조금이 늘면 투자가 늘어난다. 금융기관의 적극적인 대출 등으로 기업의 자금이용 가능성이 커지면 투자가 용이해지고 반대로 대출 취급이 엄격해지면 투자가 어려워진다.

건설투자 결정요인: 부동산·금리·소득

주택 등 건설투자의 결정요인은 부동산가격·금리·소득·세금·자금

---

11 이는 미국의 경제학자 토빈(James Tobin)이 주장한 투자 결정의 토빈q 이론이다.

이용 가능성·인구구조 등이다. 이 가운데 주택 등 부동산가격이 가장 중요한 결정요인이다. 주택가격의 상승 기대가 확산되면 주택에 대한 수요가 늘고 주택건설이 늘어난다. 반대로 주택 등 부동산가격의 하락 가능성이 커지면 주택 등의 건설투자가 줄어든다.

금리도 건설투자의 증감에 큰 영향을 미친다. 금리는 설비투자 같이 건설사 등 투자 기업의 이자비용에 영향을 준다. 또한 주택의 경우 구입 금액이 크기 때문에 구입 시 자금의 일부를 차입에 의존하는 경우가 많아 금리는 구입자에게도 큰 비용요인이 된다. 따라서 금리가 오르면 주택 등의 공급과 수요가 모두 위축되어 건설투자는 감소하고 반대로 금리가 내리면 건설투자는 증가한다.

소득·세금·자금이용 가능성도 설비투자와 같은 방향에서 건설투자에 영향을 미친다. 세금은 법인세 등 기업에 대한 세금뿐 아니라 재산세·양도소득세·종합부동산세 등 부동산 관련 세금도 건설투자에 미치는 영향이 크다. 인구의 증감이나 인구구조도 장기적 측면에서 건설투자에 큰 영향을 미친다. 인구의 경우 주택 구입을 많이 하는 연령층(30~50대)이 늘어나야 주택 등 건설투자가 증가한다. 이들 인구가 감소 또는 정체하면 건설투자는 위축된다.

재고투자 결정요인: 경기·금리

재고는 기업이 생산이나 판매를 위해 창고 등에서 보유하는 것으로 그 증감이 투자의 한 형태가 된다. 재고 증감은 국민소득의 1% 정도로 비중은 작으나 경기 상황에 따라 민감하게 변동한다. 어떤 때에는 전체 투자 증감이 대부분이 재고투자의 변동 때문인 경우도 있다. 재고의 증감이 경기 판단의 지표로 많이 사용되는 이유다. 일반적으로 기업은 생산이나 판매의 급격한 변동에 대한 완충장치로 재고를 보유하기 때문에 경기후퇴기에 생산과 판매가 줄면 소진된 재고를 보충하지 않는다. 반대로 경기가 살아나 생산과 판매가 늘어나면 생산과 판매를 원활히 하기 위해 재고를 빨리 늘린다. 금리는 재고보유의 비용 요인이기 때문에 설비투자 같이 재고에도 동일한 방향으로 영향을 준다.

종합해보면 설비투자·건설투자·재고투자는 변동성이 심하고 예측하기 힘들지만 금리·소득변화 등 경기 상황, 부동산가격에 큰 영향을 받는다. 주가·세금·자금이용 가능성·인구 등도 투자에 영향을 준다.

투자와 소비의 적절한 조합은 무엇인가

한편 한국의 건설투자는 앞에서 살펴본 대로 과거의 부동산투기 열풍 등으로 과잉 상태이고 설비투자도 부족한 상태가 아니다. 소비는 상당히 부족한 상태다. 이러한 상황인 만큼 건설투자는 가능한 한 억제정책을 도입하여 경제성장률보다 낮게 증가하도록 해야 한다. 소비는 가계의 건전성을 해치지 않는 범위 내에서 최대한 늘어나도록 해야 한다. 설비투자는 성장잠재력 유지를 위해 장기적으로 경제성장률과 어느정도 비슷하게 증가하게끔 해야 한다.

소비를 늘릴 수 있는 정책의 방향은 앞에서 간단히 설명했다. 소비와 함께 건설투자와 설비투자도 같이 늘리려는 정책은 경제성장이 엄청나게 이루어지지 않는 한 효과를 거두기 어렵다. 오히려 잘못되면 내수 과열로 경상수지 적자나 물가상승의 부작용만 나타날 수 있다. 특히 한국은 저축의 대부분이 기업에 의해 이루어지고 있어 기업의 투자가 급격하게 늘어나면 경상수지가 흑자기조에서 적자로 전환[12]될 우려가 있다. 기축통화국이 아닌 나라는 현재와 같이 불안정한 국제통화 체제하에서는 경상수지 적자가 장기화되면 외환위기 가능성이 커지기 때문에 항상 조심해야 한다.

건설투자를 억제하기 위해서는 건설투자의 가장 큰 결정요인인 주택 등 부동산가격을 하향 안정화하는 것이다. 부동산가격의 안정은 설비투자에 긍정적인 영향을 줄 수 있어 일석이조의 정책이다. 이는 노동자의 임금인상 요구를 억제할 수 있고 기업의 투자비용을 절감시켜 설비투자가 늘어나는 요인이 된다. 또한 부동산가격의 안정이 전·월세 등 집세 안정과 연결되면 무주택자 등 중하위 계층의 소비가 늘어나는 효과도 있다.

설비투자를 적절히 증가시키기 위해서는 앞서 설명한 대로 물가안정을 통한 금리안정, 지속적 성장세 유지, 주식시장의 적당한 활황 등이 필요하다. 이러한 경제 상황에서는 소비가 늘고, 부동산가격이 떨어지더라도 건설투자가 너무 나빠지지 않는다. 또한 이렇게 되면 부동산에 목매지 않아도 소비·투자 등이 안정적으로 증가하여 경제가 잘 돌아간다.

---

12 한국의 국내총투자율은 30% 수준이고 총저축률은 이보다 조금 높은 34% 수준을 유지할 수 있어 흑자기조가 지속되고 있다. 국민소득의 지출과 처분의 항등 관계상 총저축률이 국내총투자율보다 높아야 경상수지 흑자가 유지된다. 즉 $Y = C + I + G + X - M = C + G + S \Rightarrow S - I = X - M$의 항등식에서 총저축률이 총투자율보다 커야($S \rangle I$) 경상수지가 흑자($X \rangle M$)가 된다. 이에 따라 기업이 투자를 크게 늘리면 가계저축이 늘지 않는 한 총저축률이 총투자율을 밑돌게 되어 경상수지가 적자를 보일 수 있다. 가계의 소득을 높여 소비와 저축을 늘려가면서 투자를 조금씩 늘려야 경상수지 흑자기조가 훼손되지 않고 지속적인 성장이 가능하다.

수출입을 이끄는 힘은 무엇인가

무역은 왜 어떻게 발생하는가

수출과 수입, 즉 무역의 결정요인과 관련하여서도 오래전부터 여러 이론과 가설이 제기되어왔다. 애덤 스미스(Adam Smith)는 각국이 다른 나라보다 더 싸게 만들 수 있는(노동투입량이 더 적은) 물건을 많이 만들어 수출하면 세계 전체의 생산량이 늘고 각국의 이익도 증가한다고 주장하였다. 이는 생산비의 절대적 차이가 무역의 발생 원인이라고 보는 것이며 절대우위설이라고 불린다. 현실에서는 모든 물건의 생산비가 비싼 국가와 모두 싼 국가 간에도 교역이 발생하고 있어 절대우위설이 잘 적용되지 않는다. 이를 보완한 것이 리카도(David Ricardo)의 비교우위설이다.

비교우위설은 무역이 생산비의 절대적 차이가 아니라 생산비의 상대적 차이에 의해 발생한다고 본 것이다. 즉 한 나라가 다른 나라에 비해 모든 물건의 생산비가 높다 하더라도 자국 내에서 상대적으로 더 싸게 만들 수 있는 물건을 수출할 수 있으며 이것이 무역을 발생시키고 세계 생산량을 늘린다는 것이다. 즉 A상품과 B상품의 생산에 필요한 노동투입량이 갑국은 각각 1단위와 2단위이고, 을국은 2단위와 3단위라고 가정하자. 을국은 생산비가 모두 비싸지만 B상품을 갑국에 비해 상대적으로 싸게 만들 수 있다.[13] 리카도는 갑국은 A상품을, 을국은 B상품을 더 많이 만들어 수출하는 것이 유리하고, 이것이 무역의 발생 원인이라고

---

13 B상품 생산에 을국은 A상품의 1.5배 노동인 3단위 노동투입이 필요하고, 갑국은 A상품의 2배인 2단위 노동투입이 필요하다. 따라서 을국은 A상품과 비교했을 때 B상품을 갑국에 비해 싸게 만들 수 있는 것이다.

본 것이다. 스미스나 리카도는 공통적으로 노동투입량이 생산비를 결정한다고 보았다.

노동 외에도 생산요소에 자본·자원 등을 추가한 이론도 있다. 즉 자본이나 노동 등 각국에 상대적으로 풍부한 생산요소가 더 많이 쓰이는 물건이 생산비의 비교우위를 갖는다는 헥셔·오린 정리다. 헥셔·오린 정리는 각국의 생산기술과 기호가 동일하다는 가정하에 각국 생산요소의 부존량 차이가 비교우위를 결정한다고 본다. 노동력이 많은 나라는 노동집약적 상품에 경쟁력이 있고, 자본이 풍부한 나라는 자본집약적인 상품에 경쟁력이 있다는 것이다.

실제 현실경제에서 아주 많은 요인에 의해 영향을 받는 상품의 가격경쟁력이 수출입을 결정한다. 노동비용과 금리, 과학기술의 수준, 물가·부동산가격 등 경제의 기초 여건, 원유 등 부존자원, 기후, 교통·통신 등 사회간접자본, 금융 등 자금조달 용이성, 행정 및 사법시스템, 정치·사회의 안정성, 기업인의 경영능력·시장개척 능력 등 아주 다양하다. 이러한 것들이 모여 국가의 수출경쟁력, 즉 수출상품의 가격경쟁력에 영향을 준다. 현대 경제에서는 이러한 수출상품의 총체적 경쟁력이 한 국가의 수출과 수입을 결정한다고 보아야 한다. 이와 함께 국민의 수요 행태도 무역에 영향을 미친다. 예를 들어 한국 사람이 생태를 좋아하기 때문에 생산비가 비싼 일본에서 한국으로 생태가 수입되는 것이다.

환율의 수출경쟁력 보완 효과와 한계

한 국가의 총체적인 수출경쟁력이 과도하게 좋아지거나 나빠졌을 때 조정할 수 있는 수단이 환율이다. 환율은 자국 통화와 타국 통화 간의 교환비율이다. 과거 금·은 본위 시대에는 금·은이 대외 결제수단으로 사용되었기 때문에 환율이 특별한 의미가 없었다. 현재는 환율이 변동하면 수출과 수입 물건의 수취 또는 지급가격이 변한다. 따라서 환율이 수출과 수입의 가격경쟁력을 보완하는 요인의 하나로 자리잡게 되었다.

예를 들어 원달러 환율이 1000원에서 1200원으로 오르면 수출기업은 100달러짜리를 수출할 때 종전 10만원을 받다가 12만원을 받을 수 있어 물건값을 10% 정도 깎아줘도 수익이 늘어난다. 환율이 오르면 수출상품의 가격경쟁력이 보완되는 것이다. 반대로 수입업체는 외국 물건을 수입하는 데 더 많은 원화가 필요해진다. 수입물품의 가격이 올라 국내에서 외국 물건의 가격경쟁력이 약화되는 것이다. 이렇게 환율이 올라 수출업체의 수익이 늘어나는 것은 수입업체의 수익감소나 수입 물품의 가격상승에 따른 국민 부담이 이전된 것이다. 즉 환율상승으로 인한 현대자동차나 삼성전자의 늘어난 수익은 운전자의 기름값, 국민의 라면값, 기러기아빠의 해외송금 비용 등이 늘어난 것이 안 보이게 흘러간 것이다.

환율은 한 국가의 총체적인 국가경쟁력과 외환수급 상황에 따라 결정된다. 통상 국가경쟁력이 강한 국가는 기조적으로 통화가치가 올라 환율이 떨어지고, 국가경쟁력이 약한 국가는 환율이 올라(통화가치가 떨어져) 수출상품의 가격경쟁력이 조정된다. 그러나 가끔은 정책당국이 시장개입이나 금리정책, 또는 다른 정책수단을 활용해 인위적으로 환율을 조정하고 이를 통해 수출경쟁력을 높이려 한다. 이것이 심해지면 환율조작국이라는 이름을 듣거나 나아가 국가 간 환율전쟁으로 비화하기도 한다.

환율은 수출과 수입의 중요한 결정요인이지만 현실경제에서 실제 환율이 수출과 수입에 어느 정도 영향을 미치는지는 불명확하다. 특히 한국의 경우 과거 실증분석자료[14] 등을 보면 환율과 수출은 별 관계가 없고 환율이 떨어질 때(통화가치 절상) 오히려 수출이 늘어나는 경향이 있는 것으로 나타났다. 수출과 수입에 대한 환율의 영향이 크지 않게 나타나는 것은 환율로 총체적인 수출경쟁력을 조정하는 것에 한계가 있고 가격보다 세계 경기 등 수요가 수출입에 더 많은 영향을 미치기 때문이다. 여기에다 환율상승은 수입물품의 가격상승에 따른 실질 구매력 감소 등으로 소비와 투자를 위축시킬 수 있는 것으로 나타났다.[15]

---

14 "KRW and Export, Weakening Links", Goldman Sachs 2010.3.
15 윤경수·엄상민·이종현 「환율변동의 소비 및 투자에 대한 대체효과와 소득효과」, 『조사통계월보』, 한국은행 2012.4.

3. 금리·물가·부동산과 국민경제

소비·투자·수출입의 결정요인을 간략히 살펴보았다. 여기서는 이들의 합인 국민소득, 즉 국민경제의 흐름이 금리·물가·부동산가격 등 경제의 정책적 또는 기조적 여건 변화에 따라 어떻게 움직이는지를 알아보자. 물가나 금리 등 경제변수의 변화는 직접 또는 다른 변수의 변동을 통해 국민소득에 영향을 미친다. 현실세계에서는 하나의 변수만 변하고 다른 변수가 고정되어 있는 상황(ceteris paribus)이 없고, 실증분석 결과가 분석방법과 연구자에 따라 다르게 나오는 경우가 많다. 따라서 여기서는 실증자료를 이용한 귀납적 분석방법보다는 조금 번잡하지만 논리적 추론에 의한 연역적 설명을 많이 사용했다. 물론 각 경제주체의 실제 반응은 항상 일정한 것이 아니기 때문에 연역적 추론도 추론일 뿐이지 결과대로 되는 것은 아니다. 이것이 사회과학으로서 경제학의 한계일 것이다.

금리는 경제활동과 정책의 근간

금리는 소비와 투자에 직간접적으로 많은 영향을 주고 수출입에도 영향을 준다. 당연히 국민소득을 변동시키는 중요한 경제변수다. 금리정책은 통화정책의 근간이고 대표적인 경제정책중 하나다. 때에 따라 시장금리는 정책당국의 의도와 다르게 움직인다. 예를 들어 금융위기 등으로 시장 상황이 나빠지면 대출금리나 채권금리가 정책금리와는 반대로 크게 오르는 경우가 많다. 반대로 금융기관의 수익성이 아주 좋으면 정책당국이 금리를 인상해도 금융기관의 대출 태도가 완화되어 대출금리나 채권금리가 하향 안정세를 보일 수 있다.

앞서 소비 및 투자의 결정요인에서 살펴보았듯이 금리가 내리면 일반적으로 소비와 투자는 증가하고 금리가 오르면 소비와 투자가 감소한다. 따라서 금리하락은 일반적으로 소비와 투자를 통해 국민소득을 증가시키고, 반대로 금리상승은 국민소득을 감소시킨다. 금리가 소비와 투자, 즉 내수에 미치는 영향은 비교적 단순하지만 수출입에 미치는 영향은 복잡하고 일정치 않다. 그래도 금리가 수출·수입·환율에 미치는 대강의 영향을 짚어볼 필요가 있다.

금리가 수출에 미치는 영향

수출은 한국의 상품과 서비스에 대한 외국에서의 소비와 투자이기 때문에 한국의 금리변동은 외국의 소비와 투자에는 영향을 주지 못한다. 그러나 금리변동은 국내금리와 해외금리의 차를 변동시켜 환율에 영향을 주고 환율은 수출에 영향을 준다. 해외금리의 변동은 없는데 국내금리가 하락하면 국내금리가 상대적으로 낮아져 원화표시 채권이나 예금의 수익률이 외화표시 채권이나 예금의 수익률보다 낮아진다. 투자자는 다른 조건이 비슷하다면 원화 금융자산보다 외화 금융자산을 선호하게 되어 원화를 팔고 외화를 사게 된다. 이는 외환시장에서 원화 공급의 증가와 외화 수요의 증가를 초래하여 원화환율의 상승(원화가치 하락)이 일어난다.

그러나 현실경제에서의 환율은 결정요인[16]이 아주 다양하고 변화무쌍하기 때문에 금리변동이 환율에 미치는 영향이 크지는 않다. 앞서 설명한 대로 환율변동이 수출에 미치는 영향도 작다. 따라서 금리하락에 따른 환율상승은 수출기업의 수익을 늘려 수출증가 요인으로 작용하기는 하지만 그 효과는 미미할 것이다. 반대로 금리상승은 환율하락을 통해 크지 않지만 수출의 감소 요인이 될 것이다.

금리가 수입에 미치는 영향

금리변동이 수입에 미치는 영향은 수출보다 직접적이며, 두가지 경로를 통해 나타난다. 첫째 금리하락은 국내의 소비와 투자를 증가시키는데, 이때 국내에서 생산된 상품·서비스뿐 아니라 해외에서 수입된 상품·서비스에 대한 소비와 투자도 같이 증가한다. 금리인하는 일차적으로 내수를 확대시켜 수입증가 요인이 된다. 둘째는 금리하락 시 환율이 올라갈 가능성이 있으며, 이는 수입을 감소시키는 요인이 된다. 그러나 앞서 설명한 대로 금리변동이 환율에 미치는 영향이 작기 때문에 환율

---

16 외환시장에서의 환율 결정요인은 외환의 수요와 공급, 물가성장·경상수지 등 경제의 기초 여건, 금리·주가 등 금융시장 동향, 금융기관 경영 현황, 국제 금융시장 동향, 외환당국의 외환시장 개입, 남북대치 상황 등 지정학적 위험 요인 등 아주 많다.

을 통해 수입에 미치는 영향 역시 크지 않다.

마지막으로 금리변동이 환율에 미치는 영향과 관련하여 한국의 특수한 상황에 관심을 가져야 한다. 한국은 외국인 투자자들이 채권시장보다는 주식시장에 더 많이 투자를 하고 있어 외국자금은 국내외 금리 차보다는 주식시장 상황에 더 많은 영향을 받는다. 즉 금리인하로 내수가 활성화되어 주식시장이 좋아질 것이라고 예상되면 외국인 투자자금이 국내로 들어와 오히려 환율이 떨어질 가능성도 있다. 결국 한국은 금리변동이 환율에 미치는 영향과 환율변동이 수출입에 미치는 영향 모두 안정적이지 못한 상태라고 보는 것이 맞을 것 같다. 환율과 수출입의 관계에서 설명했듯이, 환율이 수출에 미치는 영향에 대한 실증적 분석 결과가 유의성이 없었던 것도 이를 뒷받침한다.

금리가 국민소득에 미치는 영향

종합해보면 금리변동과 국민소득은 서로 복잡하게 얽혀 있다. 즉 금리하락은 소비와 투자의 증가를 통해 국민소득을 증가시키지만 수입의 증가를 통해 국민소득의 감소 요인이 되기도 한다. 한편 금리하락이 환율과 수출에 미치는 영향은 전체적으로 불명확하다. 금리하락이 국민소득에 미치는 최종 효과는 소비와 투자 증가의 플러스 효과와 수입 증가의 마이너스 효과를 비교해야 알 수 있다. 대략 추론해보면 소비와 투자 증가는 일차 효과인데 비해 수입증가는 소비와 투자 증가에 따른 2차 효과이기 때문에 소비와 투자 증가의 플러스 효과가 크다고 보는 것이 합리적이다.

이 복잡한 과정을 단순하게 표현해보면, 금리인하는 일반적으로 국민소득을 증가시키고 반대로 금리인상은 국민소득을 감소시킨다고 할 수 있다. 그리고 증가와 감소의 효과는 강력하지 않다는 것이다. 이렇게 볼 때 어떤 금리정책으로 기대할 수 있는 효과는 제한적일 수밖에 없다.

다음으로 중요한 것은 '금리를 계속 낮추면 국민소득도 계속 늘어날까? 금리를 가능한 낮게 유지하면 국민소득이 더 커질까?'라는 의문에 대한 답을 찾아보는 것이다.

국민소득이 늘어나는 것이 경제성장인데 이렇게 금리만 낮추거나 낮게 유지하면 경제성장이 더 빠르게 이루어지지 않을까 생각하는 사람이 꽤 있다. 이런 이들이 정책당국자로 가면 단기간에 성과를 내기 위해 가능한 금리를 낮게 운용하려 한다. 그런데 금리만 낮추면 국민소득이 늘어나고 성장이 된다는 것은 좀 이상하다. 너무 쉽지 않은가? 이것이 맞다면 어느 나라나 금리를 계속 낮게 유지해 국민소득을 늘리고 국민을 잘 살게 할 수 있을 것이다.

그러나 금리인하가 일반적으로 국민소득을 늘릴 수 있지만 경제 여건에 비추어 적정한 수준보다 낮아지면 부작용이 발생해 오히려 국민소득이 줄어들 수 있다. 부작용의 종류는 다양하다. 내수과열에 따른 수입증가로 경상수지 적자가 커지는 것, 부동산·주식 등에 대한 투기적 투자증가 때문에 자금 흐름이 왜곡되는 것, 가계나 기업의 부채증가로 금융이 불안정해지는 것, 금리생활자의 소득감소에 따라 소비가 위축되는 것, 경쟁력 없는 좀비기업의 생존으로 국가경쟁력이 약화되는 것 등등이다.

이것들을 포함한 가장 큰 부작용은 경기과열에 따른 물가상승과 부동산 시장 등의 거품 발생 가능성이다. 물가상승은 개인의 실질 구매력 감소 등 경제 전반에 악영향을 미친다. 부동산시장의 거품과 이후의 붕괴는 많은 국민에게 피해를 줄 뿐 아니라 금융위기로까지 이어지는 경우가 많다.

결국 금리는 적정 수준을 유지해야 국민경제에 좋다. 적정 금리는 기본적으로 물가를 크게 상승시키지 않으면서 성장과 고용을 높일 수 있는 수준일 것이다.[17] 또한 과다하게 부채를 늘리지 않으며 부동산 거품이 없어 금융시스템의 안정에 도움이 되는 수준이어야 하고, 금리로 인한 자본의 과다 유입이나 유출도 없어야 한다. 이러한 적정 금리 수준은 많은 전문가를 보유하고 있는 정책당국도 사전적으로는 알기 어렵다. 금리정책은 정책효과의 시차 등을 고려할 때 일년 정도 앞을 예측하고 결정해야 하는데 쉽지 않은 일이다.

일반인이 적정 금리 수준을 정확히 아는 것은 더욱 어렵다. 다만 경제 상황 속에서 어느정도 감을 잡을 수 있다. 비유하자면 금리는 소와 말을 몰 때 사용하는 고삐와 같다. 고삐가 너무 느슨하면 소나 말이 제멋대로 움직이고, 너무 당기면 소나 말이 아파 저항을 한다. 금리도 시장 참가자들이 느낄 때 너무 헐겁지도 너무 조이지도 않고 적당한 긴장감이 있어야 한다. 돈을 너도 나도 빌려 부동산 투자를 하거나 사업을 확대하려 한다면 금리가 너무 낮은 것이다. 눈에 보이는 사업 기회가 많은데 이자 부담이 커 수익성을 맞출 수 없다면 금리가 너무 높은 것이다. 이러한 평가는 전문지식이 없더라도 사업하면서, 생활하면서 어느정도 느끼고 알 수 있다.

---

17 추가적인 물가상승을 유발하지 않으면서 주어진 경제 여건에서 최대로 생산할 수 있는 수준이 잠재GDP이다.

물가는 민생경제의 핵심

물가는 국민소득에 영향을 주지만 그 자체로 개인과 기업 등 경제주체의 경제활동에 큰 영향을 주는 핵심 경제변수다. 일반적으로 경제정책의 목표는 물가안정, 고용확대, 경상수지 흑자기조[18] 유지의 세가지라고 볼 수 있다. 현실세계에서 개개인의 살림살이는 물가가 안정되고 일자리가 넉넉하면, 성장이나 수출 등과 관계없이 좋을 것이다.

물가가 오르면 소득의 실질가치가 감소하여 살 수 있는 물건이나 서비스 양이 줄어 살림살이가 어려워진다. 이와 함께 현찰이나 예금, 채권 등을 가진 사람과 돈을 빌려준 채권자는 손해를 본다. 반대로 물건이나 부동산을 가진 사람과 빚이 있는 사람은 이익을 본다. 즉 물가가 오르면 금융자산 소유자와 채권자의 소득이 물건을 가진 사람과 채무자의 소득으로 옮겨가는 것이다.

물가가 소비에 미치는 영향

물가가 국민소득에 미치는 영향은 소비, 투자, 수출입 세 부문 모두에 걸쳐 나타난다. 먼저 물가가 상승하면 소비가 감소한다. 소득이 물가에 맞추어 늘지 않으면 실질소득이 감소하여 소비할 수 있는 능력이 줄어든다. 또한 물가상승 시 예금·채권 등 금융자산과 부동산 등 실질자산의 가치가 감소하는 것도 소비감소 요인이다. 여기에다 물가상승은 중앙은행의 강력한 금리인상 요인이기 때문에 전반적 금리상승으로 이어

---

18 경제학 교과서대로라면 경상수지 균형을 목표로 하는 것이 옳겠지만, 현실적으로 경상수지 균형 상태는 장기간 유지하는 것이 어렵고, 한국 같이 대외환경 변화에 취약한 국가는 약간의 흑자기조가 경제안정을 위해 더 좋다.

지기 쉽다. 금리상승은 앞에서 설명했듯이 소비 등 국민소득에 마이너스 효과를 가져온다.

이렇게 일반적으로는 물가상승 시 소비가 감소하나 이는 장기적으로 보았을 경우다. 단기적으로 보면 물가가 계속 상승하면 물건 값이 더 오르기 전에 사려는 수요가 있어 일시적으로 소비가 늘 수 있다. 이러한 논리로 물가가 떨어져 마이너스 상승률을 보이면 소비가 증가하는 것이 아니라 물가가 더 떨어진 다음에 사려고 하기 때문에 소비가 감소할 수 있다. 일본 같은 디플레 국가에서 소비가 정체되는 이유다. 따라서 물가의 상승과 하락은 소비의 교란 요인이 되어 경제의 불확실성을 키운다.

물가가 투자에 미치는 영향

물가는 일차적으로는 증가하는 방향으로 투자에 영향을 미친다. 물가상승은 기업의 입장에서 생산물의 판매가격 상승을 의미하므로 기업의 수익성과 현금 흐름이 개선되어 기업의 투자를 늘린다. 물론 물가상승은 원자재나 투자재의 구입비용 상승도 초래하여 투자를 위축시키는 효과도 있지만, 대부분 판매가격에 반영할 수 있어 투자를 증가시키는 효과보다는 작을 것이다. 그리고 기업은 채무자인 경우가 많고 완제품과 원자재 등 물건을 보유하고 있어 물가상승 시 소비자보다는 유리한 입장에 선다. 이것도 기업의 투자를 늘리는 효과로 작용할 수 있다.

그러나 장기적으로는 물가상승은 경제의 불확실성을 키울 뿐 아니라 소비위축을 초래하여 기업의 생산물에 대한 수요부족으로 이어지기 때문에 투자에 제약 요인이 된다. 또한 물가상승이 지속되면 부동산 등 실물자산에 대한 투기심리가 커져 기업 등 경제주체가 생산활동보다는 투기활동에 더 관심을 가질 수 있다. 이는 기업의 경쟁력 약화 및 경제구조 왜곡 등을 초래하며, 시간이 흐르면서 생산적인 투자의 부진으로 이어질 수 있다. 즉 적당한 수준까지의 물가상승은 투자를 늘리는 요인이 되지만 과도한 상승은 오히려 투자감소로 연결될 수 있는 것이다. 실증분석 결과를 보아도 물가상승이 투자에 미치는 영향은 여러가지 요인이 시차를 두고 혼재되어 있으며 방향성이 불분명한 것으로 나타났다.[19]

물가하락이 투자에 미치는 영향은 소비에서와 마찬가지로 감소 요인이 클 것이다. 물가하락은 기업의 판매수입 감소, 보유자산의 가치하락, 소비부진에 따른 수요감소를 초래한다. 물가하락의 정도가 커질수록 이러한 투자감소 효과는 더 커질 것이다. 물가는 떨어지지도, 많이 오르지도 않는 안정기조를 유지해야 경제의 불확실성을 줄여 투자를 늘리는 효과를 거둘 수 있다.

물가가 수출입에 미치는 영향

물가가 수출입에 미치는 영향은 환율까지 개입되어 있어 조금 복잡하다. 먼저 물가상승 시 환율이 변하지 않는다면 국내의 물가가 상대적으로 더 비싸지게 되므로 수출은 불리하고 수입이 유리해진다. 물가상승은 수출을 감소시키고 수입을 늘리는 요인이다. 일차적으로 물가상승은 수출감소와 수입증가, 물가하락은 수출증가와 수입감소로 나타난다.

---

19 손민규·조항서 「인플레이션이 실물투자에 미치는 영향」, 『조사통계월보』, 한국은행 2013.9.

물가와 함께 환율이 변동한다면 물가가 수출입에 미치는 영향을 알기 어렵다. 물가는 한 나라 통화의 국내가치이고 환율은 대외가치다. 물가가 올라 통화의 국내가치가 떨어지면 일반적으로 통화의 대외가치도 떨어질 수밖에 없다. 돈의 대외가치가 떨어지면(환율이 오르면) 수출상품의 가격경쟁력은 좋아지고 수입상품의 가격경쟁력은 나빠진다. 이렇게 되면 크지는 않지만 수출이 늘고 수입이 줄어드는 효과를 기대할 수 있다. 이것이 물가상승 시 수출감소를 막기 위해 인위적으로라도 환율을 올리게 되는 이유다.

환율이 상승하면 원유·원자재 등과 수입완제품의 가격이 올라가 물가 역시 올라간다. 따라서 물가가 오르면 수출상품의 가격경쟁력 회복을 위해 환율이 오르고, 환율상승은 다시 물가상승을 유발하는 악순환에 빠지기 쉽다. 물가상승과 환율상승의 이러한 악순환은 과거 아르헨티나·멕시코·브라질 등 중남미 국가를 포함한 많은 개발도상국에서 일상적으로 겪었다.

한국도 중남미 국가들보다는 덜했지만 1960년대 이후 얼마 전까지 지속적인 물가상승과 환율상승을 동시에 겪었다. 1969년 달러당 원화 환율은 300원 정도였으나 2015년 9월에는 1190원으로 4배 정도 올랐고, 물가는 같은 기간 21배 정도 올랐다. 반면 독일과 일본은 비슷한 기간 동안 환율이 3분의 1에서 4분의 1로 떨어졌고(통화가치가 오르고) 물가는 3.3배 정도 오르는 데 그쳤다.

한국은 과거 40여년간 높은 성장을 이루었지만 물가와 환율이 함께 올라 소득분배구조와 경제구조가 왜곡되었다. 물가상승은 앞서 설명한 대로 채권자와 금융자산 소유자의 소득을 채무자와 실물자산 소유자에게 이전시키고, 환율상승은 다수 국민과 수입업자의 소득을 수출업자에게 이전시킨다. 이에 따라 다수 국민은 성장의 혜택을 충분히 누리지 못했고, 수출기업과 관련된 사람이나 자산보유자는 더 많은 소득과 부를 갖게 되었다.

적정 물가상승률은?

종합해보면 물가변동은 국민소득을 포함한 경제 전체에 별 도움이 되지 못하며, 과도한 상승(인플레)이나 하락(디플레)은 경제에 큰 부담을 준다. 물가는 안정되어 경제주체들이 변동을 거의 느끼지 못할 정도로만 상승하는 것이 좋다. 그렇다면 어느 정도가 적정 상승률일까? 정확한 답은 없지만, 소비자물가 기준 연 1.5~2% 정도 상승하는 것이 이상적이다.[20] 물가상승률이 '0'%에 근접하면 실제로는 물가가 하락하는 디플레 상태에 있을 가능성이 크기 때문이다. 소비자물가지수는 잘 작성되면 실제 구매력보다 1%포인트 정도 과대평가하는 경향이 있고, 이를 소비자물가지수의 상향편의 현상이라 한다.

예를 들어 소고기 가격이 올랐을 때 가격이 오르지 않은 닭고기나 돼지고기로 소비를 조금 바꾸면 구매력의 손실이 소고기 값이 오른 만큼 발생하지 않는다. 자동차나 전자제품 등의 기술개발·품질개선 효과도 물가에 다 반영되지 않는 경우가 많다. 이러한 것들이 소비자물가지수의 상향편의 현상을 발생시키는 요인이다.

물가상승률이 2%를 많이 초과하면 가계나 기업 등 경제주체가 소비·생산·투자를 결정할 때 물가상승을 고려하게 된다. 물가상승이 장

---

20 유럽 중앙은행의 소비자물가 상승 목표는 2%를 넘지 않으면서 2%에 근접하는 수준이다.

기화되거나 확대되면 물가상승 기대(인플레 기대심리)가 고착되어 물가상승이 가속화될 가능성이 크다. 반대로 물가가 계속 너무 낮게 오르거나 떨어지면 디플레 위험에 빠지게 된다.

물가상승률을 1.5~2% 정도로 유지하는 것은 쉬운 일이 아니다. 중남미 국가 등 많은 개발도상국의 경우 대부분 인플레가 문제되지만, 일본은 1990년대 말부터 물가상승률이 0%대나 마이너스를 보이는 디플레 상태가 지속되고 있다. 일본은 2001년부터 양적완화조치를 통해 중앙은행이 돈(본원통화)을 엄청 풀고 있음에도 아직 디플레에서 벗어나지 못한 상황이다. 미국과 유럽도 2010년 이후 물가가 너무 안정되어 디플레의 위협을 느끼고 있다. 한국도 비슷하다. 빠른 고령화와 높은 집값과 집세 등으로 내수가 계속 위축되고 있는데다 공급능력은 충분해, 2014년 이후 소비자물가 상승률이 0%대로 낮아져 디플레의 가능성을 배제할 수 없게 되었다.

부동산과 국민경제

부동산은 집을 사거나 세를 살아야 하는 개인들에게는 생존을 위한 필수재다. 기업 입장에서도 공장이나 사무실 등 부동산이 꼭 필요하다. 부동산은 인간의 삶과 국민경제에 광범위하게 영향을 미칠 수밖에 없다. 특히 한국은 경제뿐 아니라 정치와 사회, 교육도 부동산과 밀접한 관계를 갖고 있다. 부동산가격이 비싼 지역과 싼 지역의 정치성향이 갈리고 부동산가격을 올릴 것 같은 정당이 선거에서 유리한 경우가 많았다. 교육은 학군을 통해 부동산가격에 큰 영향을 미친다. 여기서는 부동산가격의 변동이 소비·투자·수출입 등 국민경제에 미치는 영향만을 중심으로 살펴보려고 한다.

부동산이 소비에 미치는 영향

첫째, 부동산과 소비와의 관계는 앞의 소비 결정요인에서 간단히 살펴보았듯이 한국에서는 복잡하고 일정치 않다.

먼저 부동산가격이 상승하면 일반적으로 보유자산 가치가 상승하여 소비가 늘어나는 부의 효과가 나타난다. 또한 주택가격이 오르면 주택담보대출을 받은 주택 소유자의 순자산(equity)[21]이 증가한다. 특히 미국은 이러한 순자산을 근거로 다시 차입이 이루어지는 제도(mortgage equity withdrawal)가 일반화되어 있어 부동산가격 상승이 소비를 증가시키는 효과가 크다.

앞의 실증분석 결과에서 보듯이 한국은 주택가격 상승 시 소비증가폭이 그렇게 크지 않을 것 같다. 먼저 주택담보대출이 미국과 달리 이자만 상환하는 것이 대부분인데다 미국처럼 주택의 순자산을 근거로 한 금융이 활성화되어 있지 않다. 이것이 집값이 올라도 소비가 많이 늘기 어려운 이유 중 하나다. 또한 주거환경이 열악한 주택이 많아 주택 소유자 및 세입자 가운데 대부분은 더 나은 주택으로 옮기려는 잠재적 수요층이다. 이들은 집값이 오르면 더 나은 주택으로 옮길 때 들어가는 비용이 늘어나게 되니 오히려 소비를 줄여야 한다. 집값과 함께 전·월세 등 임대료가 같이 오르면 열악한 주택의 소유자와 세입자, 즉 중·하위 계

---

21 주택의 순자산＝주택가치－주택담보대출의 미상환잔액. 주택의 순자산은 주택가격이 오르거나 주택담보대출의 원금상환이 늘어나면 증가한다. 주택의 순자산이 증가하면 금융기관의 대출 가능 금액도 증가한다.

층의 소비위축 효과는 더 커진다. 다음으로 부동산가격이 하락하면 마이너스 부의 효과 등으로 소비가 조금은 감소할 것이다. 이때도 소비는 전·월세 등 임대료에 크게 영향을 받는다. 부동산가격과 함께 임대료도 같이 하락하면(집값이 하락하면 장기적으로 임대료도 하락하는 것이 정상이다) 소비감소 효과는 거의 없거나 오히려 소비가 증가할 수 있다. 임대료 하락에 따른 중·하위 계층의 소비 가능 소득이 늘어나기 때문이다. 그러나 한국의 2009~14년과 같이 주택가격이 안정되는 가운데 전·월세 가격이 크게 오르면 소비감소 효과는 오히려 커진다. 특히 전세의 월세 전환으로 월세 비중이 늘어 주거비가 상승하면 소비감소 효과뿐 아니라 소득분배구조까지 악화되는 것으로 나타났다.[22]

부동산이 투자와 수출입에 미치는 영향

앞에서 살펴본 대로 건설투자는 부동산가격이 상승하면 증가하고, 부동산가격이 하락하면 감소한다. 반면 설비투자는 부동산가격이 상승하면 감소하고, 부동산가격이 하락하면 증가한다. 부동산이 사무실과 공장용지 등의 비용 요인이기 때문이다. 특히 이러한 현상은 신설 업체나 외국인 투자기업에 영향이 커, 높은 부동산가격은 신규투자와 창업을 억제하는 요인이 된다.[23] 전체적으로는 부동산가격이 건설투자에 미치는 영향이 보다 직접적이고, 건설투자의 비중이 설비투자보다 크기

---

22 김정성·이영호 「주택시장의 월세주거비 상승이 소비 및 소득분배에 미치는 영향」, 『조사통계월보』, 한국은행 2015.5.

23 기존 기업 가운데 부동산을 많이 소유한 기업은 부동산을 팔아 이익을 보는 경우도 많다. 이 때문에 기업의 투자가 산업의 경쟁력보다 향후 부동산가격 상승 가능성을 기준으로 이루어지는 경우가 많았고, 결과적으로 한국에서는 경쟁력 있는 기업보다 부동산이 많은 기업이 유리한 경우가 많았다.

때문에 부동산가격이 상승하면 투자가 조금 늘어나는 양상을 보일 가능성이 크다.

부동산가격은 수출입이나 외국인 직접투자 등에도 큰 영향을 미친다. 부동산가격 상승은 수출상품과 국내 서비스의 가격경쟁력을 약화시켜 수출감소 요인으로 작용한다. 부동산가격 상승은 공장설립 비용, 사무실 임대료 등 기업의 비용을 늘리는 직접적 요인이 될 뿐 아니라, 노동자의 주거비용을 상승시켜 임금인상 요인이 된다. 이러한 고비용 구조는 외국인의 국내투자를 제약하는 요인도 된다. 또한 부동산가격 상승은 호텔의 숙박비와 음식 가격 등의 상승을 초래하며 관광 등 외국인에 대한 서비스의 경쟁력도 약화시킨다. 반대로 부동산가격 상승은 상대적으로 수입상품과 해외 서비스의 가격경쟁력을 높여 수입과 해외 관광 등을 증가시킨다. 즉 부동산가격 상승은 수출감소와 수입증가를 통해 국민소득을 감소시킨다.

비싼 부동산가격의 문제점

종합해보면 부동산가격 상승은 소비의 부분적 증가 요인, 투자의 일부 증가 요인, 수출감소와 수입증가 요인으로 작용하면서 전체로는 국민소득을 약간 증가시킬 수도 있다. 그러나 부동산가격 상승에 따른 국민소득 증가는 물가상승에 따른 일시적 국민소득 증가, 환율상승에 따른 수출증가와 같이 상대가격의 변화에 의한 것이다. 상대가격 변화를 통한 국민소득 증가는 이익을 보는 사람과 손해를 보는 사람이 생겨날 수밖에 없고 국민경제 전체에는 큰 부작용을 남긴다.

대표적인 부작용은 부동산가격 상승이 주택·토지 등 부동산을 가진 사람의 부를 '그냥' 증가시킨다는 것이다. 이는 장기적으로는 부동산이 없는 사람의 소득을 부동산 소유자에게 이전하는 효과로 이어진다. 또한 세대 간 부당한 소득 이전과 심각한 갈등을 유발하기도 한다. 한국은 부동산가격이 오랫동안 상승해왔으며, 정확한 통계는 없지만 한국의 부동산 시가총액은 8000조원[24] 이상일 것으로 추정된다. 이 경우 부동산가격이 10% 오르면 800조원, 즉 연간 GDP(1400조원)의 57% 정도 부동산을 가진 사람의 부가 증가한다. 당연히 부동산이 없는 사람은 상대적으로 가난해진다. 부동산이 없는 사람은 주택의 구입과 집세 부담을 위해, 기업은 설립과 공장 증설 등에 더 많은 돈을 써야 한다. 이렇게 되면 부동산가격 상승은 앞서 설명한 대로 소비감소와 함께 기업의 경쟁력 약화를 초래한다.

한국은 그간 부동산 가격과 물가의 상승에 따른 경쟁력의 약화를 환율인상으로 보전해왔다. 부동산가격 상승, 물가상승, 환율상승이 악순환하는 경제가 된 것이다. 이와 같은 부동산·물가·환율의 잘못된 정책이 양극화의 기조적 원인이 되고 있다. 한국에서는 부동산 없는 사람, 노동자, 일반 소비자 등이 성장의 혜택을 제대로 누리지 못할 뿐 아니라 일방적으로 손해를 보고 있는 것이다.

다음으로 부동산가격 상승은 종종 거품으로 이어져 금융위기의 원인이 되기도 한다. 2008년 세계 금융위기의 근원이 된 미국의 서브프라임 사태가 대표적이고, 일본에서 1990년대 이후 20년 이상 경기부진이 지속되는 것도 1980년대의 어마어마한 부동산 거품의 후유증이 큰 원인

---

24 한국은행의 국민대차대조표에 따르면 2012년 주거용 및 비주거용 건물, 토지의 합계액이 7905조원이다. '부동산114' 등의 발표 자료에 따르면 아파트의 시가총액은 2000조원 정도이고, 토지의 시가총액은 대략 6000조원 정도로 추정된다. 단독주택이나 상업용 건물을 제외해도 한국 부동산의 시가총액은 8000조원에 이른다.

일 것 같다.

한국도 2007년까지 집값이 미친듯이 올랐다. 2008년부터 안정세를 보이다가 2015년에 들어 소폭 오르고 있다. 한국의 집값은 여전히 대부분의 선진국보다 비싸다. 2013년 9월 'KB금융지주경영연구소'의 발표자료[25]에 따르면 서울의 집값은 절대 수준으로도 뉴욕의 집값보다 비싼 것으로 나타났다. 미국은 한국보다 1인당 국민소득이 2배 이상이고 뉴욕은 세계경제의 중심지다. 서울 집값이 뉴욕보다 비싸다는 것은 서울 집값에 거품이 많다는 의미다. 그렇지 않아도 거품이 많이 낀 서울 집값이 정부의 강력한 부동산 부양책에 힘입어 다시 오르고 있다.

비싼 집값은 어떤 형태로든지 한국경제에 큰 충격을 줄 것이다. 2015년 같이 집값과 집세가 동시에 오르는 상황이 조금 더 계속된다면 소비와 투자의 지속적 위축뿐 아니라 주택시장의 경착륙 같은 위기상황이 발생할 수 있다. 1100조원이 넘는 가계부채와 하우스푸어가 맞물려 있어 경제환경이 더 악화되면 언제든 위기로 연결될 수 있다. 집값과 집세가 더이상 오르지 않거나, 운이 좋으면 급격한 위기는 오지 않을 수 있지만 과거 일본식 장기불황을 피할 수 없을 것이다. 비싼 집값과 집세는 젊은이들의 결혼과 출산을 어렵게 해 저성장 기조에서 벗어나기 어렵게 만드는 효과마저 지닌다.

부동산 등의 자산 가격은 상승률보다 수준 자체도 중요하다. 2008년 이후 집값이 크게 오르지는 않고 있지만 집값의 절대 수준이 높기 때문에 내수위축 등 부정적 영향이 계속되는 것이다. 일반 상품과는 달리,

---

25 KB 경영정보리포트 2013-11, 2013.9, 「주요국의 주택가격 비교와 시사점」에 따르면 2013년 기준 서울의 평균 주택가격은 42만 5000달러, 미국 뉴욕은 39만 4700달러, LA 는 35만 5700달러로 나타났다.

정확히 특정하기는 어렵지만 부동산이나 주식 같은 자산은 미래 수익 흐름의 현재 가치 등에 따라 결정되는 내재가치를 지닌다. 이러한 내재 가치와 시장가격 간의 괴리가 있다면 시장가격이 안정되어 있다 하더라도 부정적 영향은 계속 나타나는 것이다. 지금과 같이 부동산가격을 억지로 올리거나 지지하려는 정책은 병의 근본을 치료하기는커녕 오히려 병을 만성화한다.

4. 무리하지 않고 성장할 방법은 있다

잠재GDP와 잠재성장률

한국의 경제성장률이 빠르게 하락하고 있다. 1980년대 후반의 두자리 수 성장에서 1990년대 중반 7~8%로 낮아졌다. 경제성장률은 2000년대 중반에 들어서는 4~5% 수준으로 더 떨어진 다음, 2011년 이후에는 3% 달성도 어려워졌다. 2015년에는 정책금리를 사상 최저수준인 1.5%로 인하하고, 대규모의 추경을 통한 재정지출 확대 정책과 가계부채 급증을 무릅쓴 부동산 부양책을 썼음에도 불구하고 2.7% 정도 성장할 것으로 보인다.

이 같은 성장률의 지속적인 하락은 한국경제의 성장잠재력 저하와 관계가 있을 수밖에 없다. 이를 이해하기 위해서는 경제에 무리를 주지 않으면서 최대로 성장할 수 있는 수준인 잠재GDP와 잠재성장률에 대해 우선 검토해볼 필요가 있다. 잠재GDP가 무엇이고 어떤 의미를 가지며 어떻게 추정되고 한국의 잠재GDP는 어느 정도인가, 그리고 어떻게 하면 잠재GDP를 더 크게 할 수 있는가 등에 대해 알아보자.

잠재GDP란?

잠재GDP란 적정 인플레이션하에서 한 국가가 자본 등 주어진 생산 요소를 사용하여 달성할 수 있는 최대 생산 수준을 말한다. 최근에는 적정 인플레이션, 즉 추가적인 물가상승을 유발하지 않는 잠재GDP뿐 아니라, 금융 부문에서 불안 요인을 유발하지 않는 금융중립적 잠재GDP 개념[26]도 등장했다. 2000년대 중반 소비자물가가 안정되어 있는 상황에서도 과도한 신용확대 등으로 금융불안이 생기고, 지속적인 성장도 어려워지는 사태가 발생했기 때문이다.

2008년 금융위기가 바로 이러한 사례다. 2007년 초까지 세계경제는 물가가 안정되고 금융기관과 기업의 수익도 양호하여 겉으로는 모든 것이 좋았다. 이에 따라 미 연준을 비롯한 세계 여러 중앙은행들은 정책금리 수준을 낮게 유지하고 금융기관들은 적극적으로 대출을 확대했다. 그 결과 소비증가 등으로 경기는 좋았으나, 부채가 크게 증가하고 부동산 등 자산시장의 거품이 커지는 등 내부적으로 불안 요인이 축적되고 있었다. 2007년 후반부터 부동산 시장 등의 거품이 붕괴하고 많은 금융기관이 도산하면서 세계경제는 마이너스 성장을 하는 등 급격히 위축되었다.

저금리와 과다 신용공급 등으로 실제 GDP가 잠재GDP보다 크면 물가상승이나 부동산 거품 등 금융불안 압력이 생긴다. 반대로 실제 GDP

---

26 박양수·김도완·연승은·최창분 「금융 중립적 잠재GDP 및 GDP 갭 추정」, 『조사통계월보』, 한국은행 2014.4.

가 잠재GDP에 미달하면 노동과 자본 등 생산요소를 충분히 활용하지 못해 실업 등이 커진다. 결국 잠재GDP 수준이 올라가야 장기적으로 지속가능한 실제 GDP도 늘릴 수 있고, 물가 및 금융의 불안도 막을 수 있는 것이다. 잠재GDP는 일반적으로 생산요소인 노동·자본·기술 등의 생산성에 의해 결정된다.

여기서 노동은 적정 인플레이션이 유지되는 가운데 최대로 투입 가능한 노동력을 말하며, 생산가능 인구수·경제활동 참가율·자연실업률[27] 등에 의해 결정된다. 자본은 적정 인플레이션이 유지되는 가운데 최대로 투입 가능한 자본소득의 크기를 말하며, 현재의 자본소득 수준·신규투자·자연가동률[28] 등에 의해 결정된다. 그리고 기술 등 생산성은 물건이나 서비스를 생산·공급하는 기술 수준뿐 아니라 한 나라의 경제가 효율적으로 작동할 수 있는 환경까지 포함한 개념이다. 생산성은 과학기술 수준, 경제 및 정치제도, 금융접근성, 교육 등 다양한 요인에 의해 영향을 받는다.[29]

이러한 잠재GDP는 실제 GDP와 달리 직접 추계할 수 없기 때문에 다양한 계량 분석을 통해 추정한다. 추정방법은 크게 생산함수 접근법과 시계열 분석법으로 나뉜다.

---

27 자연실업률은 경제의 균형 상태에서 상품시장과 노동시장 등 경제의 구조적 요인에 의해 결정되는 실업 수준을 의미한다. 풀어 설명하면 자연실업률은 더 좋은 일자리를 찾기 위한 마찰적 실업, 산업구조 등의 변화 과정에서 나타나는 구조적 실업만이 존재하는 실업률이라고 볼 수 있다. 다른 측면에서 물가상승을 가속화하지 않는 실업률(non-accelerating inflation rate of unemployment)로 볼 수도 있다.

28 자연가동률은 자연실업률과 비슷한 개념으로 경제의 균형 상태, 즉 경제에 무리를 주지 않는 상태에서 생산설비나 토지 등이 활용되는 수준을 의미한다.

29 이렇게 포괄적 의미의 생산성을 총요소생산성(total factor productivity)이라고 한다.

생산함수 접근법은 먼저 노동·자본 등의 생산요소와 생산량(GDP) 간의 관계를 나타내는 생산함수를 설정한다. 그리고 여러 기초자료를 이용하여 생산함수 식의 각 변수 값을 추정한 다음 최대 투입 가능 노동력과 자본스톡을 대입하여 잠재GDP를 계산한다. 이러한 생산함수 접근법은 잠재성장률 변동을 노동·자본·생산성 등 요인별로 분해하여 설명할 수 있고, 각 요인을 예측해서 미래 잠재GDP도 추정할 수 있다는 장점이 있다.

시계열 분석법은 GDP 같은 시계열 통계의 속성을 이용하여 잠재GDP를 추정하는 방법으로, 추세 추출법과 은닉인자 모형(unobserved component model) 등이 있다. 추세 추출법은 시계열 자료에 내재된 추세·순환·계절·불규칙 요인 가운데서 추세요인만 필터링 기법이나 이동평균 방법을 이용하여 결과를 추출하고 이를 잠재GDP로 간주하는 방식이다. 은닉인자 모형은 실제 GDP를 직접 관측할 수 없는 장기 추세 부분과 순환 변동 부분으로 나누고, 은닉인자인 장기 추세를 추출하여 이를 잠재GDP로 간주하는 방법이다. 시계열 분석은 GDP의 과거 실적치를 기초로 추출한 추세치를 사용하기 때문에 현재까지의 잠재GDP 측정에 주로 이용된다. 장기간 전망치의 시산이나 요인별 설명에는 한계가 있다.

하락 중인 한국의 잠재성장률

한국의 잠재GDP나 잠재성장률 수치는 학자에 따라 또는 어떤 방식으로 측정했느냐에 따라 조금씩 차이가 있다. 여기에다 2013년 하반기 이후 한국은행 등 공신력 있는 기관에서 잠재GDP 추정 결과를 발표하지 않고 있어 정확한 최근의 통계수치를 확인하기 어렵다. 다만 한국은행의 2013년 4월의 연구결과[30]와 2015년 민간 연구기관의 보고서[31] 등을 참고해보면 한국의 잠재성장률은 급격히 낮아지고 있는 것으로 보인다.

잠재성장률은 1990년대에는 6~7%, 2000년대에는 4~5%, 2010년대 초반에는 3~4%를 기록한 다음, 2014년 이후에는 3% 밑으로 떨어졌을 가능성이 크다. 한국은 2008년부터 성장률을 높이기 위해 무리한 금융완화와 재정확대 정책을 쓰고 있다. 이에 따라 2008년 한때 소비자물가 상승률이 5%에 이르렀고, 가계부채는 위험 수준을 넘겼으며 정부부채도 계속 늘어나고 있다. 즉 구조적인 요인에 의한 잠재성장률 하락으로 실제 경제성장률이 낮아지고 있는데도 정책당국이 근본적인 처방보다 부동산 띄우기와 재정확대 등에 주로 의존하다보니 가계와 정부의 부채만 계속 늘고 있는 것이다.

잠재성장률이 하락한다는 것은 잠재GDP의 결정요인인 노동·자본·생산성의 양과 질이 모두 떨어지고 있다는 의미다. 노동 측면을 보자면 고령화와 출산율 감소 등으로 생산가능인구가 거의 늘지 못하고 있는 데다, 직업 간 과도한 보상 격차 등으로 노동시장의 불균형이 심각해 주어진 노동력의 활용도도 떨어진다. 좋은 직업에 대해서는 구직자가 몰리고, 지방 기업과 중소 제조업체의 경우 심각한 구인난에 시달리고 있다. 취업준비생과 구직단념자 등이 많아 실업률[32]이 낮게 나타나지만,

---

30 박양수·장영재·구자현·김현수 「GDP 갭의 불확실성과 통화정책」, 『조사통계월보』, 한국은행 2013.4.

31 이근태·고기영 「우리나라의 장기 침체 리스크가 커지고 있다」, LG ERI 레포트 2015. 5.20.

32 실업률은 경제활동 인구 중에서 적극적으로 일자리를 구했으나 수입이 있는 일자리를 구하지 못한 실업자의 비율이다. 취업준비자, 구직단념자, 가정주부, 학생 등은 비경제활동인구로서 실업자에 포함되지 않는다.

경제 전체로는 고용율과 경제활동 참가율이 낮다.

자본은 GDP 대비 자본스톡의 비율이 2006년경[33]부터 3배를 초과하여 선진국과 비슷한 수준에 도달했다. 이는 경제 전체로 자본스톡 증가 필요성이 크지 않다는 의미이고, 기업들 입장에서는 수익성 있는 투자 기회를 찾기 어렵다는 것이다. 정부의 각종 투자 유인책에도 불구하고 기업들은 신규투자를 늘리지 않고 있다. 오히려 기존 설비의 가동률이 낮아져 경쟁력 강화를 위한 손쉬운 구조조정을 요구하는 상황이다.[34] 자본스톡 증가와 가동률 상승 등이 어렵기 때문에 자본 부문에서도 잠재GDP 수준을 늘리기가 점점 어려워지고 있다.

생산성은 잠재GDP에 노동과 자본보다도 더 부정적인 영향을 주고 있을 것이다. 경제 전체의 생산성과 직결되는 사회의 신뢰 수준이 계속 낮아지는 탓이다. 신뢰성·정직성·공정성 등의 사회적 자본이 최저 수준인 것이다. 2014년 세월호 사태 이후 한국은 상대 진영에서 하는 말은 콩으로 메주를 쑨다고 해도 믿지 않게 되었고, 서로 들으려는 시도 없이 자기주장만 한다. 여기에다 정책의 투명성과 일관성은 낮고, 정책 담당자인 관료들의 비효율성·편파성도 경제 전체의 생산성을 낮춘다. 젊은 이들이 가장 원하는 직업은 의사·교수·공무원·공기업 직원 등이다. 또한 노골적으로 임대사업자를 꿈꾸는 사람도 많다. 과학기술 분야, 제조업과 무역 등 생산적인 기업 분야에는 우수 인력이 모이질 않는다. 의

---

33 한국은행 통계청 「국민대차대조표 공동개발 결과(잠정)」, 2014.5, 32면.

34 2015년 6월 기업들의 강력한 요구로 정부는 정상적인 기업의 경우도 과잉공급 해소를 위한 사업 재편 등에 대해 세제 등의 지원을 할 수 있도록 하는, 소위 '원샷법'이라 불리는 '사업재편지원특별법'을 추진했으며, 이러한 요구의 일부를 2015년 세법개정에 반영했다.

사·교수·공무원·임대사업자 등이 기능인과 기술자, 기업 부문 종사자에 비해 지나치게 좋은 대우를 받기 때문이다. 과학기술 수준이 높아지기 어렵고 창업 등 자본주의 역동성도 약화되어 경제 전체의 생산성을 올릴 수 없다.

한국은 과거에도 생산성이 낮았지만 노동과 자본의 투입을 늘려 성장률을 높여왔다. 그러나 이것도 이제 한계에 다다르고 있다. 경제 전체의 생산성을 높이는 여러 작업, 즉 법과 제도의 공정성·투명성을 제고하고, 직업 간 과도한 보상 격차의 해소 등 노동시장을 개혁하며, 부동산 부문보다 창업 등 생산적인 부분으로 자금이 흐르도록 하는 것 등이 필요하다. 이를 정책과제로 삼아 한국의 잠재GDP 수준을 높여야 한다. 이러한 개혁 없이 과도한 금융완화나 재정확대를 고집하는 정책은 물가상승 또는 부채증가로 인한 금융불안 등 부작용만 야기할 뿐 실제 경제성장률을 높일 수 없다.

5. 피케티 이론과 한국의 불평등

피케티, 불평등을 말하다

토마 피케티(Thomas Piketty)는 『21세기 자본』으로 2014년 세계와 한국에서 가장 주목받은 경제학자가 되었다. 그는 미국과 유럽의 300년간의 장기 시계열 자료를 분석하여 소득불평등의 구조와 원인을 분석하고 대응방안을 제시했다. 양극화와 중산층 붕괴는 한국의 오래된 문제다. 또한 청년빈곤과 노인빈곤 등 가난이 일상화될 정도로 불평등 문제가 심각하다. 여기서는 피케티의 이론을 간단히 조감하며 한국의 불평등 상황을 새로이 평가해볼 것이다.

피케티는 조세자료를 이용하여 산출한 상위 1% 또는 10% 소득자의 소득 비중을 가지고 소득불평등의 추이를 분석하였다. 미국과 유럽의 소득불평등은 1900년대 초반 가장 심했다가 양차 대전을 거치면서 1970년대까지 완화되었다. 그러나 1980년대 이후 소득불평등은 다시 빠르게 악화되어 2010년경에는 과거 가장 나빴던 1930년대 수준과 비슷해졌다.

소득불평등은 자본·소득비율(β=자본/국민소득)의 움직임과 밀접한 관계를 갖고 있다. 자본소득분배율(α=자본소득/국민소득)은 자본수익률(Υ)과 자본·소득비율(β=자본/국민소득)을 곱한 값과 같다. 그런데 미국·유럽 등에서는 자본수익률(Υ)이 장기간에 걸쳐 4~5%로 안정되어 있다. 따라서 자본의 양이 커져 자본·소득비율이 계속 높아지면 자본의 몫인 자본소득분배율이 커져 소득불평등이 심화되는 것이다. 반면 경제성장률($\mathcal{G}$)이 자본수익률보다 높으면($\mathcal{G} > \Upsilon$) 노동자의 몫, 즉 노동소득분배율이 커져 소득불평등이 완화된다. 즉 경제성장률이 지속적으로 높은 수준을 유지하거나 세금부과 등으로 실질적인 자본수익률을 낮춰야 소득불평등을 완화할 수 있다는 것이다.

피케티는 1970년대까지 고성장, 동서 냉전체제의 영향 등으로 인한 복지 확대로 소득불평등이 완화되었으나, 1980년대 이후 신자유주의의 확산 등으로 불평등이 심화되고 있다고 본 것이다. 여기에다 2008년 이후 세계경제는 빠르게 저성장 기조로 접어들고 있어 자본수익률이 떨어지지 않으면 소득불평등은 더 심해질 가능성이 크다. 결국 소득불평등 완화를 위해서는 세계 주요국이 동시에 소득세의 한계 세율을 높이고 순자산 규모가 큰 사람에게는 보유 부에 대한 누진적 과세를 해야 한다는 것이 피케티의 주장이다.

피케티의 자본주의 제1 기본법칙

이러한 이론을 수식으로 표시한 것이 다음의 자본주의 제1 기본법칙이다.

$$\alpha = \Upsilon \times \beta$$

α : 자본소득분배율

β : 국민소득에 대한 자본의 비율(자본·소득비율)

Υ : 자본수익률(rate of return on capital)

예를 들어 β가 600%이고, Υ이 5%이면 자본소득분배율(α)은 30%인 것이다. 실제 2010년 미국과 유럽의 β는 500% 정도로 과거 1920~30년 대의 600% 수준에 가까이 왔고, 상위 1%, 상위 10% 소득의 비중도 높아지고 있다. 특히 미국은 자본·소득 이외에 기업의 최고 경영진이 거액의 보수를 받고 있어 자본·소득비율에 비해 소득불평등은 더 심하게 나타난다.

이러한 흥미있는 이론을 한국의 현실에 적용해볼 필요가 있다. 여러 학자의 연구가 있지만 피케티 이론에 충실하다고 생각되는 주상영 교수의 연구를 기초로 설명해보자.[35] 먼저 자본·소득비율(β)은 한국은행의 국민대차대조표의 비금융자산과 국민계정 통계의 순국민소득(NNI)으로 산출하면 2012년 945% 정도 나온다. 이는 1990년경 일본[36]을 제외하고는 세계에서 유례없이 높은 수준이다. 한국의 토지 등 부동산 가격이 매우 비싸기 때문이다. 토지자산의 50%를 자본에서 빼서 자본·소득비율을 계산해도 600% 정도가 나온다. 이것도 미국이나 유럽의

---

35 유종일·윤석준·주상영·이진순 『피케티 어떻게 읽을 것인가』 제3부와 4부, 한울 2015.

36 일본의 자본·소득비율은 부동산 자산 거품이 극심했던 1990년경 950%에 이르렀고, 2010년에는 650% 수준을 나타내고 있다.(피케티 『21세기 자본』, 219면)

450~500%에 비해 높은 수준이다.

자본소득분배율은 앞의 분배국민소득 부분에서 설명한 대로 자영업자의 소득을 조정해야 정확한 통계를 얻을 수 있다. 주상영 교수는 앞의 세가지 방식 중 두번째 방식으로 자영업자 소득을 조정했고 이렇게 산출된 자본소득분배율은 2012년 31% 정도다. 자본소득분배율 31%, 자본·소득비율 600%를 기준으로 자본수익률을 산출하면 5.2%(31/600)가 나온다. 이 자본수익률은 선진국의 평균적인 자본수익률인 4~5%와 일치한다. 물론 자본·소득비율을 945%로 보면 자본수익률은 3% 수준으로 낮아진다. 이렇게 보면 한국은 자본·소득비율이 이미 높은 수준에 와 있고, 자본수익률이 경제성장률보다 크며, 자본소득분배율이 올라가고 있다. 피케티의 이론대로 불평등이 심한 상태일 뿐 아니라 앞으로 더 나빠질 가능성이 큰 상황이다.

피케티의 자본주의 제2 기본법칙

다음으로 자본·소득비율(β)과 저축률(s), 성장률(g)의 장기 동태적 관계인 피케티의 자본주의 제2 기본법칙을 간단히 살펴보고 이를 한국에 적용해보자. 자본·소득비율이 장기적으로 저축률을 성장률로 나눈 값에 수렴한다는 것이 제2법칙이다. 이를 수식으로 표현하면 다음과 같다. 여기서 저축률(s)은 총저축에서 감가상각을 제외한 순저축을 말한다.

$$\beta \rightarrow s / g$$

즉 매년 국민소득의 12%를 저축하고 경제성장이 2% 정도 지속되면 자본총량도 2% 정도 늘어나 자본·소득비율(β)은 600%로 장기적으로 안정된다는 것이다.

한국의 경우 2000년 이후 2013년까지 평균 순저축률은 19%, 순국민소득의 성장률은 4.1%이다. 이를 근거로 계산한 장기 자본·소득비율(β)은 460%이다. 이는 제1법칙으로 계산한 한국의 자본·소득비율인 945%와 큰 차이가 있다. 이 차이를 잘 설명할 수 있어야 피케티 이론으로 한국경제의 불평등 구조를 해석하기 쉽다. 이를 위해서는 제1법칙의 각 지표 산출방법을 점검해 차이 발생 원인을 찾아보고 조정하는 것이 필요하다.

앞에서는 자본·소득비율(β)과 자본소득분배율(α)을 산출한 다음 항등식 $α = Υ × β$에서 자본수익률(Υ)을 사후적으로 계산했다. 이 방식은 사용한 통계가 정확하다면 제1법칙이 항등관계이기 때문에 문제가 없다. 그러나 국부 통계인 국민대차대조표나 국민소득 통계는 추계 과정에서 정확성의 한계가 있고, 서로 상충될 가능성도 있다.

예를 들어 2012년 국민대차대조표 상 토지자산은 5635조원으로, 전체 국민순자산 1경 669조원의 53%에 이른다.[37] 이러한 토지자산에서 토지가격 상승에 따른 자본이득이 아닌 임료 등의 수익이 연간 4~5% 수익률로 250조원정도 발생한다고 보기 어렵다. 그렇다면 토지자산을 제외한 나머지 주거용 건물이나 설비자산 등에서는 훨씬 많은 수익이 나와야 하는데 국민소득 통계 등이 이를 뒷받침하지 못한다. 전체 자본수익률 4~5%는 수긍할 만한 수치지만, 부문별로 나누어 보면 이해하기

---

37 국민대차대조표를 작성하는 나라의 국민순자산 대비 토지자산의 비중은 2012년 기준 일본 36.7%, 프랑스 41.0%, 호주 43.2%, 캐나다 36.0%이다. 한국이 53%로 가장 높다.

어려운 면이 있는 것이다.

어렵더라도 자본·소득비율, 자본소득분배율, 자본수익률을 여러가지 방식으로 각각 산출한 다음 차이가 나는 원인을 살펴보고, 차이를 조정해주어야 정확도가 높아진다. 국민소득통계 추계 시 생산·분배·지출 측면의 국민소득을 별도로 추계해 오차를 줄이는 것과 비슷한 방식이다. 이러한 연구가 활발히 이루어져야 피케티 이론의 설명력이 높아진다. 이것은 연구 인력이 충분한 국책연구소나 대학연구소에서 해줄 일이다. 피케티의 말대로 이는 누구보다 연구에 바칠 수 있는 시간을 많이 가진, 그리고 연구에 대한 보수까지 받는 귀중한 특권을 가진 운 좋은 시민들이 꼭 해야 할 몫이다.

한국의 불평등은 얼마나 심각한가?

피케티의 상위 0.1%, 1%, 10% 소득집중도

이제는 피케티가 사용한 상위 0.1%, 1%, 10%의 소득집중도로 한국의 불평등 상황을 점검해보자. 다행히 김낙년 교수가 피케티 방식으로 한국의 상위 0.1%, 1%, 10% 소득집중도를 연구한 자료가 세계 고소득 데이터베이스(WTID, World Top Incomes Database)[38]에 실려 있다. WTID에 의하면 한국의 2010년 기준 상위 0.1%, 1%, 10%의 소득집중도는 4.19%, 11.76%, 43.3%로 미국의 7.52%, 17.45%, 46.35%보다는 낮

---

38 피케티 등이 만든 사이트로 미국 및 유럽 주요국 포함 세계 30여개국의 상위 0.1%, 1%, 10% 등의 소득집중도, 관련 논문·통계와 그래프 등을 확인할 수 있다.

상위 0.1%, 1%, 10%의 소득집중도

(%)

	상위 0.1%		상위 1%		상위 10%	
	2010	2012	2010	2012	2010	2012
미국	7.52	8.36	17.45	18.98	46.35	46.76
영국	4.66	4.60	12.55	12.70	38.08	39.13
프랑스	-	2.90	8.11	8.14	32.29	32.34
일본	2.52	-	9.51	-	40.50	-
한국	4.19 (4.46)	4.35	11.76 (12.97)	12.25	43.30 (48.05)	44.87

* 출처: WTID. 괄호 안의 수치는 김낙년 「한국의 개인소득 분포: 소득세 자료에 의한 접근」(낙성대연구소 2014.12)에서 새로 산출한 것임.

지만 프랑스·영국·일본보다 크게 높다.

김낙년 교수 등이 WTID에 제출한 자료는 4000만원 미만 이자배당 소득과 주택임대소득의 대부분을 포함하지 않은 것이다. 4000만원 미만의 이자배당소득은 금융소득 종합과세[39]에서 제외되었고, 주택임대 소득은 지금까지 거의 과세되지 않고 있기 때문이다. 2014년 12월 김낙년 교수는 4000만원 미만의 금융소득도 국민계정과 가계금융조사를 활용하여 소득집중도에 포함시킨 보고서[40]를 발표했다. 이 보고서에 의하면 상위 0.1%, 1%, 10%의 소득집중도는 각각 4.46%, 12.97%, 48.05%로 나왔다. 상위 10%의 소득집중도 기준으로는 미국의 46.35%보다 높아

---

39 금융종합과세 대상 개인별 연간 이자 및 배당소득 합계액이 4000만원 이상에서 2013년에 2000만원 이상으로 조정되었다. 따라서 2013년부터는 이자 및 배당소득 2000만원 미만은 종합과세 대상에서 제외된다.

40 김낙년 「한국의 개인소득 분포: 소득세 자료에 의한 접근」, 낙성대연구소 2014.12.

한국의 소득불평등이 아주 심각한 상태임을 알 수 있다. 또한 한국은 상위 0.1%, 1%보다 상위 10%의 소득불평등도가 미국이나 영국 등에 비해 더 심하다. 이는 기업의 대주주와 경영진 같은 초고소득자보다는 의사·변호사 등의 전문직, 교수·공무원·공기업 직원 같은 광범위한 상위 소득자로의 소득 집중이 더 심하다는 의미다.

여기에다 주택임대소득은 김낙년 교수의 새로운 보고서에도 포함되었다고 보기 어렵다. 주택임대소득은 과세의 사각지대에 있는 개인과 개인의 거래로, 소득세 자료에 나타나지 않으며 국민계정 통계 등에도 제대로 잡히지 않고 있기 때문이다. 피케티의 『21세기 자본』에 따르면 프랑스의 주택임대소득은 2010년 국민소득의 10%에 이르고 있다.[41] 한국의 경우 전세제도가 있다 하더라도 비싼 집값과 높은 월세 전환율 등을 고려하면 주택임대소득이 엄청난 수준일 것이다. 주택임대소득을 포함한다면 상위 10% 기준 한국의 소득불평등도는 오랫동안 인종갈등을 겪어온 남아프리카공화국의 51%를 넘어 세계 최고 수준일 것 같다. 국민이 살면서 느끼는 불평등은 근로소득이나 사업소득뿐 아니라 이자·배당소득과 주택임대소득, 뇌물 등 불법소득을 망라해 실제 발생하는 총소득 기준인 것이다.

소득불평등을 심화하는 상속

이러한 소득의 불평등을 고착화하고 증폭시키는 것이 부의 세습, 즉 상속이다. 피케티는 『21세기 자본』에서 상속에 관해서도 통찰력 있는

---

[41] 피케티 『21세기 자본』 273면, 프랑스는 감가상각 후 기준으로 주택임대료가 국민소득에서 차지하는 비중이 1948년 2%에서 2010년에는 10%로 증가했다. 한국의 주택임대소득이 프랑스와 같이 국민소득(NNI)의 10%라면 액수는 120조원 정도다.

분석을 보여준다. 상속의 크기는 사망자의 자산과 살아 있는 자의 자산 비율, 사망률, 국민소득에서 차지하는 민간자산의 비중, 이 세가지가 결정한다는 것이다.

첫째, 사망자의 자산이 살아 있는 자의 자산에 비해 많을수록 상속자산도 커진다. 만약 노인들이 갖고 있는 돈을 죽을 때까지 모두 써 한푼도 남기지 않고 죽는다면 상속자산이 없는 것이다. 둘째, 사망률이 상승할수록 상속자산의 규모도 커진다. 사망률이 하락하면 상속자산도 감소한다. 극단적으로 죽는 사람이 없어 사망률이 '0'이면 상속자산도 없어진다. 셋째, 민간 보유자산의 크기가 커질수록 상속자산 규모가 커진다. 당연히 국민소득 대비 민간자산의 비중이 커지면 상속자산의 비중도 커진다. 이를 수식으로 나타내면 다음과 같다.

$$by = \mu \times m \times \beta$$

by: 국민소득 대비 연간 상속자산의 비율

μ : 사망자 자산과 살아 있는 자의 자산 비율

m : 사망률

β : 국민소득 대비 민간자산의 비율

프랑스의 경우 위의 변수를 기초로 산출한 국민소득 대비 연간 상속자산의 비율은 1900년 초반 24%로 아주 높았다. 이후 세계 제1, 2차 대전을 거치면서 낮아져 1950~70년대에는 6~8%를 기록했다. 1980년대 이후 다시 높아져 2010년에는 20%에 이르고 있다. 소득의 불평등도와 비슷한 움직임을 보이고 있는 것이다.

한국의 경우 정확한 통계는 없지만 대략의 흐름을 추정할 수 있다. 먼

저 사망자 자산은 한국전쟁 등으로 인해 1960년대까지는 미미했을 것이다. 1970년대 이후 급속한 산업화와 부동산가격 급등으로 부를 축적한 사람이 많아 사망자의 자산이 빠르게 늘어나고 있을 것이다. 사망률은 수명 연장 등으로 아직 높지 않다. 그러나 조만간 인구수가 정체 또는 감소하면서 급격히 상승할 것이다. 사망률은 인구증가 시기에는 감소하고, 인구감소 시기에는 상승한다. 사망률은 평균수명이 늘어나도 태어나는 사람보다 죽는 사람이 많으면 상승할 수밖에 없다. 그리고 한국은 앞에서 살펴본 대로 국민소득 대비 자본의 비율이 높다. 당연히 국민소득 대비 민간자산의 비율도 높을 수밖에 없다. 한국은 상속자산의 크기가 빠르게 늘 수 있는 조건을 모두 갖추었다.

통계의 중요성

피케티의 통계자료와 이론에 비추어 볼 때, 한국은 상위 10%의 소득집중도는 이미 아주 심각한 상태이고, 상속자산마저 커질 수밖에 없는 상황이다. 소득불평등은 앞으로 계속 심해질 것이고 양극화도 마찬가지다. 앞서 언급했듯이 소득불평등 심화는 소비위축을 가져올 뿐 아니라 저소득층의 경제의욕을 꺾어 생산성을 낮추게 된다. 즉 한국경제는 자본주의 역동성과 성장잠재력이 모두 약화될 수밖에 없는 것이다.

그럼에도 한국은 소득의 불평등이나 상속자산에 대한 신뢰할 수 있는 자료가 별로 없다. 이러한 통계에 대한 정부기관과 학자들의 관심이 적고, 잘못된 조세제도로 인해 과세자료 등 기초통계가 부실하기 때문이다.

『21세기 자본』은 다음의 문장으로 끝을 맺는다. "숫자 다루기를 거부하는 것이 가난한 이들의 이익에 도움이 되는 경우는 거의 없다." 통계는 지루하고 빛 안 나는 일이지만 여기에 보다 많은 사람이 관심을 가지면 분배상태도 한국경제도 조금씩 좋아질 것이다.

6. 경제위기, 또다시 올 수 있다

경제위기는 어떻게 구분되는가

경제위기는 전쟁이나 자연재해로 인한 위기를 제외하고는 거의 대부분 금융위기[42]와 같이 온다. 금융위기는 인플레이션 위기와 재정위기, 외환위기와 은행위기로 나누어볼 수 있다. 이중 외환위기와 은행위기를 좁은 의미의 금융위기라고 한다. 한국은 1997년 IMF 사태라는 은행위기와 외환위기가 결합된 금융위기를 겪었다. 2008년 세계 금융위기는 미국의 서브프라임 모기지 부실로 인한 은행위기가 세계적인 경제위기로 확산된 것이다. 2010~11년에는 그리스, 포르투갈, 이탈리아, 스페인 등 남유럽 국가의 재정위기가 있었다. 2015년에는 그리스 재정위

---

[42] 금융위기에 관해서는 정대영 『동전에는 옆면도 있다』(한울 2013), 「제5장 위험과 위기관리」에서 많이 가져왔으며, 금융위기의 역사는 케네스 로고프·카르멘 라인하트 『이번엔 다르다』(최재형·박영란 옮김, 다른세상 2010)를 참고했다.

기와 유로존 탈퇴 가능성이 문제가 되었다.

금융위기 같은 경제위기는 역사가 오래되었고 앞으로도 계속 발생할 것이다. 한국은 실물과 금융 면에서 대외 의존도가 커 내부적인 위기 가능성뿐 아니라 다른 나라에서 발생한 위기의 충격도 매우 크다. 인플레이션 위기, 재정위기, 은행위기, 외환위기 등에 대해 알아보고 한국 상황을 점검해볼 필요가 있다.

인플레이션 위기

인플레이션 위기란 화폐 남발 등으로 물가가 크게 상승하여 경제 기반이 흔들리는 것이다. 일반적으로 물가가 연 20% 이상 상승하면 인플레이션, 40% 이상 상승하면 고인플레이션, 500% 이상이면 초고인플레이션(hyper inflation)이라고 분류한다. 인플레이션은 경제의 불확실성을 높여 소비와 투자를 위축시키고 분배구조를 악화시키는 부작용이 크다. 인플레이션이 심해지면 중산층이 붕괴되고, 더 심해지면 국가와 사회체제 자체가 무너진다. 인플레이션 역사는 오래되었지만 귀금속 화폐 대신 지폐를 사용하면서 본격화되었다.

유럽에서 1800년대 이후 연간 500% 이상의 초고인플레이션이 발생한 경우만 보아도 독일 2회, 오스트리아 2회, 그리스 4회, 헝가리 4회, 폴란드 2회, 러시아 8회이다. 아르헨티나·브라질 등 남미 국가는 1990년대 초까지 최대 연 3000%를 넘는 초고인플레이션 위기를 수차례 겪었다. 또한 2015년에 들어 베네수엘라에서 초고인플레이션 현상이 나타나고 있다. 아프리카의 짐바브웨도 2008년부터 2015년까지 초고인플레이션을 겪었다. 아시아에서는 1947년 중국(1579.3%), 1946년 일본(568%), 1966년 인도네시아(939.8%) 등이 초고인플레이션을 겪었다. 한국의 경우 해방 이후 초고인플레이션은 없었지만, 1970년대 말까지 연 20%가 넘는 만성적인 인플레이션이 있었다.

인플레이션은 1960년대 이후 미국과 유럽 선진국에서는 거의 사라졌고, 한국도 1980년대 중반 이후 물가가 안정되기 시작했다. 2000년대에 들어서서는 선진국의 경우 인플레이션보다 오히려 디플레이션 위험이 커지고 있다. 일본은 1990년대 말부터 물가가 조금씩 하락하는 디플레이션 상태를 보이고 있다. 미국과 유럽도 2010년부터 저물가 기조가 심화되어 디플레이션 가능성이 제기되고 있다. 한국도 2014년 하반기부터 물가 상승세가 낮아져 디플레이션 우려가 생겨나는 상황이다. 그렇다고 인플레이션 위기의 가능성이 완전히 사라진 것은 아니다. 인플레이션 위기의 뿌리는 재정위기 같은 국가의 과다부채이고, 많은 나라에서 국가부채가 계속 늘어나고 있기 때문이다.[43]

재정위기

재정위기는 늘어난 국가부채 때문에 정상적인 재정수입으로 일상적인 정부지출과 국채 원리금 상환 등이 불가능해지는 것이다. 국채 원리금 상환유예나 국채 만기 및 이자율 재조정 같은 직접적인 국가부도 사태 이외에도, 한 국가의 국채 금리가 국제적인 금리 수준에 비해 아주 높아지는 것도 재정위기에 포함된다. 재정위기는 경기후퇴, 물가상승, 실업 증가, 주가 폭락, 소득분배구조 악화 등의 부작용을 초래한다.

재정위기도 역사가 오래되었고 광범위한 지역에서 발생했다. 유

---

43 인플레이션 위기와 재정위기는 과다 국가부채의 해결방안이 다르게 나타난 것이다. 전자는 화폐가치를 하락시켜 국가부채 부담을 줄이는 것이고, 후자는 국가부채를 갚지 않는 국가부도 형태로 해결하는 것이다.

럽 국가 대부분이 1300년대부터 1800년대 말까지 국가부도나 채무조정 같은 사태를 자주 겪었다. 프랑스는 1558년부터 1812년 사이에 9회, 스페인은 1557년부터 1882년 사이에 14회 국가부도를 겪었다. 그러나 1800년대 말 이후로 미국과 유럽 선진국에서는 제1차 세계대전 전쟁배상금과 관련한 국가채무 재조정을 제외하고는 재정위기가 발생하지 않았다. 반면 중남미·아프리카·동남아시아·동유럽에서는 2000년대 초까지 외채위기 형태의 재정위기가 계속 발생했다.

이렇게 선진국에서, 특히 국내 국가부채와 관련해서는 재정위기가 발생하지 않은 이유는 주로 1800년대 후반 정착된 중앙은행제도 때문이다. 정부는 국가부채가 늘어나도 국채를 중앙은행에 인수시키는 방식으로 필요한 돈을 확보할 수 있다. 그러나 이것이 과해지면 화폐 남발과 인플레이션으로 이어진다.

과도한 국가부채를 인플레이션을 통해 해결하면 화폐나 화폐자산을 보유한, 광범위한 대상이 피해를 입게 된다. 과다 부채를 국가부도 형태로 해결하면 피해 대상은 국가에 대출해준 은행이나 국채를 보유한 사람으로 한정된다. 국가부채 중 국내 채무는 인플레이션 위험을 부담하면서 중앙은행의 발권력을 통해 해결할 수 있지만, 외화로 표시된 대외채무는 중앙은행도 어떻게 할 수 없다. 따라서 대외채무가 많은 국가의 재정위기는 거의 외채위기나 외환위기와 함께 발생한다.

은행위기

은행위기는 은행 등 금융기관 부실화와 유동성 부족 등으로 자금중개 기능이 훼손되면서 나타난다. 자금중개 기능의 훼손은 신용경색과 시장금리 급등을 초래하고 나아가 기업 연쇄 도산, 주가 폭락, 실업 증가 등 경제 전반의 어려움을 가져온다. 금융기관 몇개가 부실화되더라도 이것이 잘 관리되어 신용경색 등의 사태로 확산되지 않으면 은행위기는 아닌 것이다. 즉 개별 금융기관 도산이 전체 금융시스템 불안으로 이어지지 않는다면 '위기'라기보다는 부실 은행의 퇴출이라는 시장의 선택 과정이 작용하는 것으로 보아야 한다.

은행위기는 은행이 생겨난 이후 계속 발생했고 선진국과 후진국, 은행산업 발달 정도, 은행의 크기나 숫자와는 관계없이 나타났다. 금융 선진국인 영국과 미국에서도 1800년대 이후 거의 10년 단위로 크고 작은 은행위기가 발생했다. 프랑스·독일·네덜란드 등 유럽 국가도 1800년대 이후 10~20년 단위로 다양한 은행위기를 겪었다. 아르헨티나·브라질 등 중남미 국가, 동남아·동유럽 등 개발도상국들은 최근까지 사례를 들 수 없을 정도로 많은 은행위기를 겪었다. 세계적인 대형 은행위기를 꼽자면 1929년 대공황과 2008년 세계 금융위기를 들 수 있을 것이다. 이렇게 은행위기는 최근까지 세계 여러 나라에서 계속 발생하고 있다. 당연히 앞으로도 계속 발생할 것이다. 발생 원인도 부동산 거품, 기업이나 가계의 과잉부채, 금융기관의 위험관리 실패, 쏠림 현상과 은행산업의 과도한 집중, 정책 실패 등 다양하다.

외환위기

외환위기는 장기간 경상수지 적자, 대규모 자본 유출 등으로 외환시장의 수급 불균형이 커지면서 환율 급등이나 고정환율제 붕괴로 시작된다. 이는 대부분 외환보유액 고갈과 대외채무 지급불능 상태의 외채위기로 이어진다. 외환위기는 주식과 채권시장 불안, 금융기관의 경영 악화 등과 함께 소비·투자 위축과 실업 증가 등 실물경제의 심각한 침체를 초래한다.

외환위기의 일차적 원인은 외화나 외화자산의 심각한 부족이다. 외화나 외화자산은 경상수지 흑자가 있어야 기조적으로 늘어난다. 기축통화국이 아닌 한 경상수지 적자가 누적되면 외환위기 발생가능성이 커지는 것이다. 외자 도입 등으로 외화나 외화자산을 확보하는 데는 한계가 있기 때문이다. 외환위기는 독자적으로 발생하는 경우도 있지만 인플레이션 위기·재정위기·은행위기와 같이 발생하는 경우가 많다.

1990년대 이전 재정위기는 많은 경우 국가의 대외채무 지급불능과 같은 외채위기 형태였다. 또한 1990년대 초까지 중남미 국가에서 자주 발생한 재정위기와 인플레이션 위기는 거의 다 외환위기로 연결되었다. 1997년 한국의 IMF 사태와 태국·인도네시아 등의 외환위기는 은행위기와 함께 발생했고, 은행위기가 외환위기의 원인으로 작용했다. 2008년 세계 금융위기 때 아이슬란드에서도 은행위기가 원인이 되어 외환위기가 함께 발생했다. 영국과 아일랜드는 2008년 세계 금융위기 때 심각한 은행위기 상황에 빠졌으나 외환위기는 겪지 않았다. 영국은 미국과 중앙은행 간 통화스와프 계약을 통해 필요한 달러를 공급받을 수 있었고, 아일랜드는 유럽 단일통화인 유로를 사용해 외환위기를 피했다.

한국에서 발생할 가능성이 높은 경제위기는?

이러한 여러 위기 가운데 한국에서 앞으로 발생할 가능성이 높은 것을 짚어보는 일도 의미있을 것이다.

인플레이션 위기는 오히려 디플레이션이 걱정될 상황이니 앞으로 상당 기간은 이상한 정부가 들어서서 아주 비정상적인 정책을 쓰지 않는 한 가능성이 별로 없을 것으로 보인다.

재정위기는 이명박정부 이후 계속 되는 재정적자로 국가부채가 빠르게 늘고 있는 것이 문제다. 2013년 기준으로 공기업이 포함된 공공 부문 전체[44]의 국가부채는 GDP의 63%이고, 공무원연금과 군인연금의 충당부채까지 포함하면 105% 수준이다. 이는 아주 위험한 상태는 아니지만 안심할 수 있는 수준도 아니다. 여기에다 재정수지가 고령화 등으로 계속 적자를 보이고 있으며 당분간 흑자로 전환될 가능성도 거의 없다. 국가부채는 재정적자 누적으로 계속 늘어날 수밖에 없다. 재정위기는 당장은 문제가 안 되겠지만 자유로운 상태가 아니다.

은행위기는 은행의 수익성·건전성 등이 양호하여 외형적으로는 발생 가능성이 크게 낮아 보인다. 그러나 과잉 가계부채는 한국경제의 오래된 짐이고, 가계부채 문제가 잘못되면 은행 부실화로 바로 연결될 수 있다. 가계부채의 절반 정도가 주택과 관련된 대출이다.[45] 주택 관련 대출의 경우 차입자는 다르지만 모두 주택가격의 변동 위험을 공유한다. 즉 주택 관련 대출은 소액대출이 갖는 위험분산 효과가 별로 없다. 주택시장이 경착륙하면 많은 금융기관이 동시에 부실화되는 은행위기로 발전할 가능성이 크다. 가계부채 문제는 저금리, 집세 인상, 정부의 부동

---

44 한국은 4대강사업 사례처럼 국가사업을 공기업에서 대신하는 경우가 많아 공기업이 포함된 공공 부문의 적자와 부채를 기준으로 재정 건전성을 평가하는 것이 합리적이다.
45 금융기관 대출 중 실제 주택 관련 대출은 가계부채 통계의 주택담보대출보다 훨씬 더 많다. 보험사·캐피탈사 같이 예금을 받지 않는 기관의 주택 관련 대출, 자영업자와 중소기업의 사업자금 대출 중 주택담보대출 등이 있기 때문이다.

산 부양책으로 당장은 현실화되지 않고 있다. 경제환경 변화로 이러한 조건이 지속되지 못하면 빠르게 위험해질 수 있다.

외환위기는 경상수지 흑자가 지속되고 있어 큰 문제가 없으나, 금융과 실물 면에서 한국경제의 대외 의존도가 높다는 구조적 취약점이 있다. 여기에다 외환위기는 은행위기·재정위기 등 다른 위기가 발생했을 때 같이 나타나기 쉽기 때문에 항상 관심을 가져야 한다. 한국은 경상수지 흑자 기조가 훼손될 가능성이 있는 정책과 상황에 대해 조심해야 한다.

종합해보면 당장은 금융위기 발생 가능성이 크지 않지만 잠재적 불안 요인이 두가지 있다. 하나는 보다 가까운 요인인 가계부채다. 이는 잘못되면 언제든 은행위기나 금융시스템의 불안으로 연결될 수 있다. 가계부채는 이미 과잉 상태다. 앞으로 명목GDP 성장률보다 늘어나게 해서는 안 된다. 모든 위기의 이면에는 항상 과잉부채가 존재한다. 그리고 은행의 영업 행태와 자산구조를 다양화해야 한다. 주택담보대출이나 신용카드 같은 것이 주업무가 아닌, 기업금융·국제금융·관계금융 등의 비중이 높은 은행들이 생겨나야 한다. 그렇지 않으면 위기가 왔을 때 모든 은행이 위험에 빠진다.[46]

다른 하나는 보다 장기적인 불안 요인인 재정적자 지속과 국가부채 증가다. 고령화와 저성장 등 한국경제의 현재 상황을 고려할 때, 조세제도 개혁을 포함한 재정개혁이 없다면 한국은 10년, 20년 후의 일일지 모르지만 재정위기를 피할 수 없을 것 같다. 그리고 재정위기를 중앙은행의 발권력에 의존해 해결하려 하면 인플레이션 위기가 발생하고, 이어

---

46 1997년 IMF 사태 때 국민은행과 주택은행은 위기를 피할 수 있었다. 두 은행이 살아남은 것은 경영을 잘해서가 아니다. 당시 위기의 충격이 대기업 대출 부실화에서 왔는데, 두 은행은 법상 개인대출·주택담보대출만 취급할 수 있었기 때문이다.

외환위기와 은행위기로 이어질 가능성이 크다. 이러한 여러 위기는 근본적으로 탐욕, 과거 망각, 단기적 의사결정 등 인간의 불완전성에 기인한다. 2008년 세계 금융위기에서 보듯이 기축통화국이고 세계의 패권국가인 미국도 금융위기를 피할 수 없었다.

한국은 위기에 매우 취약한 국가다. 식량과 에너지는 대부분 수입에 의존하고 있다. 중국·미국·유럽의 경제 상황 변화에 따른 충격도 크다. 여기에다 남북분단이라는 지정학적 위험도 있다. 위기는 언제인지는 모르지만 언제라도 올 수 있다. 위기가 왔을 때 피해를 최소화하고 빨리 정상 상태로 복귀하기 위해서는 각 경제주체의 건전성 유지가 무엇보다 중요하다. 가계·기업·금융기관·정부 등 경제주체의 건전성을 훼손하는 정책은 최소화해야 한다.

탐욕을 키워 위기의 씨앗을 만드는 일도 조심해야 한다. 한국에서 탐욕이 극대화되고 있는 곳은 2010년 이후 전셋값이 폭등한 주택시장일 것이다. 집주인은 집세를 계속 올려 은행대출 이자 등 부족 자금을 메우거나 생활비 등으로 쓰고 있다. 정부는 전셋값 폭등이 집값 상승으로 이어져 경기가 살아날 수 있도록 부추기고 있다. 세입자는 모은 돈을 쓰지 못하고 부족한 돈을 대출받아 오른 집세를 낼 수밖에 없다. 2015년 주택시장은 전셋값 폭등에 이어 반전세와 월세가 증가하고, 이와 함께 집값이 올라 정부와 집주인들의 의도대로 움직이는 듯하다. 전세보증금도 이자는 없지만 빚이다. 빚을 늘려 문제를 해결하려는 정책은 위기 가능성을 키운다. '오르막이 있으면 내리막이 있다'는 것은 자연의 섭리다. 전셋값이 계속 오를 수만은 없다. 언젠가 전셋값이 떨어지면서 주택시장 전체가 무너지고 과잉 가계부채가 은행위기로 번질 수 있다. 인간이 탐욕을 자제하지 못하는 한 위기는 또 발생한다.

제2장

한국경제, 무엇이 문제인가

구조적 문제와 부조리

1. 얽히고설킨 문제의 뿌리

근본 원인을 찾아라

한국경제를 옥죄고 있는 문제와 부조리는 다양할 뿐 아니라 뿌리도 깊다. 괜찮은 일자리 부족과 중산층 붕괴, 이에 따른 양극화 심화, 직업 간 보상의 과도한 격차와 비정규직 과다, 정책의 불투명성과 자의성, 금융 소외 계층 확대와 금융산업의 낙후성, 재벌의 경제력 집중과 전횡, 핵심 부품소재산업의 취약과 중소기업의 경쟁력 약화, 높은 집값과 집세, 하우스푸어 문제 등 해결해야 할 과제가 너무나 많다. 이러한 문제들은 서로 얽혀 어려움을 증폭시키고 복잡하게 만든다. 또한 사람들의 이해관계나 보는 시각에 따라 중요도와 우선순위가 크게 달라지기 때문에 문제 해결이 더욱 어렵다.

일부는 외형적으로 심각한 문제처럼 보이지만 실제로는 다른 근본적 문제에 의해 나타난 현상인 경우도 있다. 대표적으로 '제1장 제1절 국민경제는 어떻게 순환하는가?'에서 설명한 문제점들은 다른 구조적 요인에 의해 드러난 현상인 경우가 대부분이다.

생산 측면의 국민소득에서 제조업의 부가가치 비율이 낮고 고용유발 효과가 적은 점, 농림어업과 서비스산업의 생산성 등이 낮은 점 등의 문제 이면에는 여러가지 원인이 존재한다. 그중에서도 부품소재산업의 취약으로 인한 산업의 전·후방 연관 효과가 부족한 것과 높은 부동산가격으로 인한 고비용 구조, 세계화와 정보통신화에 제대로 대응하지 못한 산업정책 등이 일차적 원인이라고 볼 수 있다.

분배 측면의 국민소득에서 나타난 문제점인 기업소득에 비해 가계소득이 크게 낮은 점, 나라 전체의 저축률은 높으나 가계저축률이 낮은 점 등에도 원인이 있다. 괜찮은 일자리 부족과 비정규직 과다 문제, 정부의 무리한 친 기업정책, 기업의 보수적 경영과 과소고용, 비싼 집값과 집세, 과잉 가계부채 등이 그것이다.

지출 측면의 국민소득에서 나타난 문제점인 소비부진과 건설투자 과다의 원인도 분배 측면과 비슷하다. 가계 부문으로 분배되는 소득이 작아 소비가 부진한 것인데, 괜찮은 일자리 부족이 소비부진의 일차적 원인이다. 정부의 계속되어온 부동산 띄우기와 높은 부동산가격은 건설투자 과잉의 주원인이 되었다. 부동산 문제는 비싼 집값·집세로 이어져 소비를 제약할 뿐 아니라, 과잉 가계부채를 발생시켜 또다시 소비를 억누르는 원인이 된다.

한국경제의 문제와 부조리는 이렇게 서로 얽혀 있어 복잡해 보인다. 그러나 여러 문제의 원인, 원인의 원인인 문제가 존재한다. 문제의 뿌리를 찾을 수 있다면 한국경제의 여러 어려움을 해결하는 것이 조금은 쉬워질 것이다.

한국경제를 살리기 위해서는 많은 문제를 해결해야 하지만 여러 문제를 동시에 해결하기는 쉽지 않다. 문제마다 기득권자의 거센 반발이 따르고 이해 당사자의 설득이 필요한 데다, 추진 과제가 많아지면 집중력을 발휘할 수 없기 때문이다. 원인의 원인, 즉 하나를 해결하면 다른 문제가 완화되거나 쉽게 해결될 수 있는 과제를 골라 우선 해결해야 한다. 이런 문제가 진짜 구조적 문제인데, 과연 그것은 무엇일까?

이에 대한 진단은 사람마다 많이 다르다. 특히 속해 있는 진영에 따라 매우 다르다. 어쩌면 문제 해결보다 문제의 뿌리와 정책과제의 우선순위를 결정하는 것이 더 어렵고 시급한 일인지 모르겠다.

진보진영이라 불리는 쪽의 경제 전문가들은 신자유주의적 경제정책이나 제도를 한국경제의 근본 문제라고 본다. 반면 보수진영 전문가들은 과도한 규제가 문제의 핵심이라고 보고 있다. 서로 극과 극인 셈이다. 한국경제 문제가 이렇게 한쪽의 진영 논리로 설명되고 또 해결될 수 있다면 심각한 상황은 아닐 터이다.

진보진영의 시각

먼저 신자유주의가 문제라는 주장의 한계와 문제점을 살펴보자. 1800년대부터 1900년대 초까지 서구 자본주의 발전의 사상적 기초는 자유주의였다. 당시 자유주의는 중상주의나 보호주의를 개혁하기 위한 진보적 사상이었고, 이후 자본주의 경제를 발전시키는 데 크게 기여했다. 그러나 자유주의적 자본주의는 1929년 세계 대공황과 양차 세계대전을 거치면서 근본적 한계를 드러냈으며, 1930년대 미국에서 뉴딜 정책이라는 이름으로 복지 확대·정부 개입·규제 등을 통해 자유주의적 자본주의가 수정·보완 되었다. 이러한 수정자본주의가 성공적으로 작동하면서 분배구조의 개선과 성장 확대가 이루어지고 자본주의는 다시 살아나게 되었다. 이후 수정자본주의는 1970년대까지 미국·유럽에서 일반적인 경제체제로 자리잡았으나 비효율적이라는 문제로 인해 신자유주의의 도전을 받게 되었다.

신자유주의는 과거 자유주의 사상을 기초로 경쟁과 효율, 시장원리를 보다 강조하였다. 신자유주의의 주창자인 밀턴 프리드먼은 "시장원리가 잘 작동되면 의사 자격증도 필요 없다"고 말했을 정도였다. 누구나 의사가 될 수 있더라도 경쟁과 시장의 선택에 의해 능력있는 의사만 살아남고 능력 없는 의사는 도태되기 때문이다. 이러한 신자유주의적 경제관은 2008년까지 미국을 중심으로 하여 세계의 주류 경제사상이 되었다.

한국에서 경쟁과 시장원리를 강조하는 신자유주의가 얼마나 한국을 지배하고 폐해를 만들어냈을까? 중소기업 노동자와 영세자영업자, 택배기사와 식당 노동자, 비정규직 등이 경쟁과 시장원리를 강조하는 신자유주의의 큰 피해자인 것은 확실하다. 그러나 의사·변호사 등 전문직, 공무원, 교수, 공기업 및 금융기관 직원, 임대사업자 등이 받는 혜택은 신자유주의의 경쟁이나 시장원리와는 거리가 너무 멀다.

한국의 의사와 변호사는 자격증의 수, 업무 영역 등을 과도하게 보호받고 있다. 만약 프리드먼이 한국 의사의 특권적 혜택에 대해 알았다면 더욱 자격증 제도는 폐지해야 한다고 주장했을 것 같다. 교수·공무원 등의 신분 보장과 높은 보수, 특혜적 연금 등도 신자유주의적 시장원리와 전혀 관계가 없다. 은행 신규 설립 금지를 통해 은행의 독과점적 이익과 임직원의 높은 보수를 보장하는 것도 마찬가지다. 주택임대소득에 대해서는 근로소득·이자·배당소득·사업소득에 비해 특혜를 줄 뿐 아니라 거의 과세하지 않는 것도 신자유주의와 배치된다. 재벌기업도 이익의 상당 부분을 공정 경쟁과 시장원리보다는 정부의 특혜와 담합

그리고 일감 몰아주기 등 부당 내부거래를 통해서 얻고 있다.[1]

한국은 비정규직·영세자영업자 등 힘없는 사람들에게는 신자유주의가 문제이지만, 전문직·교수·공무원·임대사업자·재벌 등에게는 불공정한 봉건적 특권이 문제다. 신자유주의론으로는 한국경제의 문제를 절반 정도만 해석할 수 있고, 신자유주의 철폐를 강조하다보면 오히려 잘못된 규제를 통해 이들의 봉건적 특권을 강화할 수 있다. 신자유주의 철폐는 특정 계층에 대한 보호와 지원, 관련 규제의 강화로 나타나는 경우가 많다. 이 과정에서 봉건적 특권 계층의 혜택을 지적하기 어렵고, 같이 묻어가버리기 쉽다.

보수진영의 시각

다음은 과도한 규제가 한국경제의 핵심 문제라는 주장을 짚어보자. 한국에는 불필요하고 잘못된 규제가 많고, 이것이 경제 효율과 공정성을 훼손하고 있다는 것은 분명한 사실이다. 규제의 많은 부분이 관료의 행정편의와 재량권 확보를 위한 것이거나, 힘있는 계층의 기득권을 보호하기 위한 것이다. 반면 살벌한 경쟁에 내몰린 중소기업 노동자·비정규직 등에 대한 지원과 보호를 위한 규제는 턱없이 부족하다. 이들의 지원과 보호를 위한 규제는 더 필요하다.

규제완화는 어느 것을 하느냐가 중요하다. 기득권자는 이미 많은 것을 갖고 있다. 이들을 불편하게 하는 규제를 완화하면 한국경제의 모순과 부조리는 더 심화된다. 따라서 우선 완화해야 할 대상은 여러 특권계

---

1 이렇게 이중구조화된 것은 1997년 IMF 이후의 신자유주의적 개혁이라는 시장원리와 경쟁원칙이 비정규직 등 힘없는 계층에게만 적용되고, 전문직과 공무원 등 힘있는 사람들에게는 거의 적용되지 않았기 때문이다.

층의 이익을 보호하기 위해 만들어진 신규 진입 금지, 업무 영역 보호, 특혜 등과 관련된 규제다. 이와 함께 관료의 행정편의나 책임회피 등을 위한 복잡한 규제의 재량권 확보를 위한 불투명한 법과 제도 등도 개혁 대상이다. 결국 규제의 개혁 또는 완화는 지속적으로 필요하나 그 대상과 내용의 확인이 필수적이다.

근본 원인은 세가지다

한국경제의 구조적 문제와 부조리에 대한 원인의 원인, 즉 문제의 근원이 되는 문제는 무엇일까? 많은 논의가 필요한 부분이지만 여기서 크게 세가지로 정리해보려 한다.

첫째는 사회 또는 개인 간 신뢰가 크게 부족하고 이에 따라 미래에 대한 불확실성이 계속 커지고 있다는 것이다. 이는 비경제적 요인이지만 거의 모든 경제적 모순과 부조리의 원인이 되고, 경제·사회 전체를 부실하게 만든다.

둘째는 봉건적 특혜를 누리는 여러 집단이 국민경제에 기여한 것에 비해 과다하게 가져가는 것이다. 신자유주의보다 이것 때문에 괜찮은 일자리가 부족하고, 비정규직 택배기사나 중소기업 노동자 등이 정당한 보상을 받지 못하는 것이다.

셋째는 비싼 임대료와 집값, 교육비 등으로 대표되는 고비용 구조다. 이 때문에 창업이 어렵고, 자영업자와 괜찮은 직업을 가진 사람을 포함하여 국민 거의 대부분이 고통을 받고 있다.

이 세가지 근본 문제와 함께 정책의 불투명과 자의성, 금융산업의 낙후성, 조세제도와 복지제도의 문제 등 나머지 한국경제의 구조적 문제에 대해서도 살펴볼 것이다.

2. 신뢰의 부족과 불확실성

신뢰 부족과 사회적 자본의 관계

한국사회의 신뢰 부족은 심각하다. 세월호 사태 등에서도 드러났지만, 한국은 경제의 발전 수준에 비해 사회구성원 간의 신뢰가 턱없이 부족하다. 최근 들어서는 신뢰구조의 근간마저 무너지고 있는 것 같다. 특히 정치·사회의 지도자, 정부기관, 언론, 지식인 등 나라를 끌고가는 집단이 앞장서서 거짓말·정보 왜곡·자의적 보도 등을 일삼아 사회 전체의 신뢰를 훼손하고 있는 상황이다. 힘있는 계층이 정직하지 못하고, 거짓말을 하고도 아무 일 없거나 오히려 잘 되는 상황에서 손해를 감수하면서까지 정직해질 사람은 없을 것이다. 여기에다 경제성과가 분배되는 과정 및 방식도 불공정하다. 즉 불평등이 시장과 경쟁 때문에 발생한다기보다 법과 제도의 불공정성에서 기인하는 경우가 많은 것이다. 이 때문에 정직한 사람이 줄어들고 결과에 승복하기 어렵다. 서로를 믿지 못하는 신뢰 결핍이 만성화되어, 이것이 한국경제의 발목을 잡고 있는 것이다.

　신뢰는 인류가 공동체를 형성하고, 경제와 사회 등을 지속적으로 발전시킬 수 있는 근간이다. 원시시대에 자신이 잘못됐을 때 다른 사람들이 남아 있는 가족을 보살펴줄 것이라는 신뢰가 없었다면 공동으로 위험한 사냥이나 작업에 나서지 못했을 것이다. 인간은 공동 작업을 통해 나약함을 극복하고 거친 자연 속에서 살아남을 수 있었다. 현재의 자본주의 경제체제하에서도 신뢰는 기업이나 국가 등 각 경제 단위의 경쟁력과 지속가능성을 좌우한다. 어떤 공동체나 조직에서 신뢰가 부족하면 거래비용뿐 아니라 감시와 점검 등의 정책 수행 비용이 크게 증가하여 경쟁력이 낮아진다. 상품설명서와 원산지 표시 등에 대한 믿음이 사라지면 구매자들이 스스로 사실 확인을 해야 하기 때문에 거래비용이 증가한다. 정부는 원산지와 품질 관리 등을 위해 더 많은 규제 정책과 돈을 쓸 수밖에 없다.

　경제학적으로도 신뢰 수준은 사회적 자본(Social capital)의 핵심 구성요소로 국민경제 전체의 생산성을 좌우한다. 즉 노동과 자본의 물적 생산요소와 함께 국민경제의 생산 수준을 높인다. 또한 신뢰 수준의 향상은 공동체 의식을 높여 국민의 삶을 편하고 안전하게 해준다. 한 사회의 신뢰 수준은 국민의 정직성 및 법과 제도의 공정성이 뒷받침되어야만 높아질 수 있기 때문에 단기간에 성취하기 어렵다. 선진국과 후진국을 가르는 단 하나의 기준이 있다면 1인당 국민소득도 과학기술의 수준도 아닌 사회의 신뢰 수준, 즉 국민의 정직성과 제도의 공정성일 것이다. 신뢰와 정직성에 관한 작지만 흥미로운 선진국의 사례를 살펴보자.

독일과 미국의 사례

독일 사람들은 신호등 없는 횡단보도를 건널 때, 횡단보도 앞에서 머뭇거리거나 좌우를 살피지 않고 옆사람과 이야기도 하면서 걸어오던 속도 그대로 길을 건넌다. 횡단보도는 글자 그대로 차도가 아니라 사람이 다니는 보도의 연장이라는 사실을 독일 사람들은 확실히 믿고 있는 것이다. 운전자는 횡단보도 근처에 사람이 있으면 무조건 차를 멈추고 사람이 길을 건널 때까지 기다린다. 그리고 보행자는 이것을 믿기 때문에 일반 보도에서와 똑같이 신호등이 없는 횡단보도를 건너는 것이다.

독일에서 살 때, 상당 기간 독일 사람들과 같이 횡단보도를 건너는 일에 적응하지 못했다. 한국처럼 횡단보도 앞에서 차가 오는지 안 오는지 봐야 하고, 차가 오면 저 차가 멈출지 그냥 갈지 차 안에 있는 운전자의 의중까지 살펴야 했다. 독일 운전자는 내가 그렇게 하면 오히려 혼란스러워 하는 것 같았다. 보행자가 횡단보도를 건널 사람인지, 횡단보도 근처에 그냥 서 있는 사람인지 고민을 하면서, 가야 할지 말아야 할지를 결정해야 하기 때문이다. 의식적으로 노력한 결과, 독일에 머무른 기간이 길어질수록 독일 사람들과 비슷하게 횡단보도 앞에서 멈추지 않고 건너게 되었다.

이러한 독일의 문화에 익숙해지면서 다른 걱정이 생겼다. 한국에 돌아가 횡단보도를 건널 때는 독일 식으로 하면 생명이 위험할 수 있기 때문이다. 한국에서는 신호등 없는 횡단보도는 물론 신호등 있는 횡단보도에서 파란 불이 켜졌을 때도 좌우를 살펴 차가 서는지를 확인하고 건너야 안전하다. 심지어 손까지 들고 건너는 사람도 많다. 이것이 현실이고 아이들에게 이렇게 주의를 주면서 살고 있다. 한국사회에서는 횡단보도는 보도의 연장이라는 사실이 무시되고, 횡단보도의 신호등이 파란색일 때 모든 차들이 멈추어야 한다는 규칙이 지켜질 것이라는 확실한 믿음이 없다.

신뢰구조의 밑바탕을 이루는 사람들의 정직성과 관련하여, 미국의 흥미로운 이야기도 있다. 미국에 유학 온 개발도상국 유학생 네명이 시험날이 되었음에도 시험 준비가 부족해 꾀를 내었다고 한다. 네 학생은 시험 당일 같은 차로 시험시간보다 늦게 강의실에 도착해, "오는 길에 타이어가 펑크 나서 시간을 못 맞추었다"라며 교수에게 재시험을 볼 수 있게 해달라고 부탁했다. 교수는 흔쾌히 허락하고 일주일 후에 재시험을 보게 했다. 재시험 때는 원래의 시험문제에다 아주 쉽고 배점이 가장 큰 문제 하나가 추가되었다. 추가된 문제는 지난번 펑크 난 타이어가 자동차의 네개 바퀴 중 어느 것이냐는 것이었다.

그리고 중요한 것은 네 명의 학생을 서로 다른 방에서 시험을 보게 했다는 것이다. 이 네 명의 학생은 다른 문제의 답은 잘 썼지만, 가장 쉽지만 배점이 가장 큰 문제의 답을 맞출 수 없었다. 당연히 네 명은 F학점을 받았고 다음해 재수강을 해야 했다. 이 이야기가 실제 있었던 일인지 지어낸 것인지는 알 수 없지만 미국이란 나라가 신뢰와 정직성을 매우 중요시한다는 사실은 잘 말해주고 있다.

한국의 신뢰 수준과 정직성

한국은 신뢰와 정직성에 관심이 크지 않고 수준도 낮다. 특히 나라를 끌고가는 사람들이 더 심한 것 같다. 대통령·국회의원 등 정치인과 고위관료들의 거짓말과 말바꾸기가 일반화되어 있다. 법조인과 언론인, 학자 등 지식인 가운데서도 신뢰할 만한 사람을 찾기 어렵다. 당연히 언론보도는 믿기 어려워지고, 공정성의 보루인 법원의 판결에 대한 신뢰도 역시 아주 낮다. OECD 자료에 따르면 한국의 사법제도와 법원에 대한 신뢰도는 42개 조사대상국 중 39위로 최저 수준이다. 인도나 인도네시아보다 한참 낮고, 무법 국가인 우크라이나나 콜롬비아와 비슷한 수준이다.[2] 이렇다 보니 무전유죄 유전무죄라는 말이 나오고, 많은 국민은 약속을 지키고 정직하게 살면 손해를 본다고 생각한다. 서로가 서로를 믿지 못하고 의심의 눈으로 바라보는 사회가 된 것이다. 중고생 등 미래 세대도 소수만이 한국사회가 신뢰할 만하다고 생각하고 있다.[3]

신뢰 부족이 한국경제를 어떻게 어렵게 하고 있는지 몇가지 구체적 사례를 살펴보자. 한국에서 정부 지원의 연구개발 사업은 영세기업이나 개인 연구자들이 직접 받기 힘들다. 그래서 대학연구소 등의 이름을 빌리거나 같이 신청하는 경우가 많다. 실제 혜택도 연구를 주도하는 사람보다 대학연구소나 교수 등에게 더 많이 돌아간다. 이것도 신뢰 부족과 관계가 깊다. 제출된 연구 능력이나 계획을 믿기 어렵기 때문에 연구소의 규모, 학위 소지자의 숫자, 과거 실적 등 외형적 조건을 주요 선정기준으로 삼는 것이다. 이러한 사례는 농업 지원, 중소기업 지원, 복지 지원 등에서도 광범위하게 나타난다. 연구개발이나 기술 지원 자금의 사용과 관련해서도 비슷한 문제가 발생한다. 연구원 인건비나 개발비용보다 객관적 물증이 남는 장비 구입이나 시설물 설치비용을 주요 지원 대상으로 삼는 것이다. 상황이 이렇다 보니 정부지원의 연구사업이나 기술개발사업 등은 부실해지고, 재정 투입에 비해 정책 효과가 낮아질 뿐 아니라 비용은 늘어난다.

---

2 OECD 홈페이지 및 2015년 8월 9일자 『연합뉴스』 등 언론자료.
3 2014년 9월 『동아일보』 조사 결과 중고생의 12% 정도만 한국사회를 신뢰할 수 있다고 응답했다.

한국 금융의 낙후성도 신뢰 부족과 관계가 깊다. 금융은 기본적으로 신뢰, 즉 신용을 기초로 발전한다. 신용이 부족하면 감독기관은 더 많은 규제와 간섭을 하게 되고, 금융기관은 대출 시 담보와 보증서만 요구하게 되며, 고객은 큰 금융기관과만 거래하려 한다. 특히 금융산업 발전과 금융의 순기능 확대를 위해서는 금융기관 대출이 담보나 보증서가 아닌 사업성이나 상환능력의 평가에 의해 이루어져야 한다. 이는 사회의 신뢰 수준이 향상되지 않고는 어려운 일이다.

신뢰 부족은 한국에서 중소기업 제품이 외면받고, 재래시장이 위축되고, 동네 빵집 등이 사라지는 원인과도 관계가 깊다. 재래시장이나 동네 빵집 등이 편의시설이나 가격 등에서 불리한 것보다는 원산지와 제품성분 등에 대한 신뢰가 부족한 것이 경쟁력 약화의 일차 원인인 것 같다. 중소기업에 대한 지원과 대기업의 골목상권 진출 규제 등으로는 문제를 해결하는 데 한계가 있다. 경제 문제는 아니지만 고등학교의 내신 성적과 대학의 학점이 절대평가가 아닌 상대평가로 이루어져 학생들 간의 불필요한 경쟁이 유발되는 것도 신뢰 부족과 깊은 관계가 있다.

역선택과 불확실성을 키우는 신뢰 부족

이와 함께 신뢰가 부족하면 좋은 것보다 오히려 나쁜 것이 선택되는 역선택의 가능성이 커진다. 소비자들이 값싸고 질 좋은 제품보다는 선진국 제품이나 대기업 제품 등 외형적으로 신뢰성이 있어 보이는 상품을 선택하는 것이 대표적일 것이다. 연구개발 및 중소기업 지원 사업에서 외형적 조건이 좋거나 서류 작성을 잘하는 기업이 우선적으로 선정되는 것도 같은 사례다.

이러한 역선택은 장·차관이나 국회의원, 고위관료 등 나라를 끌고가는 사람을 선발할 때도 일어난다. 사람들의 실력·약속·업적 등은 신뢰하기 어렵기 때문에 교수·관료·국회의원 등의 경력이 선발의 주요 기준이 된다. 국회의원이나 관료들의 무능과 탐욕을 욕하면서도 과거에 이런 경력을 많이 가진 사람을 국회의원이나 장·차관으로 뽑는다. 이렇다 보니 좋은 정책이 만들어지기 어렵고, 정책이 올바르게 집행되지도 않는다. 또한 정권이 바뀌어도 경제정책은 거의 변하지 않는다. 많은 수를 추천받은 뒤 이중에서 정책책임자나 국회의원 등을 순번제나 뽑기로 선발하는 것보다 못할 수 있다.

신뢰 부족은 불확실성과 직결되어 다시 경제를 어렵게 한다. 불리한 결과가 나올 가능성이 큰 것보다 경제에서 훨씬 더 나쁜 것은, 앞으로 어떻게 될지 모르는 것이다. 즉 불확실성이 위험의 진짜 원천이다. 미래는 원래 불확실한 것이지만 한국은 훨씬 더 심하다. 나라 경제뿐 아니라 개개인의 경제적 삶도 앞으로 어떻게 될지 알기 어렵다. 임대사업자·전문직·공무원 등 일부를 제외하고는 미래의 삶이 매우 불안하고 불확실하다.

한국에서 개인의 미래는 실업급여나 연금 등의 사회안전망에 의존할 수 없다. 국민연금은 이름과 달리 모든 국민이 받는 것이 아니다. 못 받는 국민이 더 많다. 받는 사람도 은퇴 후 국민연금만으로는 생활이 안 된다. 더욱이 지금 국민연금을 내고 있는 젊은 세대는 늙어서 이를 제대로 받을 수 있을지조차 불확실하다. 젊은이들이 대기업 정규직이 되는 일은 하늘의 별 따기처럼 어렵다. 대기업 정규직이 된다 해도 자식 교육과 노후 준비를 끝내고 은퇴하는 것은 소수다. 명예퇴직·정리해고 등으로 중간에 나오면 실업급여 부족 등으로 자영업을 할 수밖에 없다. 자영업을 하다 실패하면 극빈층으로 전락할 가능성이 크다.

이러한 불확실성은 사람을 보수적으로 만들고 소비와 투자를 위축시킨다. 한국의 소비부진 등 내수위축의 뿌리는 경제적 삶의 불확실성에 있는 것 같다. 한국에서 이러한 불확실성에서 벗어날 수 있는 대표적 방법이 고시나 각종 공무원 시험에 붙는 것인데 여기에도 운, 즉 불확실성이 많이 작용한다. 시험에 붙기 위해서는 기본적으로 어느정도 이상의 실력은 있어야 하지만 운이 없으면 쉽게 붙기 어렵다. 좋은 대학을 나오고 오랫동안 열심히 공부한 사람이 작은 실수로 아슬아슬하게 계속 떨어지는 경우가 꽤 있다.

이런 사람은 시험합격이 주는 혜택이 너무 큰 데다 조금만 더 잘하면 (운이 좋으면) 다음에 붙을 듯하므로 포기할 수 없는 것이다. 공무원 시험은 매년 경쟁률이 수백 대 일에 육박하고, 합격선 근처에 있는 많은 사람들은 실력의 차이가 별로 없어 운 나쁜 사람은 계속 떨어질 수밖에 없다. 이것도 엄청난 불확실성이다. 꾸준히 3년, 5년 단계를 밟아 노력하고 공부하면 대부분 자격을 취득하거나 자리를 얻을 수 있어야 정상이다. 한국은 좋은 자리를 얻기 위해서는 노력과 능력 이상으로 운이 중요하다. 즉 불확실성이 크기 때문에 준비하는 사람은 불안하고 과당 경쟁이 생기며 결과에 승복하거나 포기하기도 어렵다. 불확실성은 사람을 불안하고 고단하게 만들 뿐 아니라 경제 효율을 떨어뜨린다.

신뢰 회복을 위한 방안

신뢰 부족과 불확실성은 이렇듯 한국경제의 근원적 문제다. 그러나 이러한 문제는 제도와 법 등으로 개선시키기 어렵다. 특히 신뢰 문제는 교육과 문화운동 등을 통해 많은 사람들이 오랫동안 노력해야 아주 조금 좋아질 수 있다. 이 노력은 잘못하면 구체적인 해결방안을 찾지 않고 그저 '착하게 살자' '정직하게 살자' 식의 구호만 외치다 끝날 수 있다. 신뢰 수준 향상은 이 책의 범주를 벗어나는 과제이지만, 어렵고 힘들더라도 손 놓고 기다리지 말고 다음의 세가지에 관심을 갖고 실천해보자. 그러다 보면 국민 살림살이가 개선되고 모르는 사이에 사회의 신뢰 수준이 높아질 수 있기 때문이다. 작은 차이가 모여 큰 차이가 되고 나라의 미래가 바뀐다.

첫째, 정치지도자·고위관료·학자 등 나라를 끌고가는 집단의 정직성을 철저히 따져보자. 이들의 잘못이나 실수는 어느정도 용서하더라도 거짓말은 절대 용서하지 말자. 닉슨 대통령이 불법도청보다 거짓말 때문에 탄핵이 되고, 클린턴 대통령이 르윈스키와 부적절한 관계를 가졌지만 거짓말한 것으로는 평가되지 않아 탄핵을 면한 것이 좋은 사례다.

둘째, 경제정책을 포함하여 모든 정책의 평가 기준에 신뢰나 불확실성 문제를 꼭 포함시키는 것이다. 신뢰는 법과 제도의 공정성을 기반으로 하기 때문에 외형적으로 좋아 보이는 정책도 공정성을 훼손하면 아주 나쁜 정책인 것이다. 통계나 정보의 왜곡과 은폐, 비공개 등도 불확실성을 키우기 때문에 피해야 한다.

셋째, 역설적이지만 신뢰 부족 등 사회 전체의 근본적 문제가 해결되어야만 여러가지 한국경제의 난제를 풀 수 있다는 생각을 버리는 것이다. 그런 생각은 문제 해결을 포기하고 현실에 순응하게 만들기 쉽다. 어렵더라도 눈앞의 작은 문제에 대한 구체적인 답을 찾아 조금이라도 바람직한 방향으로 해결하는 것이 중요하다. 이런 것이 모이면 사회가 좀더 투명해지고 신뢰 수준도 조금씩 높아질 것이다.

3. 특권적 이익집단의 발호와
   직업 간 과도한 격차

한 나라의 경제가 쇠락하는 데는 여러가지 이유가 있지만 우선 크게
두가지를 꼽아볼 수 있다. 하나는 과도한 규제로 인해 개인의 정당한 이
익 추구가 제한을 받을 때이고, 다른 하나는 이익집단 발호로 인해 경제
성과가 공정하게 분배되지 않을 때이다. 현재 한국경제의 많은 어려움
은 두번째 이유와 더 관계가 큰 것 같다. 한국에는 경제성장에 기여한
것보다 과다하게 가져가는 특권적 이익집단이 여럿 있다. 몇몇 집단이
경제성과를 많이 가져가면 다른 많은 사람들은 적게 가져갈 수밖에 없
다. 특히 이러한 현상은 나눌 수 있는 몫이 적어지는 저(低)성장기에 더
심해진다.

재벌을 넘어 경제 전체의 '갑을'관계를 보라

한국에서 경제적 성과를 과다하게 많이 가져가는 특권적 이익집단으
로 재벌을 가장 먼저 꼽는 사람이 많다. 한국은 분배국민소득 부분에서

살펴보았듯이 국민소득 중 기업의 몫이 빠르게 늘고 있고, 가계 몫은 정체되어 있다. 기업 중에서도 재벌은 대부분 성과가 좋아 기업과 가계를 포함한 소득 불평등의 정점에 있다고 볼 수 있다. 즉 재벌이 한국경제를 전횡하고 있으며, 재벌에 경제력이 집중되는 것은 사실이다. 그러나 재벌이 경제성과를 어떻게 과다하게 가져가는지, 어떤 성격의 이익집단인지, 여기에 어떤 대응이 필요한지는 조금 더 분석적으로 살펴야 한다.

우선 재벌은 이건희·정몽구 등의 개인과 삼성전자·현대자동차 등의 기업으로 구분해 보는 것이 필요하다. 또한 경제성과를 과다하게 가져가는 방식이 불법 로비와 관료 포획 등 불법·탈법을 통한 것인지, 단가 후려치기 등 경제력을 이용하는 것인지를 살펴봐야 한다.

이건희 등 개인 문제는 다른 부자들과 마찬가지로 '소득세 최고세율을 올릴 것인가?' '부에 대해 과세할 것인가?'가 핵심이 될 것이다. 이것은 재벌 문제를 떠나 조세제도 개혁 전체의 문제에서 고민해야 할 과제다. 불법 로비·담합·관료 포획 등은 한국사회에 만연한 부정부패와 관계가 깊다. 공정하고 엄격한 법 집행과 함께 관료의 개혁과 통제가 일차적으로 중요하다. 하청기업 쥐어짜기는 공공 부문과 의료계, 학계 등 한국 경제와 사회 전반에 걸친 '갑을' 문제의 하나다. 따라서 징벌적 배상제나 집단소송제 같이 을의 지위를 보완해줄 수 있는 법적·제도적 장치를 마련하여 재벌과 중소기업 간의 문제뿐 아니라 경제 전체의 '갑을' 문제를 완화하는 것이 중요하다.[4]

한국의 재벌은 많은 문제가 있고 봉건적 특권세력임은 확실하나 여

---

4 이는 한국의 재벌기업이 미국이나 유럽의 선진국에서는 법을 잘 지키고 문제를 일으키지 않는 순한 양처럼 지낸다는 사실을 볼 때도 제도와 정책의 공정성·투명성이 중요함을 알 수 있다.

기서 다루는 이익집단에는 포함하지 않았다. 먼저 정책과 법의 실질적인 집행자인 관료의 개혁이 이루어지면 정책 투명성이 높아지고 법이 법대로 집행되어 재벌의 경제력 남용이나 과도한 집중 현상이 완화될 수 있기 때문이다. 조세개혁이 이루어지면 재벌기업이나 재벌에 대한 과세도 상당 부분 정상화될 수 있다. 여기에다 재벌개혁은 이미 여러 사람들이 많은 방안을 제시하고 있어 추가할 내용이 별로 없다. 재벌개혁을 했을 때 괜찮은 일자리 창출, 집값·집세 안정 등 경제가 실제 좋아질 것이라는 확신을 하기 어렵고, 기업으로서 재벌은 생산 및 고용의 주체이기도 하여 개혁의 우선순위를 뒤로 늦추는 것도 괜찮을 듯싶다.

한국의 특권적 이익집단들

한국에는 생산과 고용 등에 별로 기여하지 못하면서도 경제성과는 많이 가져가는 이익집단이 많다. 한국에서 가장 큰 이익집단은 임대소득자 등 부동산 과다 소유자일 것이고, 다음으로 의사·변호사 등 전문직 집단, 관료 등 공무원, 교수, 공기업 직원, 대기업 정규직 등이 있다. 이들은 자격증 등을 통한 정원 관리, 법령에 의한 업무 영역 보호, 자신의 권한과 단결된 힘, 정부의 지원 등을 바탕으로 경제성과를 과다하게 가져가고 있다. 즉 과다하게 가져가는 방식이 경쟁이나 시장원리보다는 불공정한 특혜나 제도적 과보호에 주로 의존하고 있는 것이다. 이익집단으로서 임대소득자 등 부동산 과다 소유자 문제는 고비용 구조의 핵심 요인으로 다음 장에서 별도로 다룰 것이다.

한국에서 임대소득자 다음으로 큰 이익집단은 관료 등 공무원과 의사 등 전문직이다. 공무원이 매달 받는 평균 급여는 대기업 직원보다는 적겠지만 중소기업보다는 훨씬 많다. 여기에다 정년이 확실히 보장되기 때문에 7급으로 들어간 공무원의 60세 정도까지의 총소득은 웬만한 대기업보다 많고 해고의 불안에 떨지 않아도 된다. 또한 공무원연금은 국민연금에 비해 2배 이상 많고 배우자에 대한 혜택 등도 크다. 거의 모든 공무원은 크건 작건 간에 갑의 위치에서 권한을 행사할 수 있고, 일부는 가지고 있는 힘을 이용하여 보이지 않게 추가적인 수입을 올리기도 한다.

공무원의 특혜는 당연히 높은 자리로 갈수록 훨씬 더 많아진다. 고위 공무원은 퇴직 후 산하기관 등 취업을 통해 거액의 연봉을 받을 뿐 아니라 동시에 공무원연금도 절반이나 받는다. 퇴직 고위 공무원 가운데 공무원 연금액이 월 400만원이 넘는 사람은 2013년 10월 기준으로 2000여명, 월 300~400만원 사이는 6만 6000여명 정도[5]로 알려져 있다. 월 400만원의 연금은 현재 금리 수준에서 10억원 이상의 금융자산 가치를 갖는다. 이들은 공직자 재산공개 등에서 합법적(?)으로 자산 규모를 축소 신고하고 있는 셈이다. 더욱 큰 문제는 이렇게 특권적 지위를 누리는 공무원들이 점점 이익공동체화 되고 국민에 의한 통제가 어려워지고 있다는 것이다.

의사 등 전문직은 공무원 이상으로 특권을 누린다. 의사는 공무원과 비교할 수 없는 정도로 고액 연봉을 받는다. 한국에서 가장 높은 소득을 올리는 직업의 하나일 것이고, 명예도 크고 정년도 없다. 한국 의사 수는 2013년 기준 한의사를 포함하여 인구 1000명당 2.2명 정도로 OECD 평균 3.3명보다 크게 적다. 의대 졸업생 수도 인구 10만명당 8명으로

---

5 정부와 공무원연금공단이 공무원 연금수급자의 수령액 정보를 공개하지 않아 정확한 통계는 아니지만 한국납세자연맹이 공무원노조 교육자료를 근거로 발표한 자료다.(『연합뉴스』 2014.10.8)

OECD 평균 11.2명보다 적다.[6] 그리고 의료법에 의거 사람을 치료하는 행위는 의사 등 의료인만이, 그것도 면허된 의료행위만 할 수 있다. 의사 등의 업무 영역을 철저히 보호해주고 있다. 정원 유지와 배타적인 업무영역의 보호를 통해 의사는 고소득을 얻고 있는 것이다. 의사 등 전문직은 열심히 일을 하여 돈을 벌지만 이들의 소득 일부는 경제학적으로는 불로소득인 지대(rent)인 셈이다. 그럼에도 의사 수를 조금이라도 늘리거나 업무 영역이 조금이라도 줄어들 것 같으면 죽기 살기 식으로 저항을 한다. 변호사·변리사·약사·한의사 등 다른 전문직도 정도 차이는 있지만 유사한 특권을 누린다.

공무원과 전문직 다음의 이익집단은 교수, 공기업 직원, 대기업 정규직 등일 것이다. 한국에서는 이러한 특혜를 누리는 이익집단에 들어가는가 여부에 따라 사람들의 경제적 삶이 결정된다. 따라서 특권적 이익의 크기에 따라 취업자들이 몰리고 서열화되어 있다. 당연히 대학이나 학과도 특권적 직업을 얻을 수 있는 가능성에 따라 수험생이 몰린다. 이들 특권적 이익집단은 대기업 정규직을 빼고는 거의 모두 생산활동에 간접적으로만 참여한다. 즉 생산·무역·기술개발 등 자본주의 경제의 핵심 역할을 적게 하는 집단들이 경제성과를 기여한 것보다 더 많이 가져가는 것이다.

이익집단의 발호는 어떤 악영향을 미치는가

이러한 특권집단의 발호와 이들이 받는 과도한 혜택은 다음과 같은

---

6 OECD 2015년 건강 통계. 그리고 한국의 의사 중 많은 수가 성형·피부 관리 등에 종사하고 있어, 국민의 질병 치료와 관계되는 의사는 더 적다고 보아야 한다.

여러 경로로 한국경제를 아주 어렵게 하고 있다.

첫째로 아주 좋지는 않지만 나쁘지도 않은, 즉 괜찮은 일자리 부족을 초래하여 양극화를 심화시킨다. 특권적 이익집단에 속하는 일자리 수는 대략 직업군인 포함 공무원 120만, 의사·변호사 등 전문직 20만, 사립학교 교수와 교사 20만, 공공기관 25만, 대형 금융기관 25만, 대기업 정규직 90만 정도로 총 300만개 내외다.[7] 이는 경제활동인구 2680만명의 11%, 노동가능인구 4100만명의 7% 정도에 불과하다. 이들이 국민경제의 성과를 대부분 가져가고 있다.

앞에서 설명한 대로 김낙년 교수 자료에 따르면 한국은 2010년 상위 10%의 소득집중도가 48%로 소득불평등이 심한 미국보다 높다. 특히 상위 0.1%나 1%보다 10%의 소득집중도가 상대적으로 더 높다는 것은 전문직·공무원·교수 등 여러 특권적 이익집단의 발호가 한국경제의 근본적 문제라는 것을 의미한다.[8] 이들을 제외한 나머지 90%는 적게 가져갈 수밖에 없으며, 90% 간의 과당경쟁으로 특권적 이익집단에 속하지 못하는 일자리의 보수는 하향 평준화될 수밖에 없어 중간 정도의 괜찮은 일자리가 만들어지지 않는다. 한국은 이미 저성장기에 들어가고 있어 앞으로 이러한 현상은 더 심해질 것이다.

둘째로 실제 생산현장의 노동인구를 줄여 고용률·경제활동참가율 등을 낮추고 성장잠재력을 약화시킨다. 한국에서 특권적 이익집단에 속하는 일자리의 혜택이 너무 크기 때문에 많은 취업준비생들이 이런

---

7 이외에 특권적 이익집단으로 생계형을 넘어서는 임대사업자가 있다. 이들은 숫자의 파악이 어렵고, 또한 일부는 전문직·교수·공무원 등 다른 집단과 많이 중복될 것이다.

8 한국은 이러한 특권적 이익집단들이 봉건세력화 하여, 각자 자신들의 영지를 구축하고 이익을 지키는 봉건사회의 성격이 강하다고 볼 수 있다.

일자리를 구하기 위해 많은 시간과 노력을 기울인다. 요즘 대학생들은 자격증 등 스펙 쌓기, 어학연수 등으로 1~2년씩 대학졸업을 늦추는 경우가 대부분이다. 대학 졸업 후에도 취업을 위해 재수·삼수 하는 사람도 많고 억지로 대학원에 진학하는 사람도 있다. 신림동·노량진 등에서 고시·공시 준비에 몇년씩 시간을 보내는 젊은이들도 아주 많다. 이에 비해 중소기업의 생산현장에서는 사람이 부족하다.

한창 일해야 할 젊은이들이 이렇게 좋은 직장을 얻기 위해 3~4년 정도 시간을 보낸다면 노동인구 감소로 잠재GDP 수준이 대략 0.5~0.6%포인트 정도는 낮아질 것 같다. 잠재GDP는 노동인구·자본투입·생산성에 의해 결정된다. 한국인의 생애 노동 기간을 30년으로 보고 이중 3~4년이 줄어들면 대략 가용 노동인구의 10% 정도가 축소된다. 한국은행 등의 잠재GDP 추정함수 등을 이용하면 10% 정도의 노동인구 감소는 0.5~0.6%포인트의 생산수준 감소로 나타난다. 여기에다 일부는 공무원의 혜택이 너무 커 시험에서 계속 떨어져도 포기하지 못하고 5~10년씩 시간을 보내기도 한다. 이들 가운데는 젊은 시절을 다 허비하고 사회생활도 원활히 하지 못하는 경우도 있다.

셋째로 과학·기술 분야와 기업 등 생산적인 분야에 뛰어난 인재가 유입되지 않아 국가경쟁력이 약화된다. 성적이 좋은 고등학생의 이공계 기피현상은 오래되었다. 전국의 의·치대를 다 채워야 서울대 공대 지원자가 나온다. 해외에서 공부하며 실력을 갖춘 이공계 인재는 서울 지역 교수 자리가 아니면 한국으로 들어올 생각을 거의 하지 않는다. 한국에서 이공계 출신 연구원의 보수나 직업 안정성 등의 종합적 대우가 교수나 의약계에 비해 너무 형편없기 때문이다. 한국에서 과학 분야의 노벨상 수상자가 나오기 어려운 것도 이러한 보상체계 왜곡과 관련이 깊을 것이다. 문과 전공의 취업생도 당연히 고시·공시·로스쿨 등을 우선시하고 여의치 않은 경우 민간기업에 지원한다. 기업 경쟁력이 약해질 수밖에 없다.

1970~80년대에는 뛰어난 학생이 공대나 물리학과·화학과 등을 지원하는 경우가 많았으며 우수한 법대·상대 졸업생 가운데 일부는 종합상사 등에 취업했다. 자본주의 시장경제에서는 과학기술의 발전과 민간기업의 도전 정신이 국가경쟁력의 원천이다. 독일처럼 의사보다 자동차회사 엔지니어가 더 많은 보수를 받아야 자동차산업에 경쟁력이 생기고 발전한다. 한국은 경제현장과 관계가 적은 공무원, 의사 등 전문직, 교수, 공기업 등을 크게 선호한다. 나라 전체의 보상체계를 정상화해야 양극화 해소, 중소기업 인력난 완화, 성장잠재력 확충, 과학기술 발전, 기업경쟁력 강화 등이 가능하다.

4. 부동산 등 고비용 구조

집값·집세가 경제에 미치는 영향

한국에서 아주 좋은 직업인 전문직, 공무원, 공기업, 대기업 정규직 등의 종사자도 일부를 제외하고는 사는 것이 녹록하지 않다. 젊은 세대는 더욱 그렇다. 높은 집값과 집세 그리고 교육비 부담 때문이다. 웬만큼 벌어도 오른 집세를 내고 자녀의 사교육비를 감당하면 남는 것이 없다. 모든 취업준비생이 선망하는 직업을 얻어도 물려받은 좋은 집이 없으면 살기 힘들어 더 많은 보수를 요구할 수밖에 없다.

높은 집값과 집세가 고소득자마저 얼마나 힘들게 하는지 살펴보자. 소득 수준이 높은 신혼부부들이 선호하는 서울 강남의 괜찮은 소형아파트(전용면적 59제곱미터) 집값과 전셋값의 사례다. 2010년 초 이 아파트 전셋값은 2억 5000만원 내외였다가 2011년에 들어 3억원을 넘었고 연말에는 3억 5000만원까지 상승했다. 그리고 2014년 말에는 전셋값이 5억원에 이르렀고 2015년 7월에는 6억원까지 상승하였다. 그야말로 미친듯이 오른 전셋값이었다. 집값도 전셋값 폭등에 따라 상승하여 2010년 초 5억원 내외에서 2015년 7월에는 호가 기준으로 8억원을 기록하고 있다. 전용면적 59제곱미터 아파트 전셋값은 2010년 초부터 2015년 상반기까지 총 3억 5000만원, 연 7000만원 정도 상승했다.

이렇게 오른 전셋값은 억대 연봉을 받는 고소득자도 세금 내고 생활비를 쓰고 나서 부담할 수 없는 금액이다. 억대 연봉자도 원하는 지역에서 계속 전세를 살지 못하고 변두리로 나갈 수밖에 없다. 한국에서는 좋은 직장을 가져도 생활이 고단하고, 집값과 전셋값이 어떻게 되는지를 항상 고민해야 한다. 사람들이 자신의 일이나 사업에 전념하기 어렵고 부동산 전문가가 되어야 살아남을 수 있는 나라, 많은 국민들의 꿈이 임대사업자인 나라가 되어버린 것이다.

다음으로 높은 사교육비로 대표되는 교육 문제는 직업 간의 과도한 격차와 밀접히 관련되어 있다. 전문직·공무원 등 좋은 직업은 거의 대부분 좋은 대학, 좋은 학과를 나오거나 시험을 통과해야 얻을 수 있다. 자식들이 좋은 직업을 얻을 수 있는 가능성을 높이기 위해 부모는 엄청난 사교육비를 투입할 수밖에 없다. 학생들은 졸업 후 취업이 안 되더라도 일단 대학에 진학하게 된다.[9] 직업 간의 과도한 격차 문제가 조금씩 해결되면 과도한 사교육비 등 교육문제도 조금은 완화될 듯하다. 교육 문제는 부동산과 함께 국민의 최대 관심사지만 경제 외적인 부분에서 해결해야 할 점이 많다. 또한 필자의 지식 한계로 여기서는 건너뛰고 부동산 문제에 집중할 수밖에 없다.

---

9 한국은 고등학교 졸업자의 71% 정도가 대학에 진학한다. 이것도 경제활동인구를 줄여 잠재GDP를 낮추고, 가계의 큰 비용부담이 된다. 제조업 강국인 독일의 대학진학률은 40%, 세계 최고 부국의 하나인 스위스는 30% 정도에 불과하다.

집값과 집세 등 부동산이 한국경제에 미친 영향은 앞에서 설명했듯이 광범위할 뿐 아니라 오래되었다. 한국의 부동산 열풍은 1970년대 강남 개발로 본격화되었다. 1980년대 말 1990년대 초 신도시 개발을 거쳐 2000년대 중반 재건축·뉴타운 등으로 이어지면서 절정을 이루었다. IMF 금융위기 직후의 짧은 기간을 제외하고 부동산가격은 지속적으로 상승했다. 부동산가격 상승의 대표적 사례는 아마 예전의 말죽거리, 지금의 강남 양재 지역일 것이다. 1966년 서울시에서 영동개발 계획을 발표할 당시 말죽거리 땅값은 3.3제곱미터 당 200~300원 정도였다고 한다. 1969년 제3한강교와 경부고속도로 건설계획 등이 발표되면서 3.3제곱미터 당 5000~6000원으로 올랐다. 지금은 평당 5000만원이 넘는 곳도 많다. 50년간 20만배 이상 상승한 것이다.

높은 부동산가격은 만악의 근원

이러한 부동산가격 상승은 부동산 소유자를 부자로 만들었고, 건설경기 호황을 통한 국민소득 증가 효과는 아주 적은 반면 한국경제에 미친 해악은 어마어마하다. 경제정의 실종, 소비부진, 산업경쟁력 약화, 경제구조와 자금 흐름의 왜곡, 가계부채 등 금융불안, 젊은이의 결혼 불능과 출산율 저하, 양극화와 빈곤의 대물림, 세대 간 부당한 소득 이전 등 아주 많다. 가히 '만악의 근원'이라 할 수 있다. 이 가운데 중요한 내용 중심으로 조금 자세히 살펴보자.

첫째, 지금까지 한국에서는 부동산가격의 지속적 상승으로 땀흘려 일하고 꾸준히 저축한 사람보다 부동산 투자를 잘하거나 물려받은 부동산이 많은 사람이 쉽게 부자가 되었다. 높은 부동산가격은 부동산 소유자의 재산을 늘릴 뿐 아니라 임대료 수입을 늘려 소득도 키운다. 반대로 높은 집값과 집세로 인해 무주택자나 더 비싼 집으로 옮겨야 할 사람은 아무 잘못도 없이 경제적 부담이 계속 커져 상대적으로 가난해진다. 부와 빈곤의 대물림이 계속되고 양극화는 심화될 수밖에 없다. 결국 높은 부동산가격은 국민경제의 생산물을 노동자나 기업가 또는 금융자산 소유자보다 부동산 소유자가 더 많이 가져가게 만든다. 여기에 한국은 임대소득·양도소득 등 부동산 관련 소득은 세금도 별로 없다.

이것은 사회 공정성과 경제정의를 훼손할 뿐 아니라 제1장에서 살펴본 대로 현재 민간소비를 위축시키는 핵심 원인이다. 쓸 돈이 부족해 가뜩이나 소비를 못하는 서민층뿐 아니라 가장 왕성한 소비가 가능한 30~40대의 중산층 가정의 소비도 제약하고 있다. 어렵게 좋은 직업을 얻어 결혼을 하고 아이까지 가진 가정이라도 선호하는 지역에 괜찮은 집을 소유하지 못한 경우에는 2010년 이후 폭등한 전셋값을 감당하지 못한다. 허리띠를 졸라매고 돈을 모아도 오른 전셋값을 감당할 수 없어 대출을 받거나 월세를 내야 한다. 소비는 계속 위축되고 성장세는 둔화되며 자영업자의 영업은 점점 어려워지게 되는 것이다.

둘째, 높은 부동산가격은 기업경쟁력을 약화시키고 생산적인 투자를 부진케 하는 원인이 된다. 부동산가격이 비싸면 집값과 집세 부담이 증가해 노동자의 생계비가 높아지고, 사무실·공장부지 등 기업의 투자비용 또한 올라간다. 특히 신설 기업에게는 비싼 부동산가격이 시장 진입의 큰 장애 요인이다. 국내기업 공장의 해외 이전을 촉진하고 외국기업의 국내 유치를 어렵게 하는 핵심 요인이기도 하다. 돈 있는 사람들은 어렵게 기업을 해서 돈을 벌기보다는 부동산 투자나 임대를 통해 쉽게 돈을 벌려고 한다. 생산적인 투자로 돈이 흘러가기 어려운 상황이 된 것이다. 또한 한국의 경우 부동산가격 상승이 부품산업 발전과 노동자의 숙련도 강화에도 부정적 영향을 미친 것으로 보인다. 높은 부동산 가격과 개발 열풍으로 문래동과 청계천 등의 기계공구단지가 해체되면서 많은 부품가공 기업과 숙련노동자들이 사라져버렸기 때문이다.

셋째, 경제를 불안하게 하고 정책 선택을 제약하는 요인이 되고 있다. 부동산가격의 지속적 상승 때문에 부동산 부문으로 돈이 몰리고 가격이 또 오르고 하면서 부동산투기에 뛰어드는 사람이 늘어났다. 2000년대 중반 아파트 등 집값이 계속 오르자 집값이 더 오를 것 같거나 더 오르면 집을 못 살 것 같아 꽤 많은 사람이 무리하게 돈을 빌려 집을 샀다. 이들 중 많은 사람은 2008년 이후 집값이 안정세를 보이고 거래가 안 되면서 소위 말하는 '하우스푸어'로 전락했다.

이명박·박근혜 정부는 자신들의 지지 계층인 하우스푸어의 이익을 위해 부동산 경기부양, 전셋값 상승 조장, 주택 관련 대출 확대 등의 정책을 사용했다. 가계부채는 계속 늘고 가계의 채무상환 능력은 악화되어 한국경제를 위협하고 있다. 높은 부동산가격과 가계부채는 1997년 IMF 사태 같은 급격한 금융위기를 초래할 수도 있지만, 일본의 잃어버린 20년과 같이 한국경제를 장기간 어렵게 할 가능성이 더 큰 것 같다. 이미 소비 위축, 괜찮은 일자리 부족, 금리정책 왜곡 등 과잉 가계부채와 이에 따른 부동산 소유자 우대정책의 부작용이 나타나고 있다.

넷째, 비싼 집값과 집세는 젊은이들의 결혼 불능과 출산율 저하에도 큰 영향을 끼친다. 젊은이들이 결혼할 만하다고 생각하는 괜찮은 일자리를 얻기도 어렵지만, 그런 일자리를 얻어도 같이 살 집을 구하기 어려워 결혼을 포기하거나 늦춘다. 전셋집은 너무 비싸 부모님의 도움 없이 얻을 수 없고, 월세를 얻으면 받는 월급으로는 생활이 어렵다. 어렵게 결혼을 해도 출산 후 집을 늘리고 교육환경이 괜찮은 곳으로 이사를 하기 위해서는 또 많은 돈이 필요하다. 결혼을 하기도 쉽지 않지만 결혼을 해서 아이를 갖기도 만만치 않다. 집값과 집세를 확실히 하향 안정시키지 않으면 그 어떠한 결혼·출산 장려 정책도 효과를 내기 어렵다.

돈 있는 사람의 공통이익, 부동산

이렇게 높은 부동산가격과 임대료는 한국경제를 옥죄고 있는데 정부 정책은 계속 부동산을 띄우는 방향으로 결정되고 여야의 정치권도 이를 적극 지원하는 상황이다. 한국에서 기업인, 전문직, 고위관료, 금융기관 경영층, 교수, 국회의원 등 경제적으로 여유있는 사람들은 보유자산의 대부분을 부동산으로 운용하고 있다. 이들은 부동산이라는 공통이익으로 카르텔을 형성하고 있는 셈이다. 이는 고위공직자나 정치인의 재산공개 상황을 보면 잘 알 수 있다. 집만 달랑 갖고 있는 일반인은 보유자산의 대부분이 부동산인 것을 이해할 수 있다. 그러나 돈 많은 고위공직자나 정치인이 보유자산의 대부분을 아파트·토지·오피스텔·상가 등 부동산에 투자하고 있는 것은 국민경제에 큰 해를 끼친다. 즉 고위공직자의 재산은 많은 것보다 보유자산의 70~80%가 부동산이라는 것이 더 문제라고 봐야 한다.

이들은 자신의 이익을 지키기 위해 부동산 보유자에게 유리한 정책을 만들고 옹호하게 된다. 한국에서 주택임대소득은 거의 세금을 내지 않는다. 대형 상가나 빌딩 임대소득은 건물관리회사를 만드는 등 여러 가지 방식으로 세금을 피해간다. 대표적인 방식이 아들·딸 등 가족들을 건물관리회사 임직원으로 등재하여 세금을 절감하고 임대소득을 사전에 증여하는 것이다. 또한 부동산은 상속이나 증여 시 시가보다 낮은 공시가격이나 감정평가액을 적용할 수 있어 금융자산에 비해 훨씬 유리하다. 한국에서 돈 있는 사람은 거의 모두 부동산 투자에 뛰어들어 돈을 더 벌었다.

결국 소득이 부족한 사람도 무리하게 빚을 내 부동산 투자에 동참하게 되었지만 부동산가격도 계속 오를 수만은 없다. 오르막이 있으면 내리막이 있다는 것은 세상의 단순한 이치다. 인구구조, 경제성장 등 경제 기초여건의 뒷받침 없이 저금리와 정부 부양책만으로 부동산가격을 지지할 수 없다. 한국은 부동산가격 상승에 따라 1960년대 이후 지금까지 외형적인 성장에서 덕을 보았다.

거품은 언젠가 꺼지고 거품 덕에 공짜로 먹은 점심 값도 내야 한다. 이제부터는 덕본 것에 대한 비용을 지급해야 할 것 같다. 정부는 이 비용을 최소화하려고 노력해야 하면서, 비용은 그간 덕을 본 사람들에게 부담하게 하는 정책을 써야 한다. 그래야 공평·공정·정의 등의 원칙에 부합된다.

부동산 정책의 전면적인 전환이 필요한 시점이다. 부동산은 돈을 벌고 경제를 활성화해주는 대상이 아니다. 편하고 싸게, 사람이 살고 생산이 이루어지는 공간이 되어야 한다. 이러한 방향으로 정책이 바뀌면 한국경제는 부동산의 굴레를 벗어나 한단계 도약할 수 있을 것이다.

5. 정책의 불투명성과 자의성

원인은 관료의 문제로 귀결된다

스위스 다보스에 있는 세계경제포럼(WEF)은 매년 세계경쟁력보고서를 발표한다. 기업 경영자 등에 대한 설문 방식으로 작성되어 완벽한 통계자료는 아니지만 흥미로운 내용이 많다. 한국은 2014~2015년 기준 나라별 경쟁력 종합 순위가 144개 국가 중 26위다. 크게 나쁜 순위는 아니다. 일반적으로 사람들은 종합순위와 순위 변화에만 주로 관심을 갖지만, 실제는 구체적 내용이 더 중요하고 의미있다.

2014~2015 세계경쟁력보고서를 보면 한국에서 사업을 하는 데 큰 장애가 되는 여러 요인들이 순서대로 나열되어 있다. 가장 큰 요인 세가지는 첫째 정책의 불안정성, 둘째 비효율적인 정부관료, 셋째 금융에 대한 접근성 부족이다. 4위와 5위는 노동 및 세금과 관련된 규제 문제다. 사업하기 어려운 요인으로 노동윤리, 부패, 높은 세율 등은 상대적으로 순위가 많이 떨어져 있다.

다음으로 세부 항목별 한국의 경쟁력 지수도 사업하기 어려운 요인과 비슷한 모습을 보이고 있다. 최하위를 기록한 항목은 144개 국가 중 133위를 차지한 정부정책 결정의 투명성이다. 이는 우리보다 한참 후진 국이라고 생각되는 마다가스카르(134위), 가나(132위) 사이에 있다. 또 나쁜 항목들은 노동자와 사용자의 협력관계가 132위, 기업 이사회의 효율성 126위, 은행의 건전성 122위, 대출 접근의 용이성이 120위로 세계 최하위 수준이다. 이외에 공무원 의사결정의 편파성, 정치인에 대한 신뢰, 사법부 독립성 등도 80~90위로 하위 수준이다. 물론 좋은 항목도 있다. 인터넷과 모바일 환경 등은 세계 10위 이내다.

종합해보면 한국에서 사업을 하기 어렵게 하거나 국가경쟁력을 떨어뜨리는 분야는 첫째가 불안정하고 불투명한 정책이고, 둘째는 비효율적이고 편파적인 관료, 셋째는 금융 부문의 낙후성이라고 볼 수 있다. 이 세가지는 최종적으로 관료의 문제로 귀결된다. 한국에서 정책의 결정과 집행은 거의 모두 관료에 의해 이루어진다. 금융도 금융위원회와 금융감독원이라는 이중의 금융감독 조직을 통해 관료가 직간접적으로 철저히 통제·관리하고 있다.

권한은 막강한데 책임은 지지 않는 관료

관료는 한국에서 재벌보다 힘있는 집단이다. "한국에서는 재벌에게 밉보여도 먹고 살 수 있지만 관료에게 밉보이면 먹고 살기 어렵다"라는 말이 있다. 재벌이 아무리 계열기업이 많고 기업 규모가 크다 하더라도 관료와 공무원 조직의 영향력보다는 훨씬 못하다. 또한 삼성과 현대 등 각 재벌들은 서로 경쟁관계에 있기도 해 어느 한쪽과 문제가 있어도 다른 쪽과는 괜찮은 관계를 갖고 살아갈 수 있다. 반면 국민들이 관료 및 공무원과 접촉하지 않고 살기란 거의 불가능하다.

국민과 기업은 세금의 부과와 건축허가, 각종 사업과 관련된 인허가 및 신고, 정부 발주 공사와 정부기관에 대한 납품, 식품위생과 환경 규제, 복지와 정부 예산지원 사업 등과 관련하여 공무원 조직과 항상 부닥치며 살 수밖에 없다. 시민사회단체도 법인 인가나 정부지원 용역사업 참여 등을 위해 관료와 공무원의 눈치를 봐야 한다.

여기에다 한국의 관료조직은 여러가지 연결고리로 공동체화 되어 있다. 핵심 관료층은 행정고시 동기와 선후배로, 그리고 국방대학원과 중앙 및 지방공무원 연수원 동기 등으로 연결된다. 현실적으로 노숙자 등을 제외하고는 관료나 공무원 조직에 밉보이거나 싸워서는 살아남기 어려운 상황이 된 것이다. 실제로 어떤 사업가는 정부의 힘센 부처에서 반대하는 일을 계속 주장하다가 한국에서 살 수 없어 이민을 가기도 했다고 한다.

관료는 법률안 제안, 시행령과 규칙 제정, 예산 편성 및 집행, 각종 인허가와 단속 등을 통해 나라 전체를 실질적으로 다스리고 있다. 퇴직 후 이들은 공기업, 각종 협회, 금융기관, 대학, 대형 로펌, 언론기관, 민간기업 등에 다양하게 진출해 소위 '관피아'로 불리는 거대한 공동체를 형성하고 있다. 한국에서 관료 집단이 우수한 것은 확실하지만 너무 많은 것을 가져가는 것 같다.

문제는 이렇게 막강한 권한과 영향력을 갖고 있음에도 책임을 잘 지지 않는다는 것이다. 뇌물수수나 공금횡령 같은 명백한 범법행위가 밝혀지지 않는 한, 신분에 불이익을 받지 않는다. 아무리 정책 실패나 예산 낭비가 잦거나 그 규모가 커도 승진 등에 영향을 받는 경우는 거의 없다. 1997년 금융위기의 책임자라고 볼 수 있는 사람들이 뒤에 장관·

위원장·총재 등으로 승승장구했고, 외환은행을 론스타에 이상하게 매각한 주역과 외국환평형기금을 탕진한 책임자 등도 뒤에 행정부 최고 위직까지 승진했다. 4대강이나 부실 자원외교 관련자도 비슷하다.

관료들의 재량은 왜 이리 과도한가

이렇다 보니 관료들은 법이나 제도를 가능한 불투명하게 만들어 자신들의 영향력과 재량권을 키우려 한다. 대표적인 예가 법이나 시행령에 있는 '기타'와 '등'이다. 한국에서는 법령에 정해진 내용보다 '기타 대통령령으로 정하는' '기타 ○○장관이 정하는' '○○ 등'이 무엇인지가 더 중요한 경우가 많다. 관료는 이 '기타'와 '등'을 자신의 입맛에 맞게 운용하면서 나라를 주무르고 있다.

수많은 사례 가운데 대표적 것이 2003년 론스타에게 외환은행을 매각한 일이다. 외환은행 매각 근거는 당시 은행법시행령 제8조 2항 '부실 금융기관의 정리 등 특별한 사유'였다. 외환은행은 당시 경영상태가 부실하지 않아, '금융산업 구조 개선에 관한 법률'에 의해 부실 금융기관에 포함시킬 수가 없었다. 따라서 무엇인지 모를 '등'에 포함하여 은행인수 자격이 부족한 론스타에 매각을 허용한 것이다. 론스타가 외환은행을 인수한 직후 미국의 금융감독당국은 론스타의 은행인수 자격을 문제 삼아 외환은행의 미국 내 현지 법인과 지점의 은행업 인가를 취소했다. 미국에서 은행인수 자격이 없는 론스타가 한국에서 관료들의 배려로 외환은행을 인수해 큰돈을 번 것이다.

개별 법령의 구체적인 사례를 좀더 살펴보자. 의료법은 목적이 국민에게 높은 수준의 의료혜택을 주기 위한 것이지만 실제 법을 잘 살펴보면 보건복지부장관에게 권한과 재량권을 주기 위한 것 같다. 종합병원과 전문병원의 결정과 평가, 의료기관 표준 업무의 지정, 의사면허를 받을 수 있는 외국대학 결정 등 많은 내용이 보건복지부장관과 관료들에게 위임되어 있다.

주세법 시행령을 보면 술에 넣을 수 있는 첨가물로 아스파탐, 구연산, 아미노산류, 사카린나트륨 등 여러가지를 정해놓고도 마지막에 기타 국세청장이 정하는 첨가물 조항이 또 있다. 실질적으로 시행령에서 정한 첨가물의 종류는 의미가 없어지는 것이다. 국민들은 시행령에서 정한 것 이외에 국세청장이 정한 사항이 또 무엇인지 찾아봐야 하기 때문에 복잡하고 번거롭다. 처음부터 국세청장이 모두 정하여 한가지 표로 고시해놓으면 오히려 찾아보기라도 편할 것 같다.

은행법·한국수출입은행법 등 금융 관련 법령에도 금융위원장이나 기획재정부장관에게 재량권을 주는 조항이 많다. 정부조직의 운영을 위해서 권한 위임은 필요하지만 과도하고 자의적이지 않아야 한다. 외국계 은행 종사자들이 한국에서 금융업을 하기 어려운 이유는 규제가 강해서가 아니라 규제가 어떻게 될지 몰라서라고 한다. 즉 금융산업의 경우도 정책과 규제의 자의성과 불투명성이 발전에 큰 제약이 된다. 한국의 국제경쟁력에 대한 세계경제포럼의 평가 결과와 같다.

한국에서 정책의 불투명성과 불안정성 등이 높은 이유는 이렇게 관료의 힘이 강한데다 이를 통제할 정치권은 무능하고, 이에 대한 시민단체나 국민의 관심도 크지 않기 때문이다. 정부정책이 불투명하고 편파적이면 경제·사회 전체의 불투명성과 비효율성이 높아진다. 되는 것도 없고 안 되는 것도 없는 사회가 된 것이다. 이에 따라 여러 이익집단이 발호하고 로비 등을 통해 국민경제의 성과를 특정 이익집단들이 과도하게 가져갈 수 있는 것이다. 또한 한국사회에서 실력있는 사람보다 마당발이라 불리는 인맥 좋고 로비 잘하는 사람이 승진이나 출세 등에 유리한 것도 정책의 불투명성과 관계가 있다.

정책의 불투명성과 자의성은 한국경제를 여러 면에서 어렵게 하고 있고, 이것의 뿌리는 대부분 관료에 있다. 1960~70년대 개발경제 시대, 선진국의 뒤를 따라가도 되는 시대에는 관료가 한국경제의 발전에 도움이 되었지만 이제는 큰 걸림돌이다. 법과 제도 개선을 통해 정책의 투명성과 공정성을 높이는 작업과 함께 문제의 뿌리인 관료제도를 개혁하는 일을 중요한 정책과제로 삼아야 한다.

6. 금융의 낙후성

한국 금융의 여러 문제들

한국 금융산업은 규모나 건물, 임직원의 보수와 구직자 선호도 등 외형적 모습은 그럴듯해 보인다. 한국의 대형 금융지주회사는 자기자본 기준으로 세계 60위권에 이르고, 대형 금융기관의 건물은 크고 훌륭하다. 지점도 해당 지역의 요지에 있다. 사무실 근무환경은 여름에 시원하고 겨울에는 따뜻해 아주 쾌적하다. 대형은행의 최고경영자 연봉은 30억원에 이르러 일본의 대형은행보다 많다.[10] 대형 금융기관뿐 아니라 중소형 금융기관에까지 뛰어난 구직자들이 몰린다. 그러나 조금 들여다보면 한국의 금융은 다음과 같이 여러 면에서 낙후되어 있고, 국민경제에도 별로 기여하지 못하고 있다.

---

10 『연합뉴스』(2014.9.28) 기사에 따르면 한국 대형 금융지주의 회장 연봉은 2013년 28~30억원으로, 일본 1위 금융그룹인 미쓰비시UFJ 금융의 회장이 기본급·성과급·스톡옵션으로 받은 2013년 총 보수 1억 2100만엔의 3배 수준이다.

첫째, 금융의 기본 기능인 자금융통 기능을 제대로 못하고 있다. 한국에서 돈이 절실히 필요한 영세업자·창업자·저신용자 등은 담보가 없으면 제도권 금융기관으로부터 돈을 빌리는 것이 거의 불가능하다. 영세사업자나 서민은 창업이나 사업 확장이 매우 어려우며, 고리 사채업자의 약탈적 금융의 피해 대상자가 되기 쉬운 상황이다. 금융이 제기능을 잘하고 있는가를 평가하려면 자금융통이 절실한 창업자나 저신용자 등이 제도권 금융에 얼마나 쉽게 접근할 수 있느냐를 중요한 기준으로 살펴야 한다.

한국에서 의사 등 전문직·공무원·대기업 직원 등 직업이나 직장이 좋은 사람에게는 의사 전용대출, 공무원 전용대출 등 별도 대출상품까지 있다. 대출 기회가 너무 많아 고르기 어려울 정도다. 아파트 등 담보가 충분한 사람도 대출받기가 쉽다. 반면 좋은 직장이 없고 담보도 없는 사람은 은행뿐 아니라 신협 등 서민금융기관에서도 대출받기 어렵다. 이들은 대부업체에서 연 30% 정도의 고리로, 그것도 소액 대출만 가능한 경우가 많다. 좋은 직장, 담보 등 외형적 조건이 좋은 사람은 대출 기회가 넘치지만 나머지는 제도권 금융기관 접근이 쉽지 않다. 금융 이용 기회도 양극화되어 있는 것이다. 한국에도 독일 협동조합은행의 관계금융이나 미국의 벤처캐피탈 같은 금융기관 및 신용평가 기준이 있다면, 저신용자나 창업자도 금리를 조금 더 부담하겠지만 제도권 금융기관의 이용 기회가 늘어날 것이다.

둘째, 금융 부문은 전자·자동차·조선 등 실물 부문과 달리 은행·증권·보험·신용카드 등 어떤 종류의 금융기관도 세계시장에서 경쟁력을 갖고 의미있는 역할을 하지 못하고 있다. 신한·국민 등의 은행은 국내에서는 크고 좋은 은행이지만 국제 금융계에서는 어린애나 다름 없는 수준이다. 삼성생명은 국내 시장을 주도하고 있으며, 세계 15위 정도의 보험회사이지만 국제 보험시장에서의 역할은 거의 없다. 증권회사(금융투자회사)는 주식 중개·펀드 판매 등의 업무에만 매달려 M&A, 파생금융상품 개발 등 투자은행의 핵심 업무는 국내시장마저 외국계에 내주고 있다. 한국 대기업 등이 해외에서 대규모 투자나 합작사업, 공사 수주 등을 수행할 때 필요한 금융을 한국 금융기관들은 제대로 제공하지 못한다.

2008년 세계금융위기 같은 금융불안 시기에 한국 금융기관은 외화자금 조달 기능을 거의 수행하지 못했다. 국제 금융환경이 악화되면 오히려 국민경제에 부담만 주는 경우가 많았다.

세계적인 대형은행은 국제화가 많이 되어 있고, 해외 영업조직도 대부분 현지법인화 등을 통해 토착화·현지화 되어 있다. 따라서 해외 영업조직의 자금조달원도 예금, 채권 발행, 금융기관 간 차입금, 중앙은행 차입금 등 다양하다. 이에 비해 한국의 은행들은 국제화가 거의 안 되어 있을 뿐 아니라 해외 영업조직을 현지화 하지 못해 대부분의 영업자금을 본점 지원이나 현지 금융기관으로부터의 차입에 의존하고 있다.

금융불안 시기에는 모든 금융기관이 생존을 위해 자금 운용을 보수적으로 하기 때문에 안정적인 자금조달 수단인 예금이 없는 한국의 해외 금융기관은 쉽게 자금 부족 상황에 빠진다. 또한 한국계 은행의 해외 영업조직은 대부분 영업 규모가 작고 관심도 없어 현지 중앙은행과 대출 등의 거래를 하지 못하고 있다. 금융불안 시기에 중앙은행들은 긴급대출, 공개시장 조작 확대 등 여러가지 방식으로 시장에 유동성 공급을 확대하지만 한국의 해외 금융기관들은 이러한 지원을 거의 받지 못한다. 결국 한국계 금융기관의 해외 영업조직은 위기 시 한국에 있는 본부에 영업자금을 의존할 수밖에 없다.

본부도 위기 시에 사정이 어렵기는 마찬가지다. 한국의 은행들은 국제화가 안 돼 있어도 기업의 수출입과 해외송금 지원, 자체 해외투자 등으로 총자산의 10~15% 정도를 외화자산으로 운용하고 있다. 필요한 외화자금은 대부분 해외차입에 의존한다. 금융시장 상황이 악화되어 해외차입이 어려워지면 한국의 은행들은 본점과 해외 영업조직 모두가 외화자금 부족 상황에 빠진다. 외화자금마저 중앙은행인 한국은행의 외환보유액 등에 의존해 영업을 하게 되는 것이다.

셋째, 금융기관들은 고객에 대한 기본 책무인 금융소비자 보호 기능을 소홀히 하고 있다. 최근만 해도 동양증권의 CP[11] 사기 판매, 2014년 은행·신용카드사의 막대한 개인정보 유출 사건, 상호저축은행의 후순위채[12] 불완전 판매 등 고객에게 부당한 피해를 준 사례가 아주 많다. 조금 더 거슬러 올라가면 2007~2008년 중소 수출업체에게 복잡한 파생금융상품인 KIKO(Knock In, Knock Out Option)를 팔아 멀쩡한 기업을 수없이 파산시킨 사례가 있으며, 2002~2003년에는 소득이 없는 학생이나 무직자 등에 신용카드 발급을 남발해 수백만명을 신용불량자로 만들기도 했다.

넷째, 한국은 금융 부문의 고용 효과도 취약하다. 한국에서 은행과 신협·새마을금고 등 서민금융기관, 증권회사에 근무하는 직원은 총 20만명 정도다. 반면 독일은 은행원(독일은 증권업도 은행업에 포함) 수가 70만명에 이른다. 독일의 은행원이 인구수 대비 2배 이상 많다. 독일은

---

11 Commercial Paper, 기업이 자금조달을 목적으로 발행하는 어음 형식의 단기채권.
12 後順位債, 채권 발행 기관의 부도나 파산 시 다른 채권이나 예금자들의 부채가 모두 청산된 뒤 마지막으로 상환받을 수 있는 채권.

제조업 강국이기도 하지만, 도이치방크처럼 세계적인 은행과 함께 협동조합은행·저축은행 등 다양한 금융기관도 같이 발전해 있다. 독일의 은행산업은 더 많은 사람을 고용하고, 더 다양한 금융서비스를 제공한다. 독일의 은행은 한국과 달리 꽤 좋은 은행, 좋은 금융의 역할을 하고 있는 것이다.[13]

금융기관, 규모가 작아서 경쟁력이 없나

이렇게 볼 때 한국의 금융은 실물 부문을 지원하는 부문으로서도, 하나의 산업으로서도 온전한 역할을 못하고 있다. 금융이 제 역할을 잘했다면 창업이 더 활발해지고 소기업이 중견기업·대기업으로 발전하기도 훨씬 쉬웠을 것이다. 한국 기업의 해외사업도 좀더 경쟁력이 높아지고 실패도 적었을 수 있다. 이 과정에서 일자리가 많이 늘고 경제성장도 더 큰 폭으로 이루어졌을 것이다. 또한 금융산업 가운데 은행 부문에서만 괜찮은 일자리가 적어도 10~20만개는 더 생겼을 수 있다.

한국 금융이 이렇게 문제가 많고 제 역할을 못하는 원인은 무엇인가? 얼마 전까지는 한국 금융기관들이 규모가 작아서 경쟁력이 없고 국제화도 못한다는 주장이 많았었다. 소위 말하는 '메가뱅크론'은 은행 간 합병을 통해 은행을 대형화하는 중요한 논거가 되었다. 그러나 조금만 생각해보면 이러한 주장이 말이 안 된다는 것을 알 수 있다. 한국의 은행은 규모가 작아서 경쟁력이 없는 것이 아니라 경쟁력이 없어서 규모를 키우지 못하는 것이다. 몸무게만 늘린다고 뛰어난 역도선수가 될 수

---

13 은행과 금융은 일부 사람들이 생각하는 것처럼 그 자체로 나쁜 것이 아니다. 정책당국의 노력과 국민의 관심에 따라 한 나라의 은행과 금융이 나빠질 수도 있고 좋은 역할을 할 수도 있다.

없고, 키만 크다고 훌륭한 농구선수가 될 수 없는 것과 같다. 세계적인 대형은행은 혹독한 국제 경쟁에서 경쟁력을 키우고 살아남은 은행들이다. 이러한 은행들은 자신이 잘하는 전문 분야가 있고 그러면서도 사업의 다각화와 국제화를 잘해왔다. 이를 바탕으로 수익성과 건전성을 높이고 규모의 경제 등을 갖추면서 세계적인 대형은행이 된 것이다.

무엇보다 한국의 은행들은 덩치가 작은 것이 아니다. 이미 한국의 대형은행은 해외영업이 거의 없이 국내영업만 갖고도 세계 60위권에 들고 있다. 2005년 4월 스탠다드차타드은행이 제일은행을 인수하기 직전의 자산 규모가 당시 국민은행의 자산 규모보다 작고 신한은행과 비슷했다. 그리고 인수 후 총자산에서 제일은행이 차지하는 비중이 25%에 이르렀다. 한국의 은행들이 덩치가 작아 국제화를 못하고 경쟁력이 없는 것은 아닌 것이다.

더욱이 경쟁력 없는 은행들이 국내에서 합병 등으로 덩치만 키우다가 부실화되면, 신용경색 등의 문제 때문에 공적자금을 투입해 구제해주어야 한다. 공적자금 투입 등의 부담은 국제화 안 된 은행이 더 크다. 부실화 위험이 고스란히 국내에 남기 때문이다. 대표적인 예가 1980년대 말 1990년대 초 일본의 은행산업이다. 당시 세계 10대 은행의 절반 정도가 일본계 은행이었다. 특히 1990년에는 세계 1~3위 포함, 10대 은행 중 6개가 일본계 은행이었다. 이들 은행은 1990년대 후반~2000년대 초에 대부분 부실화 되어 일본경제에 커다란 부담을 주었다. 일본 대형은행의 부실화도 잃어버린 20년의 한 원인이 되었다.

한국 금융이 낙후한 진짜 이유

한국 금융산업이 낙후된 것은 규모가 작아서가 아니다. 은행 등 금융산업의 과보호, 신협 등 서민금융기관의 위축, 기형적인 금융감독 체계, 규제의 불투명성과 자의성 등 네가지가 핵심이다.

첫째 한국의 금융산업은 엄격한 진입 규제로 기존 금융기관을 보호해주고 있어 경쟁력 강화나 해외진출 없이도 잘 지낼 수 있는 상황이다. 은행은 1993년 이후 신규 설립이 없었으며 신협·새마을금고 등도 거의 마찬가지다. 20년 이상 은행 등의 신규 설립을 해주지 않은 나라는 선진국은 물론 제대로 된 나라 가운데서는 한국뿐일 것이다.

신규 진입이 없는 시장에서의 경쟁은 허울뿐이다. 경쟁이 없는 곳에서 경쟁력 있는 은행이 나올 수 없다. 한국의 은행들은 겉으로 치열하게 경쟁하고 있는 것 같지만 이동통신사 같이 비슷비슷한 상품으로 시장을 적당히 나누어 갖고 있다. 한국의 은행들은 어렵고 위험한 창업자·영세업자에 대한 대출과 해외진출 등을 하지 않아도 된다. 주택담보대출과 우량기업대출 등만 해도 편하게 돈을 벌 수 있기 때문이다.

둘째는 신협 등 서민금융기관이 정책당국의 무관심과 역차별, 정책실패 그리고 은행과의 경쟁에서 밀려 계속 위축되고 있다. 서민금융은 소액이 많아 취급비용이 크고, 신용도가 낮기 때문에 상대적으로 불리하다. 그런데도 정책당국은 신협·새마을금고 등 서민금융기관에 대해 취급 업무 제한, 지점 설치 제한 등의 역차별을 하고 있다. 여기에다 서민금융기관의 하나인 상호저축은행에 대해서는 서민금융과 전혀 관계가 없는 거액의 부동산 프로젝트파이낸스(PF) 대출을 허용하여 부실화시켰다. 많은 상호저축은행의 도산으로 영세중소기업 등 신용도가 떨어지는 기업이나 개인의 대출이용 기회가 크게 축소되었다.

국내 은행은 1997년 IMF 금융위기 이후 기업금융보다 소매금융 부문에 주력함으로써 가계대출 등에서 서민금융기관의 시장을 잠식하고 있다. 이렇게 나빠진 환경에서 살아남기 위한 것이라고 볼 수도 있지만 서민금융기관들도 영업을 담보대출 위주로 보수화하였다. 정책당국은 서민금융기관을 문제만 일으키지 않으면 되는 기관으로 보고 있다. 결국 신협 등 서민금융기관들은 신용도가 떨어지고 담보가 부족하지만 미래 상환능력이 괜찮은 차입자를 골라 대출하는 본래의 기능에서 더욱 멀어져버렸다.

셋째 한국의 금융감독당국은 기형적인 조직 체계와 잘못된 운영으로 책임성·전문성 등이 크게 부족하여 금융산업 발전을 막는 장애 요인으로 작용하고 있다. 금융감독 조직은 업무의 중요도에 따라 공무원 조직인 금융위원회와 공공기관인 금융감독원으로 이원화되어 있다. 이는 다른 나라에서는 찾아볼 수 없는 이상한 형태로, 관료조직이 금융감독 업무가 주는 이권을 가져가기 위해 억지로 만든 조직 구조다. 중요하고 정책적인 업무는 금융위원회가, 실무적인 업무는 금융감독원이 담당하는데 업무의 경계가 모호하여 서로 다투기도 한다. 금융위와 금감원은 이권을 나누어 가질 뿐 아니라 책임은 서로에게로 미룰 수도 있는 조직이 된 것이다. 흔하진 않지만 책임을 지는 경우에도 힘이 약한 금융감독원 직원만 주로 책임을 진다.

책임성·전문성이 부족하고 이권에만 관심이 많다보니, 감독당국은 국민경제에 대한 기여나 금융산업의 발전보다는 자신이 관할하는 곳에서 문제가 발생하지 않는 것을 더 중요하게 여긴다. 즉 감독당국 입장에서는 현재의 과보호 상태를 유지하여 금융기관들이 수익을 많이 내야만 금융이 잘 돌아가는 것처럼 보이고 퇴임 후 가는 자리의 보수 등 자신들의 이권이 커진다. 반면 금융기관의 신규 설립을 허용하면 일자리가 늘어나고 금융기관의 경쟁력이 커지는 대신 일부 금융기관의 수익

감소나 부실화가 발생할 가능성이 있어 꺼리는 것이다.

넷째, 규제의 불투명성과 자의성 문제는 한국경제 전체의 문제이기도 하지만 금융산업이 더 심하다. 위험하고 불안정한 금융산업의 특성상 규제가 많이 필요하고, 개별 금융기관에 대한 검사를 철저히 하여야 한다. 한국은 이러한 규제나 검사가 너무 강해 금융산업이 발전하지 못하는 것이 아니라, 규제와 검사가 잘못된 방향으로 이루어지는 것이 문제다.[14]

한국의 금융산업에 대한 규제는 사전적 업무 규제가 대부분이며 불투명하고 자의적이어서 예측하기 어렵다. 외국계 금융기관들이 한국에서 영업할 때 가장 불편해하는 부분이다. 규제가 강해도 투명하고 예측이 가능하면 금융기관들은 어렵더라도 적응할 수 있다. 한국에서는 뛰어난 변호사들의 자문을 받아 거래를 해도 감독당국의 마음에 안 들면 잘못된 거래가 되는 것이다. 대형 금융거래가 불안하고 불확실해지는 것이다. 이 때문에 대형 금융거래는 한국이 아닌 홍콩이나 싱가포르 등에서 이루어지는 경우가 많다.

더욱이 검사도 건전성 검사보다 법규위반 검사에 치중되어 있다. 선진국에서 법규위반 검사는 금융기관 내부의 준법감시 조직이나 감사팀이 우선 담당하는 분야다. 감독당국은 금융기관의 부실화 가능성, 즉 건전성 검사에 중점을 두어야 한다.

법규위반 검사와 건전성 검사의 차이를 비교해보자. 어떤 은행이 특정 기업에 거액을 대출해주었는데 잘못되어 큰 손실이 날 가능성이 있

---

14 미국은 엄격한 금산분리 적용, 상업은행과 투자은행의 겸영 제한 등 금융 규제가 아주 강한 나라이지만 금융산업이 발전되어 있고 경쟁력도 강하다.

거나 난 경우, 법규위반 검사는 해당 기업의 대출 과정에서 발생한 위법·불법·탈법 사항 등을 검사하는 것이다. 대출심사 시 감독당국의 지시나 내규 등에서 정한 절차를 지키고 필요서류를 잘 받았는지, 담보를 제대로 확보했는지, 기업과 유착관계는 없었는지 등을 검사하고 이런 사실이 발견되면 관련 임직원과 은행을 제재한다. 반면 건전성 검사는 해당 대출의 손실이나 손실 가능성이 어느 정도인지를 확인하고, 해당 은행의 자본금과 충당금으로 손실을 충분히 보전할 수 있는지를 검사하는 것이다. 만약에 관련 손실에 대한 대손충당금이 부족한 경우 부족분을 바로 비용에 반영하여 충당금을 더 쌓도록 만든다. 건전성 검사는 대출이 부실화된 이후보다 부실화되기 전에 미래지향적으로 이루어져야 의미가 크다. 그러나 미래지향적인 건전성 검사는 감독당국의 실력이 높아야 가능하기 때문에 한국에서는 잘 이루어지지 못하고 있는 상황이다.

한국 감독당국의 일차적 관심은 법규위반 검사를 통해 금융기관에 대한 영향력을 강화하는 것, 즉 관치 확대에 있다. 그래야 이권이 커지기 때문이다. 여기에다 감독당국은 정권이 바뀌는 시기 등에는 금융기관 경영진의 교체를 위한 기획 검사까지 한다. 이와 같은 여러가지 이유로 한국 금융산업은 낙후된 상태에서 벗어나지 못할 뿐 아니라 국민경제에도 별로 기여하지 못하고 있다.

7. 부실하고 어설픈 조세·복지 제도

부실하고 잘못된 조세제도

한국 조세구조의 특징

한국 조세제도는 상식으로만 봐도 부실하고 잘못된 부분이 많다. 여기서는 간단한 경제논리로 조세제도의 문제점과 이것이 어떻게 한국경제를 어렵게 하는지를 살펴볼 것이다. 먼저 한국 조세구조의 특징을 조감해보자.

첫째, 근로소득세와 종합소득세 등 개인이 내는 소득세의 경우 세율은 최고세율이 38%로, 미국·영국·일본·독일의 45% 내외에 비해 조금 낮다. 반면 조세수입의 비중은 매우 낮다. 소득세의 GDP 대비 조세수입 비율은 2012년 3.72%로 OECD 평균 8.56%의 절반에도 못 미친다. 여기에다 근로소득자와 사업소득자의 40~50% 정도는 면세점 이하로 소득세를 내지 않는다. 소득세는 내는 사람이 적고 국민경제에서 차지하는 비중이 낮다. 소득세의 조세 기반이 아주 취약한 상태다.

둘째, 법인세는 최고 명목세율이 22%로 OECD 중간 수준이지만 감면 제도가 많아 실효세율은 삼성전자·현대자동차 등이 16% 정도로 OECD 국가 중 낮은 편에 속한다. 반면 법인세의 GDP 대비 조세수입 비중은 2012년 3.69%로 OECD 평균인 2.88%보다 높다. 법인세의 경우 세율은 낮은 편이고 세수는 조금 많은 셈이다. 이것이 진보와 보수 양쪽 진영에서 법인세에 대해 서로 상반된 주장을 하는 논리로 활용된다. 진보 쪽에서는 낮은 세율을 근거로 법인세율 인상을 주장하고, 보수 쪽에서는 많은 세수를 논거로 법인세율의 현상 유지를 주장한다.

셋째, 부가가치세·개별소비세 등 간접세는 세율과 GDP 대비 세수의 비중이 OECD 국가의 평균보다 조금 낮은 수준이다. 부가가치세의 세율은 10%, GDP 대비 간접세 비중은 8% 정도로 미국·일본보다는 높고, 유럽 국가들보다는 낮다. 간접세는 징수가 용이하고 한국이 높은 수준은 아니기 때문에 간접세를 올려 손쉽게 세수를 확대하자는 주장도 꽤 있다. 그러나 간접세율을 올려 조세수입을 늘리는 정책은 재정 상황이 더 어려울 때를 대비해 남겨두어야 한다. 이는 미래 세대의 몫이다.

종합해보면 한국의 조세부담률은 2012년 18.7%로 OECD 평균 25%보다 크게 낮은데, 이는 주로 소득세 기반이 취약한 데서 기인한 것으로 보인다. 법인세는 세율은 낮지만 세수는 많은 조금 이상한 모습을 보인다.

조세제도의 문제점 점검 1: 법인세

상식과 간단한 경제지식을 기초로 조세제도의 문제점을 점검해보자. 우선 문제가 비교적 단순한 법인세다. 법인세의 세율이 낮은데 비해 세수가 조금 많은 이유는 첫째 국민소득 중에서 법인소득이 개인소득보다 빠르게 증가해 과세 대상 소득이 커졌기 때문이다. 제1장 제1절 분배 국민소득 부분에서 살펴보았듯이 2000년 이후 소득세 부과 대상인 노동자의 소득과 소규모 자영업자의 소득은 경제성장률보다 1~2% 포인트 낮게 증가하였다. 이에 비해 법인세 부과 대상인 기업소득은 경제성장률보다 2~3%포인트 높게 증가했다. 당연히 법인세의 세수가 크게 늘어날 수밖에 없다.

두번째는 소득이 많은 개인사업자나 임대소득자는 법인으로 전환하여 법인세를 내는 것이 유리하기 때문에 법인세가 더 많이 늘어난다. 소득세의 최고 세율은 38%인데 비해 법인세율은 10~22%로 크게 낮다. 소득세와 법인세의 이중과세 가능성과 법인으로 전환하는 비용을 감안하더라도 법인의 세 부담이 훨씬 적다. 한국에서 법인세의 GDP 대비 비중이 높은 것은 법인기업의 세 부담이 커서가 아니라, 법인기업의 소득이 많고 절세 등을 위해 법인으로 전환하는 기업이 늘었기 때문이다. 앞의 건물임대소득자 예에서 보듯이 가족을 빌딩관리회사 임직원으로 등재시켜 소득을 빼내기에도 법인 형태가 편하다. 상속이나 증여의 경우도 법인을 만드는 쪽이 세금을 회피할 수 있는 다양한 방법이 있어 유리하다.

여기에다 구글·아마존·애플·스타벅스 같은 세계적인 다국적 기업들은 절세를 위해 조세회피 지역에 법인을 설립하는 등 한국에서 발생한 법인 소득의 과세를 피하고 있다. 예를 들어 구글은 한국에서 연간 1조 6000억원 정도의 매출을 올리는 것으로 알려져 있으나 국내에서 법인세를 내지 않는다.[15] 국내에 서버를 두지 않고 있어 세법상 고정사업장이 없는 것으로 간주돼 과세를 피할 수 있기 때문이다. 구글의 한국법인인 '구글코리아'는 주식회사가 아닌 유한회사로 등록되어 있어 공시 의무가 없고 외부 감사 대상에서도 제외되어 매출·수익·비용 등을 정확히 알 수 없다. 다국적 기업의 이러한 영업행태는 오래되었고 한국뿐 아니라 세계 여러 나라에서 이루어지고 있다.

조세제도의 문제점 점검 2: 소득세

다음으로 한국 조세제도의 핵심 문제인 소득세를 살펴보자. 한국의 소득세 문제는 명백한 소득에 대한 비정상적인 비과세, 새로운 형태의 소득과 음성적인 소득에 대한 과세능력 미비 등 제도적 결함과 함께 경제 구조적인 문제가 결합되어 있어 복잡하다.

첫째, 눈에 보이는 소득이 있는데도 제도적으로 세금을 내지 않게 하거나 별 이유도 없이 세금을 걷지 않는 부분이 많다. 공시가격 9억원 이하 1가구 1주택자의 주택임대소득과 주택양도소득은 소득이 아무리 많아도 비과세다. 2주택 등의 주택임대소득과 오피스텔 등의 임대소득은 이유도 없이 과세하지 않아왔다. 2017년부터 2주택 등의 임대소득에 대해서도 과세하겠다고 하는데 실제 얼마나 과세할지는 모르겠다. 한국의 주택임대소득은 연간 50조원을 넘어 100조원에 이를 것으로 추정[16]되지만 세금은 거의 내지 않는다. 이에 대해 제대로 과세한다면 세수가 크게 늘고 조세 기반도 크게 확충될 수 있다. 주택임대소득과 1주택자의 주택양도소득보다는 중요성이 떨어지지만 종교인 소득, 소액주주 주식

---

15 2015.2.3. 국회정책토론회 「구글세 논쟁과 인터넷 주권의 미래」와 관련 언론 보도.
16 한국은 820만 가구 정도가 세를 산다. 이들의 월 임대료를 수도권 원룸 수준인 50만 원으로 보면 연간 주택임대소득이 대략 50조원이다. 프랑스의 경우처럼 주택임대소득이 순 국민소득의 10%라면 한국의 주택임대소득은 연간 120조원에 이를 수 있다.

양도차익 등 제도적으로 비과세 되는 분야도 제도를 손질해야 한다.

둘째, 한국은 지하경제와 뇌물, 리베이트 등 음성적 소득이나 새로운 형태의 소득 등이 많은데 소득세제상 이러한 소득에는 과세할 수 없게 되어 있다. 한국의 소득세제는 근로소득, 사업소득, 이자·배당소득, 양도소득, 기타소득 등 법에 명시된 소득만 세금을 내는 열거주의다. 즉 불법·탈법 소득을 포함해 소득세법에 열거되지 않은 방식으로 얻은 소득은 세금을 내지 않아도 된다. 미국에서는 법에 명시된 비과세 대상을 제외하고는 어떠한 출처에서 나오든 모든 소득은 과세 대상이다. 즉 범죄 등 불법적인 돈이건, 뇌물이건, 하나님이 주신 돈이건 모두 세금을 내야 한다. 갖고 있는 재산과 자기가 쓴 돈 모두에 대해, 언제든 탈세하지 않았다는 것을 납세자가 입증해야 한다. 이러한 제도를 '소득세 포괄주의'라고 한다.

한국에서는 전직 대통령 아들, 조폭 두목, 재벌 2~3세뿐 아니라 일부지만 종교인과 전문직, 공무원 중에서도 공식적 소득이 별로 없고 세금을 거의 내지 않았음에도 재산이 많고 호화롭게 사는 사람이 꽤 있다. 미국 등 소득세 포괄주의를 택하고 있는 국가에서 이와 같은 비상식적인 일은 거의 불가능하다. 조직폭력, 마약, 성매매, 뇌물 등을 통해 돈을 번 경우 범죄 사실이 발각되지 않아도 세금을 내지 않으면 탈세범으로 처벌을 받는다. 세금을 내지 않고는 호화롭게 살 수도 재산을 가질 수도 없게 되어 있다.

대표적인 것이 1920년대 미국의 유명한 갱 두목 알 카포네 사례다. 그는 매춘·밀주 등으로 어마어마한 돈을 벌고 살인 및 조직폭력 등에 대한 처벌을 뇌물 등으로 피하면서 명사 노릇까지 했으나, 소득세 포괄주의를 피해갈 수 없었다. 1931년 조세포탈죄로 11년의 실형을 선고받고 대부분의 재산을 벌금으로 냈다. 한국은 잘못된 소득세제로 인해 조세 기반이 취약하고, 부정부패와 지하경제가 창궐하는 것이다. 한국에서 심각한 부정부패와 지하경제는 정부의 의지만 있으면 소득세 포괄주의를 도입해 대폭 줄일 수 있다. 정부가 가끔 국민들에게 보여주기 위해 검찰과 사정조직을 동원해 치르는 부정부패와의 전쟁 같은 것도 필요 없어진다.

셋째, 한국은 직업 간 과도한 소득 격차 등 양극화 심화로 최저 생계비 수준에 미달하는 근로소득자가 많아 과세 대상에서 빠지는 사람이 많다. 여기에다 동네 슈퍼·음식점 등 영세자영업자의 영업 위축 등으로 개인사업자의 절반 정도가 세금을 내지 않는다. 이는 조세제도의 문제는 아니지만 조세 기반을 취약하게 만들고 경제를 불투명하게 만드는 요인이다. 여기에다 소득이 낮은 영세자영업자는 국민연금·고용보험 등 사회보험료도 거의 납부하지 않아 복지체계도 부실하게 만든다.

부실하고 잘못된 소득세 제도는 재정 건전성 악화와 조세 저항, 경제 구조의 왜곡, 경제정의 훼손 등 한국경제를 어렵게 하는 핵심 요인의 하나다. 저성장·저물가가 고착화되고 있는 상황에서 예전과 같이 저절로 세수가 늘기를 바랄 수는 없다. 과거에는 조세제도가 부실해도 빠른 경제성장과 고물가로 인해 조세수입이 충분했기 때문에 부실한 조세제도가 문제가 안 되었고 국민적 관심도 적었지만, 이제 어떤 형태로든 증세가 필요한 시기가 되었다. 세금을 내지 않거나 빠져나가는 사람이 많은 상태에서 세금을 올리면 조세 저항과 국민의 분노가 커진다.

소득세 포괄주의 도입, 임대소득 과세 등 조세개혁 없이는 재정 건전성 회복이 쉽지 않을 것이다. 재정 건전성이 확보되지 않으면 복지 확대, 산업경쟁력 강화 등을 위한 정상적인 재정정책의 수행이 어려워진다. 문제가 많은 건강보험료 징수체계 개편도 현재와 같이 부실한 소득세 제도하에서는 국민적 동의를 받는 것이 쉽지 않다. 근로소득 같이 세금이 부과되는 소득이 많은 사람만 건강보험료를 더 부담하게 될 것이기 때문이다. 여기에다 제도적 또는 관행적으로 세금을 걷지 않는 부분이 주로 임대소득세 등 부동산과 관련된 부분이기 때문에 부동산 부문에 돈이 몰리고 규모가 커진다. 제조업 같이 보다 생산적인 부분은 위축되고 경제구조가 나빠진다. 불로소득과 관련된 부동산 부문은 수익이 높아지고 세금을 제대로 내지 않아 경제정의마저 훼손된다.

부족하고 어설픈 복지제도

한국 복지제도의 특징

한국의 복지는 양적으로 크게 부족하고 내용 면에서도 어설프고 생산적이지 못하다. 더욱이 부족한 복지제도마저 지속가능성을 확신하기 어려워 경제의 불확실성을 키우는 요인이 되고 있다.

먼저 한국의 복지 지출은 2014년 GDP의 10.4%로 OECD 평균 21.6%의 절반 수준이다. 복지 지출이 적으면 당연히 복지는 부족할 수밖에 없다.[17] 복지 지출이 이렇게 적은 가장 큰 이유는 지금까지 한국에서 복지는 경제성장의 파이를 키운 다음에 하자는 생각이 주류였기 때문이다. 섣부른 복지 확대는 선진국이 되는 장애 요인이고, 있지도 않은 낙수효

---

17 한국이 선진국에 비해 아직 고령화가 덜 진행돼 복지 지출 비중이 적다는 반론도 있으나, 선진국의 경우 지금의 한국보다 젊었던 1970년대부터 충분한 복지를 하고 있다.

과를 기대하는 생각이 많았다. 여기에다 분단이라는 특수 상황이 국방비 부담을 높여 복지 확충의 주장을 어렵게 한 면도 있었다.

프랑스·독일 등 서유럽 국가들의 복지가 가장 좋았을 때는 1970년대 후반이다. 이때 '요람에서 무덤까지'라는 말이 나올 정도로 복지가 충분했다. 이후 서유럽 국가들의 복지는 미국·일본 등과의 경쟁을 위해 현재까지 조금씩 축소되는 과정에 있다. 1970년대 후반 프랑스·독일 등의 1인당 국민소득은 8000~9000달러 정도였다. 한국의 1인당 국민 소득은 1995년에 1만 달러를 넘었고, 2014년에 2만 8000달러 수준이다. 물론 물가 등의 차이는 있지만 1970년대의 프랑스·독일 등과 비교하면 지금 한국이 경제력이 부족해 복지를 못하는 것은 아니다. 남북분단 상황도 많이 변했다. 경제적·정치적으로 북한은 남한의 경쟁 상대가 아니다. 사회보장제도를 확충하자는 주장이 북한에 동조하는 것이 될 수 없다. 또한 복지제도는 경제적으로 생존을 걱정해야 하는 북한의 것이 아니라 유럽 여러 나라와 미국·일본 등 선진국이 오래 전부터 해오던 정책이다.

복지제도의 문제점 1: 제도의 허술

한국은 복지 총량뿐 아니라 내용과 구성에도 문제가 많다. 먼저 기초생활보호제도는 대상자에 대한 생계비·의료비·주거비·교육비 등 다른 복지제도에 비해 지원이 상대적으로 많은 편이다. 한번 기초생활보호 대상자가 되면 소득을 늘려 벗어나려 하기보다 어떻게 해서든 기초생활보호 대상자 지위를 유지하려 할 정도다. 기초생활보호제도의 역기능이기도 하다. 기초생활보호제도는 대상자가 제도에 안주하지 않고 이를 벗어나게 하는 유인을 제공하는 것이 중요하다.

다른 제도에 비해 괜찮은 의료보험제도는 경미한 질병의 경우는 과도할 정도로 충분하지만, 중증 질환이나 장기 입원의 경우에는 보험 기능이 취약하고 가계의 부담이 크다. 주거에 대한 복지는 기초생활보호 대상자를 제외하고는 지원제도가 별로 없다. 주거는 먹을 것과 함께 생존의 필수 조건이고 주거 문제 해결 없이는 젊은이들의 결혼이나 출산 확대도 어렵다.

고용보험의 실업급여 지급금액은 최대 1일 4만 3000원, 수급기한은 고용보험 가입기간에 따라 90일에서 240일 이내다.[18] 실업급여는 지급금액과 수급기한이 실직 후 생활을 유지하면서 새로운 직장을 구하는 데 턱없이 부족하다. 실직한 노동자가 치킨집이나 음식점·편의점 등을 창업할 수밖에 없고 여기서 실패하면 극빈층으로 전락할 가능성이 크다. 고용보험이 사회안전망으로서 역할을 거의 못하는 것이다. 여기에다 이러한 고용보험에 가입되어 있는 사람은 2013년 말 1160만명으로 경제활동인구의 44% 정도에 불과하다.

국가의 기본적 노령연금제도인 국민연금도 허술하기는 마찬가지다. 가입자가 2013년 말 2074만명 정도로 20세 이상 인구의 50% 수준이다. 국민연금 수령자는 61세 이상 인구의 30% 정도에 불과하다. 사각지대가 너무 커 국민연금이라는 말이 무색하다. 또한 국민연금 평균 수급액도 2014년 34만원으로 필요한 노후생활비에 크게 모자란다. 여기에다 국민연금을 받는 사람은 65세 이상 노인에게 지급되는 기초연금을 받는 데 제한이 있다. 이외에 출산·육아·보육·교육·장애인 지원·노인 요

---

18 정부는 실업급여의 최대 지급금액을 5만원으로 인상하고 최장 수급기간을 120~270일로 늘리는 개정안을 발표했다. 그러나 최소 고용보험 가입기간 등 수급조건이 종전보다 엄격해져 일부 실직자들의 혜택은 오히려 줄어들 수 있다.

양 등의 복지도 이제 걸음마 수준이다. 한국의 복지는 국민이 인간다운 생활을 하기 위해, 나라가 선진국으로 대접받기 위해 확충하고 보완해야 할 부분이 너무 많다.

복지제도의 문제점 2: 미래의 불안

이렇게 복지제도가 부족하고 어설프지만, 더 큰 문제는 이렇게 부족한 복지제도마저 한국경제의 근본적 개혁 없이는 지속시키기 쉽지 않다는 것이다. 급격한 고령화로 기초연금·의료보험·공무원연금 등에서 복지 수요가 폭발적으로 늘어날 것이다. 또한 주거복지·실업급여 확대 등 추가적인 복지 수요도 늘어나고 있다. 이에 비해 경제는 저성장·저물가 기조가 고착화되고 있어 GDP 규모나 조세수입이 크게 늘기 어렵다.

지금은 한국의 복지 지출 비중이 OECD 국가 평균의 절반 정도로 크게 낮지만, 복지를 늘리지 않아도 멀지않은 미래에 GDP 대비 복지 지출 비중이 OECD 평균을 넘어설 가능성이 크다. GDP 규모는 연 3~4% 정도도 늘어나기 힘든 데 비해, 복지 지출은 급격한 고령화 등으로 연 10% 이상 늘어나기 때문이다. 한국은 복지다운 복지도 해보지 못하고 복지제도와 경제가 같이 주저앉아버릴지 모른다. 즉 늘어나는 복지 재정을 감당할 국민경제의 기초가 취약해지고 있는 것이다.

한국에서 비교적 잘 되어 있는 복지제도인 국민건강보험 제도도 앞날이 밝지 않다. 급격한 고령화는 의료비 지출의 급증을 초래한다. 한국의 65세 이상 노인 의료비의 비중은 2015년 상반기 36.3%이고, 증가율도 연 11%로 전체 의료비 증가율 7.6%보다 크게 높다. 또한 과잉진료·과잉소비를 조장하는 의료체계도 건강보험 재정을 어렵게 만든다. 유리알 지갑인 고액 봉급생활자와 소득이 적은 영세자영업자 등은 건강보험료를 많이 내는데, 임대소득자·고액 연금소득자·자산가 등 일부자들은 건강보험료 부담이 적거나 아예 없다. 당연히 건강보험료 징수에 대한 불만이 아주 많다. 앞으로 건강보험제도는 재정의 블랙홀, 복지제도의 골칫거리가 될 가능성이 아주 높다.

국민연금의 앞날은 명확히 더 나쁘다. 현재는 국민연금의 기금적립 규모가 너무 늘어나 주식시장의 왜곡 등 경제에 부담을 주고 있는 상태이지만, 앞으로는 고령화와 노동가능 인구 감소로 2050~60년경에 기금이 고갈될 것으로 예상된다. 노동인구의 감소에 저성장과 저금리 등이 겹쳐 실제 고갈 시기는 더 당겨질 가능성이 크다. 지금 국민연금을 한창 내고 있는 30대의 젊은 세대는 정작 수령 시기가 되어서는 국민연금을 받을 수 없을지도 모른다는 불안감을 안고 있다. 이런 상황에서 국민연금 지급에 대한 정부 보증도 없다.

복지제도의 문제점 3: 복지의 부족

이와 같이 부족하고 불안한 복지제도는 여러 면에서 한국경제와 사회를 어렵게 한다. 첫째, 복지는 한 나라의 경제·사회 발전 수준에 상응하게 국민이 최소한 인간으로서의 존엄성을 유지할 수 있게 해준다. 복지가 부족하면 인간의 존엄성 유지가 어려워질 뿐 아니라 어떤 수단을 써서라도 돈을 벌려는 사람이 많아진다. 경제활동에서 비상식·불법·탈법 행위의 발생 가능성을 키우는 것이다. 이는 경제의 불확실성을 높이고 예측 가능성을 낮추어 결국 경제 효율성과 경쟁력을 떨어뜨린다.

둘째, 복지 부족은 경제주체의 의식을 보수화하여 경제의 역동성을 떨어뜨린다. 실직, 사업 실패, 병이나 사고 등 어려움이 닥쳤을 때 피난처가 될 복지제도가 부족하면 사람들은 도전적인 일을 선택하기 쉽지 않다. 뛰어난 학생이 이공계를 지원하거나 꿈이 있는 사람이 벤처기업을 창업해 중견기업·대기업으로 키우는 일이 어려운 것이다. 또한 돈이 안 되는 전공이나 남들이 가지 않는 길을 선택하기도 쉽지 않다. 이러한 상황에서 한국 젊은이들이 가장 선호하는 직업이 의사·변호사·교수·교사·공무원·공기업 직원인 것은 당연한 결과다. 또한 창업자도 어렵게 돈을 벌면 기업을 계속 키우기보다 기업을 적절히 정리하고 빌딩을 사서 임대업자로 편하게 살려고 한다. 한국에서는 의사 등 전문직, 공무원, 안정적인 임대사업자 등을 제외하고는 모두 생활이 불안하다. 한국은 자본주의 역동성과 거리가 멀어지고 사회의 다양성도 부족해 성장동력과 경쟁력이 약화될 수밖에 없다.

셋째, 복지 부족은 소비위축을 통해 영세자영업자의 영업 등 민생경제에 큰 어려움을 주고 성장세도 둔화시킨다. 복지는 저소득층에 혜택이 크고 저소득층의 한계소비성향은 고소득층에 비해 크다. 복지 확대는 저소득층의 가처분소득을 증가시켜 소비를 늘린다. 그리고 복지제도가 잘 구비되어 있으면 미래에 대한 불확실성이 줄어들기 때문에 중산층을 포함해 소득과 재산이 어느정도 있는 사람도 더 많은 소비를 할 수 있다. 소비위축은 현재 한국경제의 큰 문제 중 하나다. 소비가 위축되는 원인은 다양하지만 복지 부족과 이에 따른 미래 불안도 주요 요인이다.

이렇게 한국경제에 부정적 영향을 주고 있는 복지제도를 정비·확충하려면 재원이 필요하다. 복지제도의 확충과 함께 조세제도의 개혁과 증세를 같이 고민해야 한다. 또한 한정된 재원으로 복지 효과를 극대화하고 국민의 수용성을 높이기 위해서는 여러가지 복지제도 가운데서 우선순위를 정하고 이에 대한 국민적 합의를 찾는 과정이 무엇보다 중요하다.

8. 창업과 기업발전의 실질적인 제약요인

많은 지원에도 중소기업의 어려움이 여전한 이유

한국에는 많은 중소기업 지원제도가 있다. 법인세 상속세 감면 등 세제 혜택, 창업자금의 지원과 특례보증 등 금융 우대, 기술개발 지원과 해외시장 개척 지원, 중소기업 고유 업종 지정 등 아주 다양하다. 오히려 중소기업에 대한 지원이 너무 많아 일부 기업인은 기업을 키우지 않고 중소기업 지위를 계속 유지하려고 할 정도다. 그럼에도 창업해서 기업을 중견기업·대기업으로 키우기 위한 환경은 나쁘고, 실제 중소기업을 거쳐 대기업으로 성장한 기업도 많지 않다. 재벌 등 대기업 횡포, 금융산업의 낙후성, 높은 부동산가격, 잘못된 규제 등 많은 장애 요인이 있기 때문이다. 이와 같은 여러가지 장애 요인 가운데 한국에서 좋은 기업이 성장하기 어려운 가장 큰 원인은 대표이사 등 기업 경영자의 연대보증제일 것 같다.

자본주의 경제가 역동성을 가지고 발전할 수 있는 요인 중 하나가 유한책임의 주식회사 제도다. 주식회사 형태의 유한책임회사는 16세기 네덜란드 동인도회사에서 시작하여 현재 자본주의 세계에서 기업의 대표적 소유구조가 되었다. 주식회사는 주주가 출자한 금액 범위 내에서만 책임을 지므로 위험한 사업을 추진하기 용이하고, 주주와 경영자가 바뀌어도 회사는 존속할 수 있어 기업의 지속가능성이 크다.

한국에서는 주식회사제도의 유한책임 원칙이 제한을 받고 있다. 판례나 정부기관 및 금융기관의 관행에 의해 주식회사 대표이사나 대주주로 실제 경영을 책임지고 있는 사람은 회사 채무에 대해 연대보증을 하게 되어 있다. 회사가 망했을 때 회사의 금융채무나 조세채무 등을 대표이사나 대주주는 개인 재산을 털어 갚아야 한다. 대표이사 등의 연대보증제도는 신뢰가 부족한 한국사회에서 경영자가 회사 돈을 빼내가는 것을 막고 은행차입을 용이하게 하기 위한 제도나 부작용이 너무 크다. 현실에서는 기대했던 효과도 크지 않다.

대표이사 등 연대보증제의 문제

창업은 대부분 실패 가능성을 갖고 시작한다. 실제 성공 가능성보다 실패 가능성이 더 크다. 특히 한국은 기업환경이 더 나빠, 기업의 창업 3년 후 생존율이 41%로 OECD 국가 중 최저 수준이다. 보유재산의 일부를 투자하여 창업했다가 실패했을 때 나머지 재산까지 날리게 된다면 경제력이 있는 사람이 창업하기가 어렵다. 또한 창업에 성공하여 회사를 잘 경영하다가도 거래 기업의 도산이나 시장 상황의 급격한 악화로 망할 수도 있다. 이 경우에도 회사 경영자는 저축 등을 통해 그간 모아놓았던 개인 재산을 지킬 수 없다. 대표이사 등의 연대보증제는 창업과 기업경영의 전 과정에서 회사 경영자에게 강력한 심리적·현실적 압

박 요인으로 작용한다.[19] 이것이 능력있는 인재가 창업을 기피하고, 경영자가 잘 되는 회사도 적당히 정리하여 보다 안전한 임대사업 등으로 전환하는 가장 큰 이유일 것이다.

좋은 기업이 성장하려면 열정이 있고 뛰어난 인재가 창업에 많이 나서고 이를 중견기업·대기업으로 오랫동안 키워야 한다. 대표이사 등의 연대보증제가 있는 한 아주 어렵다. 한국에서 창업하는 젊은이는 괜찮은 직장을 얻지 못한 경우가 대부분이고, 나이 들어 창업하는 사람도 직장에서 잘 나갔던 사람은 거의 없다. 창업해서 잘못되었을 때 잃는 것이 너무 많기 때문이다.

대표이사 등의 연대보증제에는 경영자의 회사 돈 빼돌리기, 채권자 보호 등 본래 기대했던 효과도 거의 없다. 실제 도산한 기업을 보면 회사뿐 아니라 경영자도 빈털터리인 경우가 거의 대부분이다. 회사 경영이 악화되면 회사를 살리기 위해 자금을 투입하지만, 회생이 쉽지 않다고 생각되면 회사 돈과 함께 개인 재산 빼돌리기도 같이 이루어진다. 또 일부 경영자는 회사 경영이 잘될 때부터 회사 돈을 해외나 제3자 이름으로 빼돌려 잘못되었을 때를 대비한다. 기업의 거래관계가 복잡해지고 수출입 등 해외거래가 늘어남에 따라 회사 돈 빼돌리기는 더욱 용이해지고 있다. 더욱이 회사가 망했을 때 자신이 모두 책임져야 한다는 생각 때문에 경영자에게 회사 돈 빼돌리기에 대한 도덕적 저항감이 생기지 않는다. 오히려 미리 회사 돈을 빼돌려놓지 않으면 회사가 잘못되었을 때 빈털터리가 되어 재기하기 어렵다. 결국 대표이사 등의 연대보증

---

19 대표이사의 연대보증제도는 이외에도 기술력이나 경영능력이 있는 유능한 외부 인력의 영입, 기업의 정리와 인수합병 시에도 장애 요인으로 작용한다.

제는 회사 돈을 빼돌리지 않고 운영한 아주 소수의 정직한 경영자에게만 적용된다. 대표이사 등의 연대보증제는 기대했던 효과는 별로 없고 도덕적 해이를 조장하고, 법을 지킨 사람만 피해를 보는 역선택을 발생시키는 참으로 나쁜 제도다.

경영자의 횡령·사기 등에 대한 엄격한 법 집행이 이루어져야 자본주의 질서를 지킬 수 있다. 대표이사 등의 연대보증제는 억지로 만든 샛길로, 경제를 더 어렵게 만든다. 일반적인 연대보증제는 최근 몇년간 많이 줄었다. 마지막 남은 대표이사 등의 연대보증제도를 폐지할 때다. 약간의 부작용은 있을 것이다. 세상에 공짜 점심이 없듯이 부정적 효과가 없는 정책은 없다. 긍정적 효과가 크다면 보완책을 만들면서 추진하여야 한다.

창업이 안 되면 일자리가 늘어날 수 없다. 주변에서 기술력·영업력과 자본도 있는 사람들이 창업을 고려했다가 연대보증제 때문에 포기하는 경우를 많이 보아왔다. 중소기업에 대한 지원도 중요하지만 걸림돌을 제거하는 것이 더 중요할 수 있다. 이는 돈도 들지 않는 기업 살리기 정책이다. 잘못된 규제나 제도가 대표이사 등 연대보증제 이외에도 여기저기 많을 것이다. 잘못된 규제는 이익집단 발호와 함께 한국경제를 어렵게 하는 큰 요인이다.

제3장

한국경제,
해법은
있다

구
체
적

개
혁

방
안

1. 어떤 정책이 살림살이에 도움이 될까

진정한 성장정책이란?

경제정책은 경제활동에 직접 영향을 주는 여러 정책으로 종류가 다양하다. 그러나 한국에서는 금리나 환율을 조정해 투자와 수출을 늘리거나, 재정지출을 확대해 성장률을 올리려는 정책을 주로 경제정책이라고 생각하는 경향이 있다. 금리인하·환율인상·재정확대 등을 통해 성장률을 올리는 정책을 우선 추진하려는 사람을 '성장론자'라고 부르기도 한다. 성장은 국부를 늘리고 국가경쟁력을 키우는 원동력으로 항상 중요하다. 당연히 성장을 위한 경제정책도 중요하다.

성장 및 경제정책과 관련해서는 먼저 세가지를 짚어봐야 한다. 첫째는 성장, 즉 GDP 증가가 국민의 살림살이에 실제 도움이 되려면 경제정책이 일자리 창출 및 물가와 부동산가격의 안정을 저해하지 않는 방향으로 운용되어야 한다는 것이다. 둘째는 금리나 환율 조정 등의 거시경제 정책으로 성장률을 높이는 것은 기본적으로 한계가 있다는 것이다. 셋째는 진정한 성장론자가 누구이고 어떤 정책이 성장에 진짜 도움이 되느냐다.

첫째, 성장만을 목표로 정책을 수행하면 경제성장이 대다수 국민의 경제적 생활과 무관하게 움직이는 경우가 많다. 성장을 해도 일자리가 늘지 않는다든지, 성장 과정에서 물가·부동산가격·환율 등이 많이 오르는 경우가 대표적이다. 고용 없는 성장은 자본의 몫은 크게 하고, 노동의 몫을 적게 하여 분배구조를 악화시킨다. 물가·환율·부동산가격 상승을 통한 성장은 서민의 생활 수준을 떨어뜨리고 무주택자를 더 어렵게 만든다. 따라서 선진국들은 경제정책의 목표로 성장보다 고용과 물가를 중시한다. 미국 중앙은행인 미 연준(FED)의 정책목표도 최대 고용과 물가안정이다. 최근 미국의 물가가 안정되어 있는 상황이기 때문에 미 연준은 금리정책을 운용할 때 실업률 등 고용 상황 변화를 가장 중요하게 고려한다.

둘째, 한 국가의 성장률은 어느 수준 이상 지속적으로 올리는 것이 매우 어렵다. 일반적으로 한 국가의 지속가능한 최대 성장능력은 대략 노동인구 증가율과 생산성 증가율의 합으로 결정된다.[1] 노동인구는 출산율·고령화 속도 등 인구구조에 의해 대부분 결정되므로 단기간에 조정하는 것이 매우 어렵다. 생산성도 경제가 어느정도 발전 단계에 이르면 금리나 환율 조정 등으로 쉽게 높일 수 없다.

---

1 장기적 성장능력의 결정요소는 앞에서 설명한 잠재GDP의 결정요인인 노동·자본·생산성 세가지로 나누는 것이 일반적이지만 자본도 크게 보면 생산성에 포함된다. 자본이 늘어나면 노동자의 생산성이 높아진다. 노동자가 삽으로 땅을 팔 때보다 포크레인을 사용할 때 생산성이 늘어나는 것을 생각하면 이해가 쉽다.

이를 잘 보여주는 사례가 이명박정부의 '7·4·7공약'이다. 이명박정부는 2008년부터 7·4·7공약 중 하나인 7%의 성장을 달성하기 위해 금리인하와 엄청난 고환율 정책, 4대강사업 등 무리한 토목공사, 과감한 적자재정 지속, 법인세 인하 등 기업 투자 유인책, 대대적인 부동산 경기 부양책 등을 밀어붙였다. 그러나 2008~12년 이명박정부 동안 평균 경제성장률은 연 3% 정도로 잠재성장률에도 미달했다. 여기에다 2007년 2만 1632달러였던 1인당 국민소득은 고환율 정책으로 인해 2012년 2만 2708달러로, 이명박정부 5년간 달랑 1076달러 증가하는 데 그쳤다. 경제를 잘 하겠다는 정부가 낸 것으로는 너무 형편없는 성과다. 우리 국민의 근면성과 기업의 경쟁력을 고려하면 그 누가 경제정책을 담당했더라도 이명박정부 때보다는 잘했을 것이다.

이명박정부의 성장 실패 사례에서 보듯 금리인하·환율인상·재정확대 정책으로는 경제의 성장세를 지속적으로 확대시킬 수 없다. 이런 정책으로 성장률을 계속 높일 수 있다면 선진국이 못될 나라가 없을 것이다. 금리인하·환율인상·재정확대 등 정책은 약간의 거시경제학 지식만 있으면 큰 어려움 없이 시행할 수 있는 정책이기 때문이다. 금리 등 거시경제 정책은 기본적으로 경제성장보다는 안정을 위한 정책이다. 경제가 과열되었으면 진정시키고, 경제가 과도하게 침체되어 있으면 활성화시켜 잠재성장률 근처에서 안정적인 성장세를 유지하도록 만드는 것이 거시경제 정책의 목적이다. 물가·성장 등 거시경제가 안정적으로 운영되면 불확실성이 감소되어 성장잠재력이 증가한다. 즉 거시경제 정책은 성장과 물가·금리·환율 등을 안정적으로 유지시켜 장기적으로 성장에 도움을 주는 것이 기본 역할이다.

셋째, 진정한 성장론자는 금리·환율 등의 거시경제 정책보다는 어렵고 시간이 걸리더라도 노동인구를 증가시키고 생산성을 향상하기 위한 정책에 더 많은 관심을 갖는 사람이다. 당연히 노동인구를 늘리고 생산성을 높이는 정책이 진정한 성장정책이다.

노동인구를 늘리는 정책

먼저 노동인구를 늘릴 수 있는 정책을 생각해보자. 출산율을 높이는 정책은 근본적인 대책이지만 쉽지도 않고 시간이 많이 걸린다. 이민을 늘리는 정책은 장기적으로 보면 사회적·문화적 갈등 해소를 위한 비용이 많이 드는 고비용 정책이다. 여기에다 외국인 노동자 등의 이민 확대가 3D업종 종사자 중심으로 이루어지면 생산성 저하라는 부작용도 생긴다.

단기적이고 현실적인 대안으로는 보육시설 확대가 있다. 이는 여성의 경제활동을 쉽게 해 노동인구를 늘린다. 관료개혁 등을 통해 노량진·신림동 등에서 고시와 공시 준비 등에 많은 시간을 소진하고 있는 젊은이들의 숫자를 줄이는 방안도 있다. 대기업과 중소기업, 정규직과 비정규직 간 임금격차를 줄여 취업준비생들이 중소기업 등에도 많이 가서 일할 수 있게 하는 것도 성장정책이다. 과도한 대학 진학률을 낮추고 고등학교만 졸업하고도 경제생활을 하기 쉽게 만드는 정책도 경제활동인구를 늘리고 불필요한 비용을 줄일 수 있는 아주 좋은 성장정책이다. 이외에도 직간접적으로 인구를 늘리지 않고도 실제 노동인구를 증가시킬 수 있는 정책은 또 있을 것이다.

생산성을 향상시키는 정책

생산성을 향상시키는 정책은 더 다양하다. 생산성은 생산기술이나 과학의 발전뿐 아니라 경제·정치·사회 시스템의 효율성에도 크게 영향을 받기 때문이다. 과학기술의 육성정책이나 기술자·기능인 우대정책은 당연히 생산성 향상을 위한 정책에 들어간다. 다만 이런 정책은 구호로 끝나서는 안 되고 실질적이고 구체적이어야 한다. 우수한 수험생들이 의대나 치대보다 자연대나 공대를 지원할 수 있도록 직업 간 종합적인 보상체계를 바꾸는 것이 중요하며, 장·차관 등 고위관료 가운데 이공계 출신 비율을 높이는 것도 한가지 방법이다. 대학이 취업 등을 위한 스펙 쌓기나 간판 따는 곳에서 학문연구와 기술발전의 장이 되게 하는 교육정책도 생산성 증가의 방안이다.

경제·정치·사회 시스템의 효율성은 일차적으로 사회적 자본의 핵심 구성요소인 사회의 신뢰 수준과 정직성·공정성·투명성에 의해 크게 좌우된다. 사회의 신뢰 수준이 떨어지고 투명하지 못하면 거래비용 등이 크게 늘어나 비효율적으로 된다. 한 국가의 신뢰 수준이 높아지기 위해서는 국가를 이끄는 계층이 정직해야 한다. 정치지도자와 고위관료 등의 잘못은 용서해도 거짓말은 용납하지 않는 시스템을 구축하는 것도 성장정책이 된다. 정책의 투명성을 높일 수 있도록 법과 제도를 바꾸고 관료의 전횡을 막을 수 있는 장치를 만드는 것도 마찬가지다. 조세개혁을 통해 세금을 내지 않는 소득을 줄이면 경제의 신뢰 수준과 공정성이 높아지고 생산성도 향상된다.

금융개혁을 통해 금융소외 계층의 금융접근성을 확대하는 것, 자금흐름을 부동산보다는 창업이나 공장 신·증설 같은 생산적인 분야로 흐르게 하는 것도 중요한 성장정책이다. 창업이나 기업의 성장을 막는 '대표이사 등의 연대보증제'를 폐지하는 것과 기업 활동을 옥죄고 있는 비정상적인 규제를 완화하는 것도 핵심적인 성장정책이다. 이외에도 생산성을 높일 수 있는 성장정책은 많다.

정책의 우선순위와 정책 선택 기준

지금부터는 이렇게 다양하고 종류가 많은 성장정책 가운데서 우선순위를 정하고, 정책을 선택하는 기준에 대해 살펴볼 것이다. 정책의 우선순위는 아주 중요하다. 5년 단임제 정권 아래서 제대로 실행할 수 있는 중요 정책은 몇개 되지 않는다. 게다가 좋은 정책이라도 시행순서가 바뀌면 바둑의 수순 잘못과 같이 부정적 효과만 커지는 악수가 될 수 있다.

대표적인 것이 정규직과 비정규직 간의 격차를 해소하는 것과 박근혜정부의 안(案)대로 노동개혁이라는 이름을 내세워 대기업 정규직의 해고를 쉽게 하는 방안이다. 대기업 정규직과 비정규직 간의 격차는 조금 줄겠지만 전문직 및 공무원 등과 기업 부문 종사자 간의 격차는 더 커진다. 기업 부문으로 좋은 인재 유입이 줄어 경제의 효율성과 생산성은 더 떨어질 수밖에 없다.

금융종합과세 강화, 소액주주의 주식매매차익 과세 등도 비슷하다. 금융자산에 대한 과세 강화는 필요하지만 임대소득 등 부동산 부문에 대한 제대로 된 과세 없이 시행되면 자금을 부동산 쪽으로 흐르게 하는 부동산 경기 부양책이 될 뿐이다. 건강보험료 징수체계 개편도 소득세제 개혁 없이 이루어지면 정당성이 크게 떨어진다. 현행 세법상 세금을 내거나 드러난 소득이 있는 사람만 건강보험료를 더 내기 때문이다.

다음으로 좋은 정책, 나쁜 정책을 구분하는 기준은 무엇일까? 기본적으로 좋은 정책은 어느 한쪽으로 휘어진 상황을 바로잡아 중앙으로 오게 만들 수 있어야 한다. 과도한 경쟁에 내몰린 분야는 적절한 지원과 보호가 필요하고, 지나친 보호 속에서 특권을 누리고 있는 부문은 경쟁과 시장원리가 필요한 것이다. 경제정책에서도 중용의 도가 중요하다.

보다 실무적으로는 정책의 시행 과정에서 도덕적 해이와 역선택이 적게 발생해야 한다. 모든 정책은 조금씩 도덕적 해이나 역선택을 발생시키지만 어떤 정책으로 인해 이것들이 구조적으로 조장되어서는 안 된다. 대표적인 것이 앞서 설명한 대표이사 등의 연대보증제다. 이 연대보증제는 구조적으로 경영자로 하여금 회사 돈을 빼돌리려는 도덕적 해이를 조장하고, 법을 잘 지킨 사람이 손해를 보는 역선택이 발생한다.

또 하나의 정책 선택 기준으로, 불공정을 시정하기 위한 정의와 원칙이 불평등을 완화하기 위한 복지와 자선보다 우선해야 한다는 것을 들 수 있다.

한국은 소득과 부의 불평등이 심각한 상태지만 정의와 원칙이 지켜지지 않는 불공정은 더 심각하다. 앞에서 살펴본 대로 상위 10%의 소득 집중도는 48%로 소득불평등이 심하다는 미국보다 더 높다. 여기에다 한국은 재벌의 변칙 증여와 상속, 전문직과 공무원 등의 과도한 혜택, 교수와 시간강사의 엄청난 격차, 임대소득의 비과세 등 부실한 조세제도 등으로 인해 상위 소득자가 향유하는 소득과 부의 정당성이 크게 떨어진다.

미국의 경우 고소득자들이 과도한 소득을 얻고 있지만 이들 소득의 많은 부분은 경쟁과 시장원리를 통해 얻어진다. 또한 소득세 포괄주의 등을 통해 소득에 대한 과세도 철저하게 이루어진다. 미국은 불평등한 나라이지만 정의와 원칙이 한국보다 잘 지켜져 불만은 적고 기회는 더 많다. 한국은 불평등과 불공정이 얽혀 있고, 불평등이 시장원리와 경쟁보다는 불공정한 법과 제도에 기인하는 면이 크다.

정의와 원칙을 통해 불공정이 줄어들면 사회의 신뢰성과 투명성이 높아져 경제가 더 성장할 수 있다. 불평등도 완화되어 필요한 복지와 자선이 줄어든다. 정의와 원칙을 우선시하는 정책은 반대하기도 어렵다. 무엇보다 국민의 불만을 확실히 줄일 수 있다. 불공정하기 때문에 불평등을 받아들이기 더 어려운 것이다.

마지막으로 거의 모든 경제정책에는 부작용이 있고 기득권자의 반대가 따른다. 공짜 점심이 없고, 위험 부담 없이 수익을 낼 수 없는 것과 같다. 몸에 좋은 약이 입에 쓰듯이 꼭 필요한 정책은 반대가 더 심할 수밖에 없다. 기득권층이 포기해야 할 이권이 그만큼 크고 중요하기 때문이다.

일자리 창출, 의료서비스 확대, 의료산업의 수출 산업화 등을 위해서는 의사 정원을 늘려야 한다. 아마 전국 병원의 거의 전부가 문을 닫을 정도의 저항이 있을 것이다. 국·공립 보육시설을 늘리지 못하는 것도 예산 제약 못지않게 사설 유치원·어린이집의 로비와 반대 때문이기도 하다. 대표적인 불로소득으로 당연히 세금을 내야 할 주택임대소득에 대한 과세를 하지 못하는 것도 숫자가 많은 임대소득자들의 반대가 두려워서일 것이다.

부작용과 반대를 고민하다보면 추진할 좋은 정책은 거의 없다. 정책의 긍정적 효과가 더 크고 다른 정책의 실행에도 도움이 되는 정책은 어렵더라도 결단을 내려야 한다. 예상되는 부작용은 철저한 사전 준비와 단계적 실시 등을 통해 최소화할 수 있다. 부작용을 줄이면서 정책을 실행하는 것이 정부의 능력이다. 기득권자의 반대는 끈질긴 설득과 홍보 활동을 통해 정책의 필요성과 당위성에 대한 국민의 공감대를 형성하는 것으로 극복할 수 있다. 설득과 홍보에는 많은 노력과 시간이 소요된다. 정책을 무리없이 추진하려면 한 정권에서 정책의 제안과 시행이 모두 이루어져야 한다는 생각을 버려야 한다. 이번 정권에서 시작된 정책을 다음 정권이 마무리할 수 있어야 대한민국의 발전 가능성이 더 커진다. 정치꾼은 다음 선거를 생각하고, 정치인은 다음 세대를 생각한다는 말이 있다.

2. 부동산시장을 우선 정상화해야 한다

부동산을 보는 시각을 바꾸어야 한다

주택·토지 등 부동산은 개인에게는 삶의 터전으로, 기업에게는 사업장으로 꼭 필요하다. 부동산가격과 임대료는 개인 소득과 기업 수익으로 감당할 수 있을 정도로 안정돼야 개인의 경제적 삶이 평안하고 기업의 경쟁력이 유지된다. 여기에다 부동산은 해외에서 수입이 불가능하고 공급이 비탄력적이기 때문에 수요·공급 법칙이 잘 작동되지 않고 거품의 발생 및 붕괴 가능성이 높다. 이것이 부동산가격과 임대료도 기본적으로는 시장원리에 의해 결정돼야 하지만 과다하게 상승하지 않도록 관리가 필요한 이유다.

한국의 역대 정부는 정도의 차이는 있지만 부동산을 경기 활성화 수단으로 사용해왔다. 직간접적으로 부동산에 대한 투자 유인을 높여 부동산 가격이 오르고 거래가 늘어나도록 해온 것이다. 이에 따라 부동산

쪽으로 자금이 몰리고, 가계 보유자산의 70~80%가 부동산이며, 집값과 집세가 소득 등에 비해 너무 높은 나라가 되었다. 이제는 부동산도 특별한 대우를 하지 말고 소득이 있으면, 적어도 금융자산과 비슷한 정도로는 세금을 내게 해서 자산 간의 수익 불균형을 시정해야 한다. 특히 1가구 1주택자에 대한 임대소득과 양도소득의 비과세 등 과도한 혜택을 없애고 소득 크기에 따라 세금을 부과하는 등 경제논리의 적용을 확대해야 한다. 국민 생존권의 하나인 주거 문제가 개선될 수 있도록 세입자에 대한 지원 확대도 필요하다.

한국경제는 규모가 충분히 커졌고 기업의 국제 경쟁력도 많이 갖추었다. 더이상 부동산에 목매지 않아도 충분히 발전할 수 있는 단계에 와 있는 것이다. 부동산에 목매는 정책을 빨리 포기할수록 한국경제의 경쟁력은 커지고 발전 속도도 빨라질 것이다. 과도한 내수침체 등으로 부득이 부동산 경기 활성화가 필요한 경우에도 지금처럼 부동산투기 심리를 부추기는 방식은 피해야 한다. 주택도 도로나 철도 같은 사회간접자본의 하나로 보고 주택 수급 상황과 경기를 고려해 공공 부문의 주택공급을 조절하는 방식으로 전환해야 한다. 즉 경기가 나쁠 때에는 사회간접자본 투자를 늘리듯이 공공 부문의 주택공급을 계획보다 늘리고, 경기가 과열이면 공급을 다소 줄이는 것이다.

마지막으로 하우스푸어와 연계된 과잉 가계부채 문제는 한국경제의 큰 혹이다. 급격한 충격에 대비한 비상계획을 미리 만들어놔야 한다. 이러한 계획은 금융시스템 안정, 중산층의 붕괴 방지, 부동산시장의 연착륙 등을 위한 안전장치가 될 수 있도록 디자인해야 한다.

임대소득에 대한 정상 과세로 집값·집세의 안정 유도

세법상 특별대우를 받고 있는 주택임대소득에 대해서는 정상적으로 과세하여 근로소득이나 금융자산소득과 균형을 맞추어야 한다. 세금 탈루가 많은 상가·사무실·오피스텔 등 상업용 건물의 임대소득은 일반 사업소득보다 훨씬 더 철저히 과세하는 것이 당연하다.

주택임대소득은 공시지가 9억원 이하 1가구 1주택[2]인 경우 임대소득이 아무리 많아도 비과세다. 이런 상황이다보니 1주택자가 자기 집을 월세로 놓고 자신은 다른 집에 전세를 살면서 임대수입을 올리는 경우까지 나오고 있다. 9억원 초과 주택과 2주택 이상에 대한 주택임대소득은 연간 2000만원 이하는 분리과세, 2000만원 초과는 종합과세 대상으로 2017년부터 시행할 예정이다.[3] 주택임대소득 2000만원 이하 소득자는 세금을 낸다 하더라도 60~70%의 필요경비 인정 등을 통해 몇십만원 정도의 세금을 내고, 의료보험료 등에도 영향을 받지 않는다. 근로소득이나 금융자산 소득자에 비해 여러 면에서 유리하다.

주택임대소득은 1주택과 다주택자 등 구분 없이 임대소득의 규모에 따라 차등 과세해야 한다. 이것이 시장원리에 맞고, 경제정의도 실현하는 길이다. 1주택자가 지방근무 등으로 인해 부득이 세를 놓아야 하는

---

2 대규모 원룸이나 다가구 주택도 대부분 여기에 해당되어 주택임대소득이 연간 5000만원이 넘고 억대가 되어도 세금을 내지 않는다. 이들의 임대소득은 세법상 치외법권적 지위를 누리는 셈이다.

3 종전에는 공시지가 9억원 이상 1주택과 2주택 이상에 대해서는 이유 없이 세금을 안 걷기는 했지만, 세법상 금액에 관계없이 종합과세 대상이었다. 2014년 6월 박근혜정부가 시행한 주택임대차시장 선진화 방안은 임대인에게 혜택을 주기 위한 정책에 불과하다.

경우는 예외로 하면 부작용을 줄일 수 있다. '소득이 있으면 세금을 내야 한다'는 정상적인 일도 오랫동안 비정상적으로 세금을 내지 않았던 사람에게는 받아들이기 어려운 일일 수 있다. 당연히 주택임대소득이 있는 사람의 저항이 크고, 이는 정부의 큰 부담일 것이다.

다음과 같이 도입 초기에 완충장치를 충분히 만들어놓으면 부담을 줄일 수 있다. 먼저 월세나 반전세의 경우 연간 600만원 정도의 주택임대소득은 주택 수와 관계없이 비과세로 하여 소액 임대소득은 세 부담을 없게 한다. 65세 이상 고령자에 대해서는 비과세 한도를 연간 1200만원까지 늘려 임대소득을 노후 생계수단으로 하고 있는 사람의 부담을 더욱 줄여준다. 비과세 한도는 가구가 아닌 개인 기준으로 적용하여 결혼에 따른 불이익을 없애고 세 부담을 낮출 필요가 있다. 종합부동산세도 도입 시에는 가구 기준으로 적용하였으나 위헌 문제 등으로 개인 기준으로 전환된 바 있다. 비과세 한도를 초과하는 임대소득은 모두 다른 소득과 합하여 과세하는 종합과세 대상에 포함시킨다.

이 방안은 2017년 시행 예정인, 2주택자 등에 대해 연간 2000만원 이하 임대소득은 분리과세하고 2000만원 초과는 종합과세하는 방안보다 조세정의에 부합할 뿐 아니라 소액 임대소득자에게는 편하고 유리하다. 현행안은 1주택자는 거의 모두 비과세라는 문제가 있고, 2주택자의 경우 소액의 임대소득자도 분리과세를 위해 세무서에 신고해야 한다.

다음으로 전세는 현재 3주택 이상 전세보증금 3억원 이상이 과세 대상이나 실제는 거의 과세되지 않는다. 조세 원칙상 전세도 과세 대상에 포함시키는 것이 맞다. 그러나 전세 제도의 장기적 소멸 가능성,[4] 현재

---

4 전세 제도는 집값 상승이 장기간 지속되었던 한국에만 있는 독특한 제도다. 집값 상승

전세 물량의 부족과 전세가격 급등 등을 고려할 때 당분간 전세는 주택 수와 관계없이 과세 대상에서 제외하는 것이 좋다. 다만, 주택 한채당 전세가격이 6억원 이상인 고가 전세는 전셋값 안정 등을 위해 보유 주택 수와 관계없이 과세해야 한다. 지방근무 등 특별한 1주택자에 대해서는 월세와 같이 예외를 인정해주면 된다.

상가·오피스텔 등 상업용 건물 임대소득은 현재 모두 과세 대상이다. 그러나 실제는 소규모 상가의 임대소득과 오피스텔의 경우 신고 누락 등을 통해 세금을 내지 않는 경우가 많고, 임대소득 규모가 큰 경우에는 여러가지 편법과 법인화 등을 통해 세금을 회피한다. 상가 등의 임대소득은 우선 법과 원칙을 엄격히 적용하여 신고 누락을 막고, 위장 취업 등을 통한 부동산 임대회사의 세금 탈루를 최소화해야 한다. 장기적으로는 세법 개정을 통해 임대소득이 일정 비율 이상인 법인기업에 대해서는 더 높은 세율을 적용할 필요도 있다. 상가 등 임대소득의 과세 기반이 어느정도 확충되면 주택과 비슷하게 연간 600만원 이하의 소액 임대소득은 비과세하는 방안도 도입할 만하다. 주택임대소득과의 형평성 유지, 소규모 상가 등 임대사업의 활성화 등을 위해 필요한 조치다.

이와 같은 방안대로 과세한다 하더라도 부동산 임대소득은 이자·배당소득 등에 비해 여전히 유리하다. 소득세가 비과세 되는 예금은 많지 않고 가입 대상자가 제한되어 있기 때문이다. 정확한 통계는 없지만 현행 금리 수준에서 비과세 되는 연간 이자소득의 규모는 개인당 100~200만원 정도를 넘지 않을 것 같다. 제한된 범위이지만 이 정도라

기대가 사라지면 전세 제도는 소멸할 가능성이 크고, 집값과 집세가 안정된다는 전제 하에서 전세 제도는 없어지는 것이 바람직하다.

도 주택임대소득에 대한 과세 기반을 확충한다면 부족한 조세수입 확대와 임대소득의 투명화에 크게 기여할 수 있다. 주택임대소득에 대한 과세가 정착되고 국민의 수용성이 높아진 뒤 주택임대소득의 비과세 한도를 줄여나가면 조세 기반을 확충할 수 있다.

임대소득에 대한 과세는 집세를 진짜 올릴까

주택임대소득 과세 정상화의 걸림돌은 크게 두가지가 있다. 하나는 세금을 내야 하는 임대소득자의 엄청난 반발이다. 이것은 어쩔 수 없는 것으로 설득과 홍보, 비과세 한도 조정을 통해 대처할 수밖에 없다. 다른 하나는 주택임대소득에 대한 과세 시 집세가 올라 세입자의 부담이 증가하는 문제다. 그러나 이것은 잘 따져보면 일방적인 주장일 뿐 한국에서는 집세가 오히려 안정될 가능성이 더 크다.

먼저 전셋값은 이 안대로 보유 주택 수와 관계없이 6억원 이하 전세를 비과세로 한다면 확실히 하향 안정될 것이다. 전세에서 월세로 넘어가는 물량이 줄고 집주인들이 세금을 피하려 월세에서 전세로 전환할 수 있어 전세 공급이 늘기 때문이다. 2014년 4, 5월 주택임대소득세 과세 강화 문제가 불거졌을 때 전세 물량이 늘고 전셋값이 일시 안정되었다. 주택임대소득 과세야말로 현재 한국에서 서민들을 어렵게 하고 경제위기[5]를 촉발시킬지도 모르는 전셋값 폭등을 잡을 수 있는 유일한 방

---

5 한국에서 경제위기가 온다면 미친듯이 오르는 전셋값이 진원지가 될 가능성이 크다. 전셋값이 집값 근처에 와 있는 경우가 많다. 전셋값이 계속 오를 수만은 없다. 고령화, 지방 이주, 결혼 인구 감소 등으로 전세 수요가 어느 순간 줄어들면 전셋값은 급락할 수 있다. 전셋값 급락은 집값 폭락으로 이어지면서 은행 부실 등 한국경제 전체의 위기로 발전할 수 있다.

안일 것이다.

다음으로 월세는 과세 강화에 따라 인상될 가능성이 없지 않지만, 반대로 안정될 가능성도 있다. 먼저 월세도 대부분 전셋값을 기준으로 결정되기 때문이다. 즉 월세는 대상 주택의 전세금액을 보증금 부분과 월세 부분으로 나눈 다음, 월세 부분에 월세 전환율을 적용해 산정하는 것이 일반적이다. 전셋값이 하향 안정되면 결국 월세도 안정된다. 또한 현재의 월세 수준은 주어진 시장 상황과 세입자의 부담 능력하에서 집주인이 받을 수 있는 최대 금액일 것이다. 월세를 더 올릴 수 있는데도 집주인이 자비로운 마음 때문에 덜 받고 있는 부분은 아주 적은 것이다. 집주인이 세금 부담을 전가하기 위해 월세를 올린다면 많은 세입자가 더 싼 곳을 찾아 떠나게 된다. 세입자의 어려움이 있겠지만 집세를 올릴 수 있는 여지는 많지 않은 것이다. 시간이 지나 세입자가 줄면 오른 월세는 다시 떨어질 것이다.

진짜 중요한 것은 현재 월세 등 집세는 제한된 정보를 토대로 집주인·부동산업자·세입자 간 협의에 의해 결정되고 공개되지 않는다는 점이다. 이해관계를 같이하는 집주인과 부동산업자는 시장 상황이 허락하는 한 누구의 견제도 받지 않고 집세를 올려왔다. 그러나 임대소득세를 납부하게 되면 계약서 등의 과세 자료를 세무서에 제출해야 한다. 집주인 입장에서는 세무서 등 정부기관이 집세 변동 내역을 볼 수 있다는 것만으로 집세를 마음대로 올리는 것에 부담감을 갖게 된다. 여기에다 비과세 한도 초과, 종합소득세의 누진세율 적용 등은 집세 인상을 제어하는 요인으로 작용할 수 있다. 그리고 경제논리로 보아도 임대소득에 과세하면 장기적으로 주택 투자의 기대수익이 낮아져 집값이 떨어질 수밖에 없다. 집값이 떨어지면 결국 집세도 안정된다.

주택임대소득에 대한 과세 강화가 최종적으로 월세에 어떤 영향을 줄지는 실제 과세를 해봐야 정확한 결과를 알 수 있을 것이다. 오를 것이라는 선입견을 가질 필요는 없다. 최악의 경우 임대소득에 대한 과세로 월세가 오른다면 늘어난 조세수입을 기초로 경제적 여건이 어려운 세입자의 월세를 일부 지원해주면 된다. 이 경우 조세수입은 별로 늘어나지 않겠지만 임대소득의 투명성 제고와 소득 재분배 등의 긍정적 효과는 남을 것이다.

양도소득세와 보유세 등의 개선

주택양도소득세도 1가구 1주택자에 대한 우대정책으로 인해 경제 논리로는 도저히 받아들이기 어려운 결과가 나온다. 1주택자가 9억원짜리 주택을 매도하여 5억원의 양도차익을 얻어도 비과세지만, 2억원짜리 주택 2개를 보유한 가구가 1주택을 팔아 5000만원의 양도차익을 얻으면 세금을 내야 한다.

한국의 자가보유비율은 2014년 58%로 2000년대 중반 64% 수준에서 조금씩 떨어지고 있다. 가계의 소득 상황이나 주택 구매에 대한 인식 등을 감안할 때, 이 비율은 억지로 높일 필요가 없는 수준에 도달했다. 즉 1주택자에 대한 과도한 보호는 더이상 필요 없는 상황이 된 것이다. 주택양도소득세는 보유 주택 수와 관계없이 주택 보유 기간이 짧고 양도차익이 클수록 더 많은 세금을 내도록 개선해야 한다. 주택을 장기 보유한 사람은 투기 성향이 적다고 볼 수 있으므로 보유 기간에 따른 공제비율을 올려 세 부담을 낮춘다. 그리고 1주택자가 보유주택을 매각하고 다른 주택을 구입할 때는 양도소득세를 새로 구입한 주택 매각 시 두 주택의 양도차익을 합해 세금을 낼 수 있는 양도소득세 이연제도를 도입한다. 이렇게 하면 1주택자에 대해 양도소득세를 과세하더라도 1주택자가 집을 늘리는 데 제약이 없고, 1주택만을 장기간 보유한 사람의 세 부담도 거의 없을 것이다. 그러나 단기적인 거래로 매매차익을 얻은 1주택자의 세금 부담은 늘어날 것이다.

이와 같이 주택양도소득세제를 개선하면 주택양도차익은 모두 과세한다는 조세정의를 세울 수 있다. 그리고 다주택자에 대한 차별이 적어져 개인 임대주택의 공급이 늘어난다. 주택매매 시 실거래가 조정(다운계약서 등)을 방지하여 주택거래 통계의 신뢰성을 높일 수 있다는 긍정적인 효과도 있다.

다음으로 재산세·종합부동산세 등의 보유세 문제다. 보유세는 어떤 지역에 주택 등의 부동산이 있음으로 해서 필요해지는 교통·교육·치안 등 사회 인프라 비용을 일부 부담하게 하는 기능과 함께 공급이 제한되어 있는 부동산의 과다 보유를 억제하는 기능도 있는 세금이다. 재산세 등 한국의 보유세는 미국 등에 비해 세 부담이 크지 않고 지방정부 재정 상황이 좋지 않아 인상 여지가 있다. 그러나 현재 경기와 부동산시장의 상황이 좋지 않은 상태이기 때문에 보유세의 인상 문제는 추후에 검토할 대상이다.

다만 보유세가 지방세인 재산세와 국세인 종합부동산세로 이원화되어 있는 것을 어떻게 운용할 것인지는 점검해볼 필요가 있다. 지방세인 재산세는 지방자치단체별로 부과하므로 여러 지역의 이해관계를 조정하고 전국적인 경제 상황 변화에 맞추어 세금을 부과하기 어렵다. 특히 여러 지역에 분산해 많은 부동산을 보유한 사람에 대한 종합적인 과세는 쉽지 않다. 국세인 종부세는 전국적 시각에서 경제 상황과 공정성을 고려해 총 보유세(재산세+종부세) 규모를 조정할 수 있다는 순기능이 있다. 그리고 농수산물 수입에 대한 탄력 관세율 적용과 내수 상황에 따른 개별 소비세 일시 조정 같이 종부세도 세율을 일정 범위 내에서 탄력적으로 운용할 수 있게 할 필요도 있다. 예를 들어 부동산 경기가 과열일 때는 더 높은 세율을, 침체일 때는 더 낮은 세율을 적용할 수 있게 하면 종합부동산세가 부동산시장을 안정화하는 기능도 수행할 수 있다.

주거비 지원 등 세입자에 대한 지원 확대

한국은 1가구 1주택자에 대해서는 임대소득세와 양도소득세 비과세, 주택담보대출 우대 등 혜택을 주는 제도가 아주 많다. 반면 세입자에 대한 지원은 임차보증금 우선변제 제도 외에는 별로 없다. 이것마저도 현장에서는 제대로 작동하지 않는 경우가 꽤 있다. 세입자보다 주택소유자를 우대하는 제도는 부동산 거품 발생과 붕괴 등 많은 부작용을 낳는다. 실제 2008년 세계 금융위기 시 자가보유비율이 높은 스페인·영국·미국 등이 금융위기의 충격을 크게 받은 반면 자가보유비율이 낮은 독일[6]은 충격이 적었다. 이에 따라 자가보유비율을 높이는 정책에 대한 반성이 나타나게 되었다.

그러나 한국은 여전히 세입자에 대한 지원이나 보호 제도가 미미하

---

6 독일의 자가보유비율은 2007년 기준 43% 수준으로 미국 67%, 영국 74%, 아일랜드 75%, 스페인 80% 등 2008년 금융위기의 충격이 컸던 나라에 비해 크게 낮다.

다. 최근 일부 논의되고 있는 전·월세 상한제와 계약갱신 요구제, 임대 기간 장기화 등은 도입 노력에 비해 실효성이 크지 않을 것 같다. 한국은 집값이 비싸 전·월세 가격이 이미 소득 등에 비해 과도하게 높은 수준이다. 여기에서 연 3% 또는 5% 정도로 전·월세 가격상승률을 제한하는 전·월세 상한제는 세입자에 대한 지원 효과가 크지 않다. 또한 새로운 세입자에 대해서는 상한제를 적용하기 쉽지 않으므로 집주인은 세입자를 바꾸면 세를 계속 올릴 수 있다. 전·월세 상한제가 없는 것보다는 좋겠지만 잘못하면 현재 높은 집값과 집세를 정상적인 것으로 인정하는 셈이 된다. 전·월세 상한제는 집값과 집세가 충분히 안정된 다음 실시해야 실효성 있는 정책이 된다. 전·월세 상한제 도입을 위해서는 많은 정책적 노력이 필요한데 그 힘은 더 유용한 곳에 쓰는 것이 좋다.

계약갱신 요구제와 전·월세의 기본 계약기간을 2년에서 3~4년으로 늘리는 방안은 세입자의 거주 안정성을 높인다는 점에서 의미가 있다. 그러나 이 제도는 지금 같이 전·월세 시장이 불안정할 때 잘못하면 전·월세값 폭등, 집값 하락 시 세입자 대응력 약화 등 큰 부작용을 초래할 수 있다. 이 제도 역시 전·월세 시장이 안정되기 전까지는 제도 도입에 들어가는 노력에 비해 효과가 크지 않은 정책이다.

세입자를 위한 근본적인 대책은 저렴한 공공임대주택을 많이 늘리는 것이나, 재원·부지 등을 생각할 때 너무 시간이 많이 걸린다. 현재 한국 상황에서 우선 필요한 세입자 지원제도는 소득이 적은 세입자에 대해 집세의 일정 부분을 정부가 직접 지원하는 것이다. 한국에서 주거비에 대한 지원은 조금씩 늘어나고 있으나 대상이 기초생활수급자 등 극빈층으로 제한되어 있고 지원금액도 미미한 수준이다. 현재의 주거비 지원제도의 획기적인 확충이 필요하다.

단계적으로 주거비 지원 대상을 확대하여 장기적으로 세입자의 절반 정도가 주거비를 지원받을 수 있게 하되, 주거비 지원 비율은 소득 수준 등에 따라 차등화하여 최대 집세의 50% 정도로 한다. 지원 대상은 월세와 반전세의 지급액을 우선으로 하고, 점차 전·월세 보증금의 이자(은행 대출이자 정도)로 확대한다. 지원 대상자는 무주택자 중 일정 소득 이하로 하되 소득 기준은 단계적으로 완화한다. 결혼 예정자와 신혼부부, 65세 이상 고령자를 우선 지원 대상자로 하면 결혼 장려, 노인복지를 위한 제도로서의 역할도 할 수 있다.

한국의 비싼 집값과 집세는 주로 부동산 띄우기를 통한 경기 활성화 등 잘못된 정부정책의 결과물이다. 주거는 국민 생존을 위한 기본요소로, 소득에 비해 과도한 주거비는 무엇보다 정부가 우선 책임져야 할 부분이다. 집세지원제도는 당위성을 갖췄을 뿐 아니라 긍정적 효과 또한 있다. 집세에 대한 지원이 확대되면서 임대소득이 투명화되고 과세 기반이 늘어날 수 있는 것이다. 집세에 대한 지원을 임대소득세 과세와 연계해 추진하면 재정 부담도 줄일 수 있다.

그밖에 세입자를 효과적으로 지원할 수 있는 제도로는 1인 세대를 위한 공유형 임대주택, 협동조합형 임대주택 등 세입자의 자조적 노력을 지원하는 정책을 들 수 있다. 공유형 임대주택 등은 아직 실험 단계지만 의미가 크다. 젊은층이든 노령 층이든 1인 가구가 늘고 있고, 1인 가구는 2인 이상 가구에 비해 1인당 주거비와 생활비가 많이 든다. 여기에다 생활의 불편과 함께 고독 등 문제도 있다. 쉽지는 않지만 공유형 임대주택이 이런 문제를 많이 완화할 수 있고 주택의 효율적 사용도 가능해진다. 연구와 지원이 많이 필요한 분야다.

국민연금을 이용한 공공임대주택 확대

한국은 공공임대주택이 주택 재고의 5% 정도로 영국(19%), 네덜란드(15%), 프랑스(17%) 등에 비해 크게 부족하다. 정책당국의 관심 및 재원 부족이 가장 큰 이유일 것이다. 반면 국민연금은 2050~60년경에는 재원 고갈이 염려되지만 지금 당장은 적립금이 넘쳐 오히려 국내 금융시장을 왜곡하는 실정이다. 주식시장은 국민연금에 대한 의존도가 높아, 미래의 일이지만 국민연금 적립 규모가 줄어들면 주식시장이 무너져내릴 가능성이 아주 높다. 또한 국민연금은 세대 간 부담과 혜택 불균형도 심하다. 50~60대 이상은 부담한 것에 비해 훨씬 많은 연금을 수령하는 데 비해 30~40대는 열심히 보험료를 내고 있지만 연금을 받을 수 있을지도 불확실하다.

국민연금의 기금 운영 자산을 다양화하고 무주택자인 젊은 세대에도 혜택을 주며 집세를 안정시킬 수 있는 방안이 있다. 바로 국민연금의 기금을 이용한 공공임대주택 사업[7]이다. 제도를 잘 디자인하면 기금의 원금은 보전하면서 현금 흐름을 평활화할 수 있어 국민연금 기금 운영의 안정성을 높일 수 있다. 또한 국민연금의 주택임대 사업은 민간 건설업체의 주택임대 사업보다 안정적으로 장기간 지속될 수 있다. 민간 건설업체는 정부지원을 받은 주택임대 사업도 가능한 빨리 분양으로 전환해 투자금과 수익을 회수하려고 하기 때문이다.

국민연금을 이용한 공공임대주택 확대는 기존 주택을 구입하는 방식

---

[7] 국민연금을 이용한 공공임대 주택사업은 오래 전부터 여러 사람들에 의해 제안되어 왔다. 저금리 기조 지속, 집세 폭등, 국민연금 재원 확대 등 경제환경 변화로 이 방안의 실행 필요성과 실현 가능성이 더 높아졌다.

과 새로운 아파트를 건설하는 방식 모두 가능하다. 여기서는 문제가 더 복잡한 새로운 아파트 건설 방안에 대해 살펴보겠다. 더 많은 토론과 보완이 필요하겠지만 제도의 대략적인 골격은 다음과 같다.

재원은 국민연금에서 부담하고 사업운영은 주택건설 경험이 많은 LH공사에 사업부를 만들어 담당케 한다. 일반 관리비용을 최소화하기 위한 방안이다. 주택임대 사업의 가장 중요한 요건은 공급지 선정과 확보로, 우선 전·월세 수요가 많은 서울이나 교통이 좋은 수도권 지역 아파트를 대상으로 시범 실시한다. 서울과 수도권에는 보금자리주택·행복주택 등의 건설을 위해 부지를 확보해놓고 주택가격 하락 방지나 지역 이기주의 등으로 인해 착공하지 않은 곳이 있다. 이런 지역이 훌륭한 주택임대 사업 대상 지역이다. 임대기간은 2년, 3년, 5년, 10년 등 세입자 수요에 맞추어 다양하게 설정한다.

다음으로 중요한 것은 임대주택 건설비용이다. 2000년 이후 아파트 분양가 자율화 등으로 인해 아파트 공급가격이 3.3제곱미터당 2000만 원, 3000만원으로 터무니없이 부풀려져왔다. 1990년대 후반까지 아파트 공급가격은 건축비·토지비용·건설사 적정 마진을 기준으로 규제되었다. 1990~91년 제1기 신도시 아파트 분양가격은 3.3제곱미터당 200~250만원 수준이었다. 현재 일반적인 단독주택 건축비용은 3.3제곱미터당 500만원 정도다. 아파트는 벽체 등을 공유하는 공동주택인 데다 대규모 시공으로 인해 건축비용을 대폭 낮출 수 있다. 토지비용은 지역에 따라 편차가 크겠지만 구입비용과 단지 조성비용을 합하여 3.3제곱미터당 1000만원 정도면 웬만한 지역에서 가능할 것 같다. 서민들에게 인기있는 75제곱미터 아파트는 건축비 1억원(3.3제곱미터당 440만원), 토지비용 9900만원(용적률 230%, 3.3제곱미터당 1000만원), 마진 5%로 하면 총 비용이 2억 1000만원 정도다. LH공사가 아파트 시공의 하청·재하청을 규제하면서 잘 관리·감독하면 아파트 질은 높이고 공사비는 더 줄일 수 있다. 정부가 인허가·로비 등의 비용을 줄여주고, 토지 구입 등에서 혜택을 주면 총 공사비는 대폭 낮출 수도 있을 것이다.

1990~91년 제1기 신도시의 75제곱미터 아파트의 분양가는 5000만원 내외였다. 당시 분당·일산·평촌·중동 등 네개 신도시를 한꺼번에 건설하느라 건축자재 비용과 인건비가 엄청나게 올랐었다. 그래도 건설회사는 수익을 냈다. 필자는 당시 분양된 아파트에 22년째 불편없이 잘살고 있다. 소비자물가지수는 1990년부터 2014년까지 2.45배 상승했다. 75제곱미터 아파트의 총 건설비용이 2억 1000만원이면 1990~91년에 비해 아파트 분양가가 4배 이상 오른 수준이다. 일반 물가가 2.45배 올랐는데 4배 오른 비용으로 아파트를 공급할 수 없다면 주택정책이 잘못돼도 크게 잘못된 것이다. 아마도 여기에 아파트 분양원가를 공개하지 못하는 무엇인가 큰 이유가 숨어 있는 듯하다.

마지막으로 국민연금의 적정 수익을 보장할 수 있는 임대료 수준을 알아보는 것이 중요하다. 2015년 9월 30년 만기 국채의 수익률은 2.5% 수준이다. 국민연금이 이 국채를 사면 30년 동안 연간 투자금액의 2.5% 정도가 이자수익으로 나온다는 것이다. 물론 국민연금의 다른 투자의 경우 수익이 국채보다 높은 경우가 많지만 그만큼 위험도 크다. 주택임대의 경우도 일반관리비 외에 수선유지·감가상각 등의 비용과 아파트가 임대되지 않는 공실 위험 등이 있다.

임대주택의 관리·운영은 LH공사에서, 현장 업무는 아파트 관리사무소에서 담당하고 업무처리를 전산화하면 비용을 최소화할 수 있을 것이다. 수선·유지 비용을 줄이기 위해서는 세입자의 원상복구 의무를 선진국처럼 강화할 필요가 있다. 자연 마모가 아닌 소비자 과실에 의한 훼손은 세입자가 원상복구하도록 하는 것이다. 괜찮게 지은 아파트는 자기 집처럼 관리하면 관리사무소에서 해주는 정기적 보수 이외에 수선·유지 비용이 거의 들지 않는다. 그리고 공실률을 최소화하기 위해 계약 기간 만료 이전에 나가는 경우 세입자에게 최소 3개월 이전 통보 의무를 부여하고 미달되는 경우 임대료를 부담시킨다.

총 감가상각 비용은 땅값이 그대로라면 건축비용과 건물수명 만료 시 철거비용일 것이다. 땅값이 오른다면 그만큼 감가상각 비용은 줄어들 것이다. 연간 감가상각비는 건물수명을 50년(현재 새로 짓는 아파트는 사용연수가 50년 이상은 되어야 한다)으로 잡고 철거비용 정도 땅값이 오른다고 가정하면 건물 건축비용의 2% 정도다.

임대료율은 국채 수익률 2.5%에다 감가상각비 1%p(건축비용의 2%), 관리운영 및 공실 비용 0.5%p, 수선유지비 0.3%p 정도를 추가하면 임대주택 총 건설비용의 4.3%가 된다. 이러면 서울이나 수도권 지역에서 3~4인 가족이 살 수 있는 75제곱미터 아파트의 임대료는 연간 903만 원(2억 1000만원의 4.3%), 월 75만원 정도다. 서민들에게는 부담되는 금액이지만 서울의 괜찮은 원룸 월세가 50만원 이상인 것을 생각하면 크게 비싼 것은 아니다. 임대료의 연체 등에 대한 대비로 보증금을 1000만 원 정도 받고 임대료를 매년 물가상승률만큼(1~2%가량) 인상한다면 국민연금의 기대수익은 더 커진다. 국민연금의 기대수익이 커지면 임대료를 낮출 수 있는 여유도 생긴다. 임대주택 부지의 저가 공급, 국민투자기금 지원 등 민간 건설업체의 주택임대 사업과 비슷한 수준의 정부지원이 있다면 임대료는 더 큰 폭으로 내려갈 수 있다.

국민연금은 장기적인 공실률 변화, 토지가격 하락 가능성 등 위험을 부담하지만 국민연금이 현재 많이 하고 있는 국내 주식투자나 해외 대체투자도 장기적 관점에서 보면 숨어 있는 위험이 많고 향후 수익률도 떨어질 가능성이 크다. 이 방안은 주택건설에 대한 지식이 부족한 책상물림의 단순한 구상이지만 국민연금에 대한 최대 기여자인 젊은 세대를 위해 꼭 필요한 정책이라고 생각한다. 전문가들의 비판과 보완을 통해 보다 구체적인 실행방안이 나왔으면 한다.

주택시장 경착륙에 대비한 비상계획

지금까지 하우스푸어는 어려움 속에서도 집세 인상 등을 통해 잘 버티고 있어, 과잉 가계부채가 잠재적 위험 요인으로만 존재하는 상태다. 가계부채 문제는 현재화되지 않고 소비위축 등 부작용을 많이 일으키면서 계속 잠재된 상태로만 남을 수도 있다. 그러나 미국의 금리인상으로 인한 어쩔 수 없는 국내 금리인상, 계속된 경기침체로 인한 자영업자 등 과다 채무자의 연쇄 도산, 고령화와 지방 이주 등으로 인한 주택 수요의 급격한 감소 등의 충격이 있을 경우 주택가격이 크게 떨어지면서 주택시장이 경착륙할 수 있다. 경착륙의 가능성이 크지 않다 하더라도 미리 대비는 해놓아야 한다.

주택시장이 경착륙하면 하우스푸어를 중심으로 중산층이 붕괴하고 은행시스템이 불안정해지면서 국민경제에 큰 어려움을 줄 수 있다. 이와 같은 금융위기 상황에 대비한 비상계획(Contingency Plan)이 필요하다. 비상계획의 기본 시행방안은 다음과 같다. 이는 위기의 확산 초기에 사용해야 효과가 있다.

- 가칭 '주택안정기금'을 설립하고 조직 운영은 주택금융공사 등에 위탁한다. 동 기금은 정부·한국은행·금융기관 등의 소액 출자와 주택안정채권(정부보증채) 발행으로 재원을 조달한다.

- 동 기금은 1가구 1주택자, 9억원 이하 주택 등 일정 조건을 충족하는 하우스푸어의 주택을 구입한다(대상자는 상황에 따라 조정 가능하다). 주택을 판 사람에게 매입 우선권을 부여하고, 원하는 경우 주택을 판 사람이 임차하여 계속 살 수 있게 한다.

- 기금의 주택매입 가격은 중산층 붕괴 방지, 금융시스템 보호, 도덕적 해이 방지 등을 위해 최근 3개년 평균 가격(국민은행 자료 등)의 70% 이내에서 주택담보대출 금액까지로 하는 것이 합리적일 것이다(이 계획의 핵심적인 문제로서 더 많은 논의가 필요한 부분이다).

- 매입대금은 대출자에게 주는 것이 아니라 대출은행에 주택안정채권으로 지급하여 주택담보대출과 상계한다.

- 채권발행 금리는 은행의 평균 자금조달 금리(1.3%)에 0.1%포인트 가산한 1.4%로 하고 채권 만기는 10년(추가 논의 필요) 정도로 한다.

- 임대료 산정 금리는 채권발행 금리에 0.1%포인트 가산한 1.5%로 한다.

- 3개년 평균 가격이 6억원인 주택에 70%(4.2억원)의 주택담보대출이 있는 경우 임대료는 연 630만원, 월 52만원 수준이다. 임대료 납부의 보장을 위해 1000만원 내외의 임대보증금은 별도로 받아야 한다.

- 대출자가 기금에 매각한 주택을 다시 매입할 경우에는 임대료 산

정 금리와 평균 주택담보대출 금리와의 차이에 따른 이익과 재산세 등 기금이 주택 유지에 지출한 비용 등을 대출자가 부담하도록 한다.

• 동 기금은 주택금융공사 등 기존 조직의 활용과 은행의 업무지원 등을 통해 운영관리비를 최소화하는 방향으로 운영되어야 임대료 산정 금리를 낮게 유지할 수 있다.

이 대책의 기대효과는 여러가지다. 정부 입장에서는 임대료가 제대로 들어온다면 재정 부담이 별로 없이 금융시스템과 하우스푸어의 안전판을 마련할 수 있다. 단, 정부보증채인 주택안정채권의 발행에 따른 정부의 보증채무는 증가하나 이에 상응한 자산(주택)이 증가한다. 그리고 환매되지 않은 주택은 향후 공공임대주택으로 사용 가능하다.

은행 입장에서는 주택담보대출의 이자를 받을 수 없어 자산운용수익은 감소하나, 부실 가능성이 큰 주택담보대출이 정부보증채인 주택안정채권으로 전환된다. 주택안정채권은 정부가 지급을 보증하기 때문에 위험이 없고, 이 채권의 수익률이 은행의 자금조달 금리보다 높기 때문에 건전성에 큰 부담이 되지 않는다.

가계 입장에서는 주택안정기금에 임대료로 내야 하는 금리가 1.5% 내외로 일반적인 주택담보대출 금리인 3%보다 1.5%p 정도 낮아 이자부담이 줄어든다. 만기 연장과 원금상환 부담도 해소된다. 또한 집을 기금에 싸게 팔았더라도 되살 수 있는 권리가 있기 때문에 미래에 집값이 올라도 별 손해는 없다. 다만 기금에서 주택담보대출 금액으로 매입하기 때문에 매각 후 추가 여유자금은 확보할 수 없다.

주택시장은 주택가격이 주택안정기금의 매입 가격인 3개년 평균 가격의 70% 수준을 심리적 지지선으로 하여 가격이 안정되고 거래가 늘어날 수 있다. 다만 은행·저축은행·보험사 등 여러 금융기관에서 대출을 받은 다중 채무자는 주택안정기금의 혜택을 받기 어렵기 때문에 개인 회생제도의 보완 등 별도의 대책[8]이 필요하다.

이 대책은 자기 책임으로 부동산에 투자하여 하우스푸어가 된 사람을 지원해야 하는지, 정책당국이 주택가격의 지지선을 과거 평균 가격의 70%로 제시하는 것이 타당한지 등의 논란이 있을 수 있다. 그러나 중산층 붕괴를 막고, 은행시스템이 망가지는 것을 방지하기 위해 준비해두어야 할 정책이다. 중요한 것은 이러한 비상계획을 마련한 다음에는 부동산에 대한 인위적인 부양을 하지 않는 것이다.

---

8 민간 신용회복 제도의 확충, 법원 개인신용회생 제도의 최저생계비 인상과 회생 기간 단축, 파산면책 제도의 탄력적 운영 등을 검토할 수 있다.

3. 괜찮은 일자리 창출은 가능하다

일자리 창출을 위한 '쉬운 길'은 없다

괜찮은 일자리를 만들어내는 일은 양극화와 빈곤 문제를 포함, 한국경제의 여러 현실적인 어려움을 해결할 수 있는 가장 중요한 정책과제일 것이다. 그러나 괜찮은 일자리를 만들 수 있는 쉬운 정책은 없다. 과거 모든 정부에서 일자리를 만들기 위해 나름 노력했고 쉬운 정책은 거의 다 썼다고 보아야 한다. 지금까지 많이 사용했던 정책은 부동산 등 건설경기 활성화, 금리인하를 통한 투자 확대, 고환율 정책을 통한 수출 확대, 재정지출 확대, 창조 및 녹색 산업의 육성, 인턴 등 단기고용 확대, 대기업에 대한 채용 확대 부탁 등이 대표적일 것이다.

그럼에도 현재 한국경제의 괜찮은 일자리 부족은 "영혼을 팔아서라도 괜찮은 일자리를 얻겠다"라는 말이 나올 정도로 심각하다. 대학은 취업학원이 된 지 오래고 대학생들은 취업 이외에 다른 것을 생각할 여유가 없다. 지금까지 많이 사용했던 쉬운 정책들은 별 효과를 거두지 못했다는 의미다. 남아 있는 정책은 모두 다 잘못하면 부작용이 발생하고, 반대가 많은 정책뿐이다. 한국경제는 저성장 기조가 고착화되고 있어 성장 확대를 통한 고용도 기대하기 어렵다.[9] 이제는 위험하고 반대가 많은 정책과 고통스럽게 경제구조를 바꾸는 정책만이 괜찮은 일자리를 만들 수 있다는 사실을 받아들여야 한다.

먼저 노동시장의 비정상적인 불균형을 완화하여 시장 내에서 일자리가 쉽게 조정 및 창출되도록 해야 한다. 이를 위해서는 과도하게 큰 직업 간 보상 수준의 격차를 축소하는 일이 필수적인데, 비정규직과 중소기업 노동자 등의 보수를 올리는 것만으로는 한계가 있고 실효성도 낮다. 의사 등 전문직, 교수, 공무원, 공기업 직원, 대기업 정규직 등의 보수도 같이 낮추어야 노동시장이 정상화된다. 이 정책은 당연히 높은 보수를 받는 사람들의 죽기살기 식 반발에 부닥칠 것이다.

척추치료의사·스포츠재활의사·독립금융상담사·로비스트 등 한국에는 없는 새로운 직업을 만들어내는 일도, 이런 직업이 생겨남으로써 조금이라도 손해를 볼 수 있는 사람들의 엄청난 반발을 사게 될 것이다. 또한 모든 일이 그렇듯 이런 직업이 도입되는 과정에서 시행착오와 부작용이 발생할 것이다. 은행의 신규 설립을 허용하면 좋은 일자리가 꽤 많이 생기고 국민의 금융접근성도 좋아진다. 그러나 은행 간 경쟁 심화로 은행 수익은 줄고, 잘못되면 일부 은행의 경영이 부실해질 수 있다. 선진국은 이런 부작용과 위험을 극복하면서 금융산업을 키우고 일자리

---

9 한국이 잠재GDP 수준을 높여 성장세를 회복하는 것이 고용 확대에 큰 도움이 되지만, 일자리 창출 효과가 많은 경제구조로 바뀌지 않으면 성장에 따른 고용 확대에도 한계가 있다.

를 늘리고 있는 것이다.

팬찮은 일자리 창출 과정에서 생기는 반대를 잘 극복·설득하고 부작용과 위험을 최소화하는 것은 정책당국의 몫이다. 이러한 능력이 있는 정부야말로 진짜 국민을 위할 수 있는 정부다. 정책당국이 쉽고 욕먹지 않을 정책만을 추진하는 동안 국민의 고통은 계속 커져왔다. 지금부터는 팬찮은 일자리를 만들 수 있는 정책을 열심히 찾아내어 부작용보다 기대효과가 크다면 어렵더라도 해야 한다. 팬찮은 일자리의 확보뿐 아니라 이를 지키는 정책도 중요하다. 어렵게 만들어진 일자리를 쉽게 없어지게 해서는 안 된다.

이를 위한 방안으로 여기서는 일자리 창출을 경제정책의 제1순위로 하는 것, 직업 간 격차 축소를 통한 노동시장의 정상화, 비정규직과 중소기업 노동자 등의 노동조건 개선, 새로운 직업의 출현을 막는 법과 제도의 개선, 일자리 창출이 많은 산업 구조로의 전환 등 다섯 가지를 제시해보고자 한다.

팬찮은 일자리 창출을 경제정책의 제1순위로

말이나 구호뿐이 아니라 실제 정책과 행동으로 팬찮은 일자리 창출을 경제정책의 제1순위로 해야 한다. 시장경제하에서는 기업 등 생존을 걱정하는 모든 조직은 생산성 향상과 경쟁력 강화라는 이름으로 항상 일자리를 줄이려는 노력을 하고 있다. 영리조직의 기본적 비용은 인건비, 임대료, 원자재비용, 투자비용 등으로 구성된다. 이중 손쉽게 줄일 수 있는 것은 인건비뿐인 경우가 많다. 따라서 정부가 조금만 딴 생각을 하면 경제는 일자리를 줄이는 쪽으로 움직이고, 때에 따라서는 기업의 분위기에 편승해 정부 스스로가 일자리를 줄이는 정책을 쓰거나 지원하기도 한다.

대표적인 사례가 건전 은행 간의 합병을 조장하거나 지원하는 정책이다. 부실 은행의 합병은 공적자금 절약, 신용경색 완화 등을 위해 필요할 수 있다. 그러나 건전한 은행 간의 합병은 인건비 절약을 통해 단기간 수익을 높일 수 있어 주주와 경영층에게는 좋지만 나라 전체로는 좋은 일자리 몇백개, 몇천개가 순식간에 사라지는 재앙이다. 특히 한국은 은행의 신규 설립이 없고 몇개 안되는 대형은행들이 시장을 지배하고 있다. 이런 상황에서 은행 간 합병은 대마불사라는 도덕적 해이를 증가시켜 금융산업의 안정과 발전에도 방해가 되는 아주 나쁜 정책이다. 정책당국은 어떤 이유를 붙여서라도 건전 은행 간의 합병을 어렵게 하는 것이 정상이다. 그럼에도 하나은행과 외환은행의 합병을 포함, 부산은행과 경남은행, 전북은행과 광주은행 등 건전 은행 간의 합병 정책이 추진되고 있다.

다음으로 기업에게 단순히 투자 확대를 요구하거나 공기업의 경영 효율화를 과도하게 강조하는 정책, 그리고 일률적으로 비정규직 감축을 요구하는 정책도 일자리 감소로 나타나기 쉽다. 기업은 시장이 불확실할 때에는 고용이 늘 수 있는 공장의 신·증설 투자보다는 공정 자동화와 기계화 등 인력을 줄이는 투자를 선택하기 쉽다. 공기업 경영 효율화도 명예퇴직의 확대나 신입직원의 채용 축소 같은 인력 감축으로 나타나는 경우가 많다. 비정규직 감축 역시 비정규직을 정규직으로 전환하기보다 자동화를 통해 해당 일자리를 없애거나 분사 등으로 해결하려는 경향이 있다. 한전이나 도시가스 회사 등에서 전기나 가스검침 업무 등을 자동화·무인화 하여 검침원을 없애려는 것이 좋은 사례다. 검침원 인건비에 비교해 자동화 등에 비용이 더 들어도 경영 효율화와 비정규직 감축 등의 명목을 내걸고 실시하게 된다.

이렇게 잘못된 정책 등으로 인해 일자리가 늘지 못하고 줄어드는 사례는 각 분야에 많이 존재할 것이다. 이를 방지할 수 있는 통합된 정부 조직이 필요하다. 정부의 여러 부실한 위원회를 합쳐 가칭 '일자리(평가)위원회'를 만들어 각종 정책과 제도에 대한 일자리 영향평가를 실시하여야 한다. 동 위원회는 기존 제도와 법규 등의 개선을 통해 일자리를 늘릴 수 있는 방안도 찾아야 한다. 이 위원회의 일자리 창출 업무와 활동은 1960~70년대 수출 지원 같이 정기적으로 대통령이 직접 챙겨야 한다. 그렇지 않으면 실효성 없는 보고서만 내는 수많은 위원회 가운데 하나로 그치게 될 것이다.

이와 함께 기업 부문에 대한 정책적 지원도 괜찮은 일자리 창출로 모아져야 한다. 기업의 수출과 투자 등은 기업이 시장 상황을 감안해 스스로 결정해나가는 것이고 이 과정에서 많은 일자리를 만드는 기업이 조세·금융·정책자금 등에서 우대를 받을 수 있게 해야 한다. 국민이 기업을 평가할 때도 만들어내는 괜찮은 일자리 숫자를 기준으로 해야 한다. 기업의 매출이나 수익 규모가 커도 괜찮은 일자리가 적다면 주주와 경영진에게는 좋겠지만 국민에게는 실질적인 의미가 없다. 매출과 수익이 상대적으로 적더라도 괜찮은 일자리를 많이 만드는 기업이 국민에게는 더 좋다. 기업의 정규직·일용직·계약직 등으로 구분하여 고용 인원, 평균적인 보수 수준 등을 공개하면 어느 기업이 진짜 국민에게 많은 도움을 주는 기업인지 알기 쉬워질 것이다. 괜찮은 일자리 창출은 정부와 국민이 함께 큰 관심을 가져야 겨우 조금 가능한, 아주 어려운 과제다.

직업 간 과도한 격차 해소와 일자리 창출

직업 간 보상 수준의 과도한 격차는 앞서 살펴본 대로 노동시장을 왜곡시켜 한국경제의 성장능력을 낮추고 일자리 창출을 방해한다. 의사 등 전문직·교수·공무원·공기업 직원 등은 보수·명예·권한·직업 안정성 등 종합적 보상 수준이 비정규직·중소기업 노동자·영세자영업자 등에 비해 어마어마하게 높다. 이들의 높은 보수는 자신들의 경제적 성과에 의한 것이 아니고, 대부분 불공정한 업무 영역의 보호와 정부의 지원 등에 의해 결정된다. 즉 의사는 정부에 의해 의사 수가 통제되고 업무 영역을 법으로 보호받기 때문에 경쟁이 적고 보수를 많이 받을 수 있는 것이다. 국·공립대 교수나 공무원의 보수는 정부가 직접 결정한다. 사립대 교수도 정부의 사학 지원이 없으면 좋은 대우를 받기 어렵고, 금융기관과 공기업 직원도 비슷하다.

한국경제에서 국민경제 성과에 기여한 것에 비해 과다하게 가져가는 대표적인 집단은 자신의 필요 이상 부동산을 소유한 사람과 전문직, 교수, 공무원, 공기업 직원 등이다. 이들이 국민경제의 성과를 계속 많이 가져가면 비정규직, 중소기업 노동자, 영세자영업자 등 한국경제의 기층부를 구성하고 있는 사람들의 몫은 작을 수밖에 없다. 돈·권한·안정성·명예 등 종합적 보상 수준이 과도하게 높은 특권적 직업과 그렇지 못한 직업 간의 격차를 다음과 같이 완화하면 직간접적으로 괜찮은 일자리가 늘어난다.

첫째, 전문직은 정원의 점진적인 확대와 과도하게 보호받고 있는 업무 영역의 조정이 필요하다. 정원을 늘리면 좋은 일자리가 그만큼 늘어나고 업무 영역에 대한 보호가 줄면 그 부분에서 새로운 직업이 생겨나 일자리가 늘어난다. 의사의 경우 병원 부대사업의 영리화와 의료산업의 수출산업화 등이 추진되고 있는데다 고령화가 급속도로 진행되는 중이라 수요는 늘어나고 있으나 공급은 부족하다. 의사 수는 한의사 포함 인구 1000명 당 2.2명으로 OECD 최저 수준이고 의대 졸업생 수도 적다. 농촌과 도서 지역, 병원 응급실 등의 의사 부족 상태가 심각하고, 도시 의사들은 업무가 과중하다.

2015년 한국을 흔들었던 메르스 사태 때도 의사·간호사 등 의료 인력이 크게 부족함이 드러났다. 이런 상황에서 의료산업을 수출산업화 하겠다는 것은 국민이 굶어 죽는데도 식량을 수출하자는 것과 비슷하다. 일자리 창출뿐 아니라 국민에 대한 의료서비스 확대, 수출 증대 등을 위해서도 의사의 정원을 늘려야 한다. 또한 대학병원 등에서 의사의 업무 부담이 과중하다는 문제도 있다. 보수가 조금 줄더라도 '저녁이 있는 삶'이 가장 필요한 직업이 의사일 듯하다. 대학 입시생의 의대·치대 쏠림 현상을 감안할 때 의사 정원을 조금 늘린다 하더라도 의사의 질은 떨어지지 않을 것이다.

의사 정원의 확대를 위한 방안 중 하나는 지방 의대 정원의 일정 비율(10~20%)에 대해 특례입학 제도를 도입하는 것이다. 특례입학생은 졸업 후 일정 기간 농어촌 지역이나 기존 의사들이 기피하는 분야에서 의무적으로 근무하도록 하고 정부는 6년간 특례학생에게 학비를 지원하는 것이다. 이 방안[10]은 일자리 창출과 의료서비스 확대, 경제력이 없는

---

10 이는 2012년 8월 공공의료 확충방안 모색을 위한 정책토론회에서 서울대 김진형 교수가 주장한 방안이다.

우수 학생에 대한 학비지원 등의 효과가 있다. 도시지역 의사들의 반발도 상대적으로 적을 것으로 보인다.

둘째, 교수와 공무원은 좋은 연금, 긴 정년 보장, 꽤 좋은 보수와 함께 명예와 권한 등 종합적 보상 수준이 과도하게 높다. 여기에다 일부 교수와 고위 공무원들은 겸직, 부업, 퇴임 후 낙하산 등으로 추가적인 수입이 엄청나다. 이들이 좋은 일자리를 독점하고 있는 것이다. 이것을 분산시키면 손쉽게 괜찮은 일자리를 늘릴 수 있다.

교수가 사외이사, 각종 정부위원회 위원 등을 겸직하는 것을 최소화해야 한다. 사외이사 등이 거의 거수기 역할만을 하고 있는 점을 고려할 때 교수가 아닌 일반인이 사외이사를 해도 문제가 전혀 없다. 교수들은 사외이사 일보다 연구와 강의에 더 충실해야 한국의 학문수준이 높아지고 부실한 대학교육의 경쟁력이 높아진다. 현직 교수가 사외이사나 정부 ○○ 위원 등을 여러개 하거나, 장기간 하는 것은 교수직의 업무 부담이 크지 않다는 것을 의미한다. 그런데도 많은 대학의 교수직 연봉은 억대가 넘는다. 교수의 보수가 한국 교수의 전체 평균을 크게 상회하는 대학은 정부의 재정지원을 축소하고 정규 교수의 수를 늘려 보수 수준을 낮추도록 해야 한다. 또한 교수가 장·차관이나 국회의원 등을 할 때에도 퇴직을 의무화하여 능력있는 시간 강사 등이 교수가 될 수 있는 기회를 넓혀야 한다. 이렇게 하면 교수들의 반발은 엄청나겠지만 괜찮은 일자리는 꽤 늘어난다. 많은 것을 가진 사람들부터 양보하지 않으면 한국경제의 문제를 해결하기 어렵다.

관료들은 퇴직 후 낙하산 등으로 여러 자리에 가서 고액 연봉과 함께 공무원연금의 절반을 받는다. 이것은 공무원연금을 받는 헌법재판관들이 내린 위헌결정 결과로 바꾸기는 어려울 것 같다. 대안으로 공무원연금을 받는 사람은 취업을 어렵게 하는 방법이 있다. 이것도 일자리를 분산시키기 때문에 실질적인 고용확대 효과를 거둘 수 있다. 이와 함께 퇴직 고위공무원이 정부예산 등을 활용하여 대학교수 자리를 얻는 것도 금지해야 한다. 실력이 있는 퇴직 공무원은 대학의 자체 예산으로 채용하면 된다.

공무원 보수를 평가하거나 결정하는 기준도 바뀌어야 한다. 현재 공무원들은 100인 이상 근무 기업의 사무직 평균 보수와 비교하여 공무원의 보수가 적다고 주장하고 있다. 이 자료 대신 공무원이 비정규직과 중소기업 직원 포함 전체 노동자의 평균 임금과 비교해 얼마나 더 많이 받고 있는지를 보여주어야 한다. 비교 기준 임금은 연금까지 포함한 생애의 평균 임금으로 해야 한다.[11] 이렇게 해야 공무원들이 비정규직과 중소기업 노동자의 임금에도 관심을 갖는다.

셋째, 공기업 등과 대기업 정규직의 고임금은 전문직·교수·공무원들의 보상 수준이 낮아지면 상대적으로 쉽게 해결된다. 공기업 직원의 보수는 설립근거법 등에 의해 거의 다 정부가 직간접적으로 결정하도록 되어 있다. 공기업의 높은 보수는 공기업의 생산성이나 공기업 노조의 교섭력보다는 기관장으로 오는 관료 출신의 힘과 로비의 영향으로 형성된 측면이 크다. 그리고 관료들은 선배들이 가 있고 미래에 자신들이 갈 자리이기 때문에 공기업의 고임금과 좋은 후생복지를 묵인·방조한

---

11 29세 남성이 7급 공무원으로 임용된 경우와 대기업에 입사한 경우의 총 보수를 비교하면(『머니투데이』 2014.9.30) 대기업의 일반직 퇴직 연령인 53세까지는 공무원이 5억 원 정도 적었다. 그러나 공무원 퇴직 연령인 60세까지로 연장하면 공무원이 오히려 5억 원 이상 많았다. 여기에다 공무원연금과 국민연금의 차이를 생각하면 총 생애소득의 차이는 훨씬 더 커질 것이다.

것이다. 관료 출신이 공기업의 기관장 등으로 못가면 공기업 보수는 결정권자인 관료들에 의해 빠르게 정상화될 것이다. 그리고 과도하게 높은 공기업의 기관장과 고위 간부의 임금을 우선적으로 대폭 삭감하여 여유 재원으로 신입직원의 채용을 확대하여야 한다. 괜찮은 일자리를 바로 늘릴 수 있는 방안이다.

대기업 정규직의 보수도 전문직·공무원·공기업 직원 보수가 하향 안정되면 비교 기준이 낮아지기 때문에 낮추기 쉽다. 전문직·공무원 등의 보수를 먼저 낮추지 않고 대기업 정규직의 보수를 낮추거나 고용조건을 악화시키면 기업 부문의 인재 유치가 더 어려워져 한국 기업의 경쟁 기반이 크게 훼손될 수 있다. 이는 앞서 설명한 대로 바둑의 수순과 같아 순서가 바뀌면 악수가 된다. 대기업 정규직의 보수 인하는 필요하지만 전문직과 공무원 등의 보수 인하 다음에 이루어져야 정책으로서 의미가 있다. 독일 제조업이 세계적인 경쟁력을 유지하고 있는 이유의 하나가 자동차 회사나 화학 회사 엔지니어가 의사보다 더 많은 보수를 받기 때문이라는 것을 명심해야 한다. 그러나 한국은 거꾸로 갈 것 같다. 힘있는 전문직과 공무원 등의 보상 수준은 손대지 않고, 노동개혁이라는 이름으로 상대적으로 힘이 약한 대기업 정규직의 보수와 직업 안정성만 약화될 가능성이 크다.

마지막으로 비정규직·중소기업 종사자·영세자영업자의 노동조건이 개선되어야 직업 간 격차가 줄고 노동시장의 정상화 속도가 빨라진다. 전문직·공무원·공기업 직원 등의 보수 인하와 괜찮은 일자리 확대는 비정규직과 중소기업 노동자 등의 노동조건 개선에 긍정적인 영향을 줄 수 있지만 시간이 많이 걸린다. 따라서 이에 대해서는 다음과 같은 별도의 대책이 필요하다.

비정규직과 중소기업 노동자 등의 노동조건 개선

　비정규직·중소기업 노동자·영세자영업자 등의 노동조건 개선은 직접적인 일자리 창출은 아니지만, 나쁜 일자리에서 괜찮은 일자리로의 전환이라는 측면에서 의미가 크다. 한국에서 비정규직·중소기업 노동자·영세자영업자 등은 전체 취업자의 70~80% 정도로 경제의 기층부를 이루고 있음에도 수입·직업 안정성 등 노동조건이 아주 나쁘다. 한국이 8:2의 사회, 상위 10%가 경제성과를 과도하게 가져가는 경제라는 말은 여기서 나온 것이다. 특히 대기업과 공기업 등의 비정규직은 정규직과 비슷한 일을 하는 경우가 많은데도 보수 등의 노동조건이 터무니없이 차이가 난다. 이 때문에 노동계에서 지속적·열정적으로 비정규직의 철폐를 주장해왔다. 먼저 비정규직 문제에 대해 많이 제기되고 있는 두가지 해결방안을 비판적으로 점검해보자.

　첫째, 비정규직을 정규직으로 최대한 전환하여 비정규직을 철폐 또는 최소화하자는 주장이다. 이는 법 등으로 강제한다 하더라도 공공 부문에서만 가능할 것이고 민간 부문은 앞에서 설명한대로 자동화나 사업 부문의 외주화를 통해 회피할 것이기 때문에 오히려 일자리 감소 등 부작용이 클 수 있다. 어떻게 해서 대기업까지 비정규직 문제가 해결된다 하더라도 노동조건이 더 나쁘고 숫자가 많은 중소기업 노동자나 영세자영업자의 문제는 해결될 수 없다. 여기에다 대기업이 정규직 전환으로 늘어난 노동비용을 벌충하기 위해 하청기업의 납품단가를 인하한다면 중소기업 노동자의 노동조건은 더 나빠질 수도 있다.

　두번째는 최저임금의 인상이다. 이는 최근 정부·여당까지 관심을 보이고 있고 일부 비정규직 등의 보수를 높일 수 있다는 점에서 효과가 있으며, 꾸준히 추진해야 할 정책이다. 그러나 한국 중소기업의 전반적인 수익성과 지급능력 등을 감안할 때 인상 폭과 속도에는 한계가 있다. 특히 최저임금을 크게 올리면 상당수 영세자영업자의 어려움은 더 커져, 주인과 알바 자리를 바꾸겠다는 이야기까지 나올 것이다. 여기에다 최저임금의 빠른 인상은 아파트의 무인경비시스템 도입, 셀프주유소의 확대 등을 가속화시켜 노인 등의 일자리가 크게 줄어들 수 있다. 한국 최저임금은 OECD의 중간 정도로 수준 자체가 아주 낮은 것은 아니다. 물가와 집세 등이 높아 최저임금을 받아서 생활하기 어려운 것이 더 큰 문제다.

비정규직·중소기업 노동자 등의 노동조건 개선은 간단한 과제가 아니다. 취업자의 70~80%를 차지하고 있는 이들의 생활이 좋아진다는 것은 국민 대부분의 삶의 질이 좋아진다는 의미지만, 한국경제의 여러 난제가 해결되지 않으면 불가능한 일일지 모른다. 그래도 현실적인 대안 몇가지를 찾아보자.

첫째, 비정규직 문제는 정규직화보다는 임금 차별을 우선 해결해야한다. 같은 작업장에서 동일한 노동을 하는데 정규직이 아니라는 이유로 보수와 후생복지 등에서 엄청난 차이를 두는 것은 정의와 원칙에 부합하지 않는다. 기업이 비정규직을 사용하는 이유는 크게 두가지다. 하나는 인건비 절약이고 또다른 이유는 매출 감소 등 기업 상황이 안 좋아질 때 쉽게 해고하기 위한 것이다. 현실에서는 두번째 이유인 기업의 불확실성에 대한 대비가 더 큰 것 같다. 1997년 IMF 금융위기 이후 기업들은 가혹한 구조조정 과정을 겪으면서 이러한 대비가 더 많아졌다. 그리고 이것은 기업의 생존을 위해 어느정도 필요하다.

기업에 대해 비정규직의 폐지를 강력히 요구하면 기업은 정규직의 유연한 해고를 요구할 것이고, 실제 현실에서는 비정규직의 정규직화보다는 이러한 가능성이 커지고 있다. 따라서 비정규직 문제 해결은 '동일노동 동일임금'의 강력한 적용이 우선되어야 할 것이다. 이것이 실질적인 대안이고 기업을 설득하기도 쉽다. 장기적으로는 같은 일을 하는 비정규직 노동자는 해고 위험을 부담하기 때문에 정규직보다 더 많은 보수를 받을 수 있는 환경을 만들어야 한다. 이것이 가능해지면 자발적인 비정규직 노동자도 생겨나고 노동시장도 훨씬 탄력적으로 움직일 것이다.

둘째, 한국경제의 고비용 구조를 완화해 자영업자와 서민들의 부담을 줄여야 한다. 집값·집세·상가 임대료 등의 안정과 집세에 대한 지원 등을 통해 주거비나 가계운영비를 낮추는 것은 필수적이다. 보육시설 확충 및 보육시간 확대, 공교육 정상화 등을 통해 보육과 교육에 들어가는 돈을 줄여주어야 한다. 통신 부분은 독과점 상태라 통신사는 돈을 많이 버는데 서민들의 통신비 부담은 크다. 당연히 통신비 부담도 낮추어야 한다. 높은 집값과 집세 때문에 멀리 밀려나간 서민들을 위해 수도권 외곽지역 교통 여건도 시급히 개선해야 한다. 저물가 기조를 이용해 마구 올리고 있는 지하철·버스 등 공공요금 인상[12]은 최소화하여야 한다. 당연히 담뱃값 인상 같은 서민들의 부담을 키우는 일도 해서는 안 된다.

---

12 한국의 대중교통 요금이 싸다 하더라도 최근의 인상은 과다하여 서민의 생계비에 큰 영향을 주고 있다. 지하철 기본요금은 2012년 2월 850원에서 1050원으로 올랐고, 2015년 6월 1250원으로 올랐다. 4년 정도 만에 47%가 오른 것이다. 수도권 지역의 광역버스는 최고 3000원까지 올랐다. 수도권 지역의 서민은 출퇴근만 해도 1인당 대중교통비로 월 10만원 이상을 지출하게 된 것이다.

셋째, 비정규직·중소기업 노동자·영세자영업자에 대한 정부의 직간접적인 지원을 늘려야 한다. 비정규직과 중소기업 노동자의 보수 개선은 일차적으로 기업의 몫이다. 그러나 일부 자금 여력이 있는 기업을 제외하고는 비정규직의 정규직 전환과 직원의 보수 인상은 한계가 있다. 따라서 비정규직과 중소기업 종사자의 보수 개선에는 정부의 적극적인 지원정책이 필요하다. 중소기업 등의 저임금 노동자와 영세자영업자에 대한 4대 연금·보험료의 정부지원 확대, 저임금 노동자와 청년 노동자에 대한 실업급여 혜택 확대, 고용을 확대하는 영세기업에 대한 세제 혜택 확대 등이다. 이때 저임금 노동자 등에 대한 실업급여 확대가 재정지원과 함께 고임금자의 고용보험료 인상을 통해 이루어진다면 노동자 사이의 연대 강화 효과도 기대할 수 있다.

이들 정책은 재정 부담은 있지만, 외국인 노동자의 유치로 발생하는 직간접적인 비용을 줄일 수 있고, 공무원·공기업 등의 보상 축소로 재정 여력이 생기면 단계적으로 확대할 수 있다. 이들 정책은 생산현장에서 일하는 저임금 노동자의 생계비 지원이라는 생산적 복지일 뿐 아니라 취업준비생 등 비경제활동인구의 노동시장 전입을 유도하는 성장정책이기도 하다.

새로운 직업 창출을 막는 법과 제도 개선

한국고용정보원의 『한국직업사전』(2012)에 따르면 한국의 직업 종류는 1만 1655개다. 미국 3만여개, 일본 2만 5000여개에 비해 크게 적은 숫자다. 직업은 경제사회의 변화에 따라 없어지고 새롭게 생겨나는데, 없어지는 직업보다 더 많은 직업이 생겨나야 일자리가 늘어나는 것은 당연하다. 한국에서는 시장에서 수요는 충분한 것 같은데도 법과 제도, 기득권자의 로비 등에 막혀 새로운 직업이 생겨나지 못하는 경우가 많다.

몇가지만 예를 들어보면 미국에 있는 척추교정의사(Doctor of Chiropractic), 발치료사(Podiatrists), 청각능력치료사(Audiologist) 등이 대표적이다. 척추교정의사는 약물이나 수술 없이 손과 보조장비를 이용하여 여러가지 척추장애를 치료한다. 발 치료사는 정형외과 의사가 하는 큰 수술은 못하지만 살 속을 파고드는 발톱, 티눈 등의 간단한 수술 및 발 기형과 부상의 치료·교정 등을 할 수 있다. 척추교정의사나 발치료사는 엑스레이 등의 의료장비를 사용할 수도 있다. 청각능력치료사는 청각장애 검사와 진단, 보청기 착용, 청각 재활훈련 등을 담당한다. 아울러 작업장과 학교 등의 소음 수준 측정과 청각보호 프로그램도 시행한다. 이들은 4~5년 정도 전문교육기관에서 교육을 받고 자격을 취득하여 병원에서 일하거나 개업할 수 있다. 이들은 일반의사보다는 적지만 미국에서 연 5만~10만달러 정도를 벌어들이는 괜찮은 직업에 속한다.[13] 한국에서도 이들 직업은 전문의의 영역 등을 보완해 의료서비스의 폭을 넓힐 수 있다는 점에서 의미가 있다. 앞으로 고령화 등으로 이들에 대한 수요가 크게 늘어날 것이다.

독일에서 좋은 직업으로 자리잡은 스포츠재활의사(Sportmedizin)도 비슷한 사례다. 이 직업은 일반 정형외과 의사와는 별도로 축구·럭비·스키 등 각종 스포츠와 관련된 부상이나 후유증의 재활치료를 담당하

---

13 최영순 외 「해외 직업 사례를 통한 사회서비스 일자리 창출방안」(한국고용정보원 2008)을 참조하였다.

는 전문직이다. 독일의 스포츠재활 치료 기술은 명성이 높아 세계 각국
의 운동선수는 부상 등으로 몸에 문제가 생기면 독일에서 치료받는 경
우가 많다. 세계 여러 나라의 스포츠 구단 등 독일 스포츠재활의사에 대
한 수요도 많다. 스포츠재활의사는 독일에서는 꽤 좋은 직업이지만 한
국에서는 의료법 등의 규제로 인해 제대로 자리 잡지 못하고 있다.

이러한 직업들이 여럿 생겨나면 직업당 수천에서 수만개의 일자리가
창출되고 교육기관도 생겨난다. 고용 및 생산 효과도 매우 클 것이다.
그러나 법과 제도의 미비, 의사 등 이익집단의 반대로 이들 직업이 한국
에서 정상적으로 생겨나기 어려운 상황이다.

다음으로 좋은 사례는 영국 등에서 활성화되어 있는 금융 분야의 독
립금융상담사(Independent Financial Advisor)다. 독립금융상담사는 특
정 금융기관에 전속되지 않은 채 대출상담 등 금융상품의 정보 제공, 보
험·펀드 판매 등의 업무를 수행한다. 이들은 금융기관의 직원이 아니기
때문에 금융기관의 이익보다는 고객 입장에서 정보를 주고 금융상품을
팔 수 있다. 이들이 가끔 시장 질서를 어지럽힐 수 있지만 경쟁을 통해
좀더 다양한 금융서비스를 제공할 수 있고 괜찮은 일자리를 창출할 수
있다는 큰 장점이 있다. 특히 한국은 교육을 받은 고급 유휴인력이 많은
데다 금융산업이 낙후되어 있고, 국민의 금융지식 수준이 높지 않아 독
립상담사 제도를 도입하면 효과가 클 것이다. 또한 부동산과 금융의 균
형적 발전이라는 측면에서도 의미가 있다.

또다른 사례로는 탐정과 로비스트가 있다. 『셜록 홈즈』 등 소설·영화
에 등장하는 탐정은 외국에서는 오래전부터 있어온 직업이다. 한국에
서도 수요는 있기 때문에 심부름센터 등이 음성적으로 탐정 일을 하고
있다. 제도화하면 대형 로펌의 진출 가능성 등으로 기존 영세업체가 타

격을 받을지도 모르지만 일자리가 늘고 탐정 업무가 양성화될 수 있다.

로비스트도 미국 등에서는 합법화되어 있고 소득이 많은 직업이다. 한국은 정책과 제도의 불투명성으로 인해 정부기관 등에 대한 로비의 필요성이 더 큰 나라다. 한국에서 로비는 음성적·우회적으로 이루어져 비용이 크고 일반인은 이용하기 어렵다. 금융기관과 협회 등의 감사, 기업의 사외이사, 협회장, 고문 등은 실제 업무보다는 로비를 위해 고용되는 경우가 많다. 대형 로펌과 회계법인 등의 고문과 부회장 등도 로비와 영업을 위해서 고용된다. 로비스트를 합법적인 직업으로 만들면 이렇게 끼리끼리 음성적으로 이루어지는 로비가 양지로 나오게 되고 일자리가 늘고 많은 사람이 서비스를 이용할 수 있다.

척추교정의사, 발치료사, 청각능력치료사, 독립금융상담사, 탐정, 로비스트 외에도 여러 분야에 법과 제도 등의 문제로 생겨나지 못하는 직업이 아주 많을 것이다. 이런 직업들을 더 찾아내어 한국에 몇개라도 도입해보자. 거의 모두 기득권자의 반대가 매우 시끄러워 쉽지 않을 것이다. 쉽게 괜찮은 일자리를 만들 수 있는 방법은 없다. 부작용을 조금은 감내하고 이익집단의 반발을 극복해야 가능하다.

일자리 창출이 많은 산업에 대한 지원

한국의 주력 수출산업은 반도체·석유화학·디스플레이·철강·자동차·조선 등이다. 이들 산업은 모두 거대 장치산업으로 많은 설비투자가 필요하다. 많은 투자를 통해 생산과 수출을 크게 늘릴 수 있지만 일자리는 그렇게 많이 생겨나지 않는 산업이다. 한국은 이들 산업에 주력함으로써 수출을 늘리고 기업 규모를 키울 수 있었으나 성장에 비해 일자리는 늘어나지 않는 경제구조가 되었다. 한국경제는 제조업 비중이 높고 제조업 중에서도 장치산업인 중화학공업 비중이 크다. 외형적으로는 좋아 보이지만 일자리라는 면에서는 실속이 없다. 농림수산품의 취업유발계수는 25명이고 서비스는 18명인데 공산품은 8명에 불과하다. 당연히 제조업은 중요하지만, 일자리 측면에서 농업과 서비스산업에도 많은 관심을 가져야 한다.

먼저 제조업 가운데서도 숙련된 인력을 많이 필요로 하는 산업에 대한 지원과 육성이 중요하다. 기계산업, 엔지니어링 산업, 핵심부품 산업, 소프트웨어 산업 등일 것이다. 이런 산업은 설비와 장치보다는 기술 인력의 숙련도, 즉 인적 자본과 기업 내부에 오래 쌓인 노하우가 경쟁력을 좌우한다. 한국 자동차가 연비나 내구성 등에서 조금 모자라 세계 최고 수준의 차가 되지 못하는 것은 핵심부품의 정밀도가 떨어지기 때문이라고 한다. 그리고 이는 숙련 인력이 필요한 기계산업의 기술력이 떨어져서다. 건설과 플랜트 관련 산업도 시공 분야에서는 뛰어날지 모르지만 건축물이나 구조물, 대형 플랜트 등의 기획과 설계 등을 담당하는 엔지니어링 분야에서는 아주 취약하다. 엔지니어링 산업도 숙련된 고급 인력이 필요한 고부가가치 산업으로 미국·독일·일본 등 선진국이 주도하고 있다.

의류·잡화 등의 산업에서도 대량생산 기업보다 가내수공업 형태 등의 소기업을 지원하는 것이 필요하다. 지금이라도 이러한 소기업이 대를 물리면서 명품 기업으로 발전할 수 있게 해야 한다. 이와 관련해서는 사양 산업이 된 동네 양복점과 제화점 등을 되살리려는 노력도 필요할 것이다. 서울이나 수도권 등 교통이 양호한 곳에 양복점 거리 등을 조성하고 인프라 등을 지원하면 수제 양복이나 구두 등이 품질과 가격 면에서 경쟁력을 확보할 수 있다. IT 등 첨단산업에 비해 모양새는 떨어질지 모르지만 일자리 창출효과는 더 클 것이다.

의료산업도 마찬가지다. 첨단장비의 도입도 중요하지만 사람을 더 많이 쓰는 쪽에 관심을 가져야 한다. 응급실의 의사 부족과 종합병원의 '두시간 대기 2분 진료'는 한국 병원의 오래된 문제다. 환자는 간호사·간병인·물리치료사 등의 부족으로 편안한 서비스를 받기 어렵다. 이로 인한 가족의 간병문화는 2015년 메르스 사태에서처럼 전염병 확산으로 이어질 수 있다. 의료수가 책정이나 건강보험의 지원 기준을 정할 때 고가장비 사용보다 사람을 많이 쓰는 의료서비스를 우대하는 방향으로 운용하면 의료산업에서도 일자리 창출 효과가 커질 수 있다.

농업과 관련해서는 대규모 관행농업보다 사람의 손이 많이 가는 유기농업이나 자연농업에 유리한 환경을 만들어주어야 한다. 이와 관련한 기본 인프라로 소비자가 믿을 수 있는 품질검사 시스템과 좋은 상품을 구분할 수 있는 품질표시 제도가 우선 필요하다. 그리고 자연농법은 무농약·무비료·무퇴비뿐 아니라 경운과 멀칭(mulching)도 최소화하고 있어 매우 친환경적이다. 이제 시작단계이기 때문에 많은 연구와 제도 정비가 필요한 분야다.

농산물 고부가가치화와 농촌 일자리 창출 등을 위해 우리 술 산업의 육성이 필요하다. 우리 술 산업도 대규모 설비가 필요한 공장형 양조장보다는 사람 손으로 빚는 소규모 명품 양조장을 지원·육성해야 일자리가 늘고 명주도 탄생한다. 명주는 장비가 좋다고 나오는 것이 아니고 장인의 정성이 들어가야 한다.

이렇게 사람 손이 많이 필요해 일자리 창출 효과가 큰 제품은 값이 비쌀 수 있다. 이러한 제품이 살아남기 위해서는 정부지원도 중요하지만 소비자의 선택이 결정적이다. 한국의 경제규모나 소득 수준을 고려할 때, 조금 비싸더라도 일자리 창출 효과가 크고 친환경적인 제품에 대한 수요가 늘어날 기반은 갖추어져 있다고 본다. 이러한 방향으로 다양한 형태의 소비자운동이 일어나고 발전해가야 한다. 중국의 내수시장이 커지면서 고급 제품의 중국 수출도 크게 늘어날 수 있다.

4. 관료개혁, 꼭 필요하다[14]

모든 개혁의 첫 단추, 관료개혁

관료개혁은 한국에서 기업하기 어려운 요인인 정책의 투명성과 자의성을 줄이고, 잘못된 규제의 개혁을 위해 꼭 필요하다. 정책과 규제를 만들고 집행하는 것은 거의 관료의 일이기 때문이다. 한국경제의 큰 과제인 재벌개혁도 관료개혁이 진전되면 많은 부분이 해결될 수 있다. 재벌들이 가장 두려워하는 말은 '경제민주화'가 아니고 '법대로'라고 한다. 법을 법대로 집행하는 것도 관료의 몫이다.

한국에서 관료는 가장 뛰어난 집단이며 또한 가장 큰 이익집단의 하나다. 가진 힘이 많고, 중하위 공무원까지 종합하면 숫자도 많아 개혁이

---

14 『창작과비평』 2015년 봄호, 「관료개혁, 4대 방안으로 실현하자」에 게재한 글을 부분 조정한 것이다.

어렵다. 신분도 보장되어 복지부동하는 경우 어떻게 하기도 쉽지 않다. 또한 관료제도의 여러 문제는 공적인 역할을 하는 조직을 만들고 이를 민주적으로 운영하는 것에 익숙하지 않은 우리의 문화적·역사적 유산과도 관련이 깊다. 관료개혁은 그만큼 어렵고 시간도 많이 걸릴 수밖에 없다. 그렇지만 한국경제의 명운이 걸린 데다 다른 개혁의 기본이 되기 때문에 관료개혁은 꼭 해내야 한다.

한국 관료 문제의 일차적 원인은 크게 두가지다. 하나는 정치권의 무능이고 또 하나는 고시제도다.

전자는 국민을 대표해야 할 정치권이 무능해서 관료의 전횡을 통제하지 못하고 국민이 피해를 본다는 의미다. 정치권의 무능은 정권 후반기에 레임덕으로 빠져드는 단임 대통령제, 정치적 대표성이 취약한 선거제도, 지역구 표심에만 관심있는 사람이나 유명한 사람에게 유리한 국회의원 소선거구제도, 정책 능력이 없는 정당 등 한국 정치의 여러 후진성에서 기인한다. 정치권이 유능해지고 관료를 통제할 수 있으려면 대대적인 정치개혁이 필요하다. 이는 시간이 많이 걸리고 이 책의 주제 밖이지만 많은 사람이 관심을 가져야 할 부분이다.

다음으로 고시제도는 과거에는 신분 상승의 사다리 역할, 공정한 채용 수단, 경제성장의 일꾼 배출 같은 긍정적인 면이 있었다고 하나 현재는 부정적 효과가 압도적이다. 고시제도는 조선시대 과거제도의 연장으로 관료의 선민의식과 관치의 기초가 되고 있다. 젊은 인재의 블랙홀이며 수많은 고시낭인을 만든다. 고시준비생은 대략 수만명이 넘을 것인데 고시 합격자는 곧 없어질 사법고시를 포함해 연간 600여명 정도다. 경제력이 없으면 고시 준비가 어려워 신분 상승도 쉽지 않다. 30대 중반이 넘도록 고시에 붙지 못하면 예전에는 아주 우수한 인재였더라도 취직할 곳이 마땅치 않아진다. 전공과 관계없이 고시준비생이 늘어 대학교육을 황폐화하기도 한다. 과거 '육사○○기'가 그랬듯이, '행시 ○○기' 등의 형태로 관료집단을 이익공동체로 만든다. 이러한 부작용으로 인해 고시제도의 축소와 폐지에 대해서는 이미 많은 공감대가 형성돼 있다.

관료개혁의 핵심 과제는 네가지 정도로 모아진다. 첫째는 문제 많은 고시제도를 폐지하고, 9급과 7급의 채용을 늘리고, 9급과 7급 출신의 승진 기회를 확대하는 것이다. 이는 관료개혁 효과 이외에 중하위 공무원의 처우 개선과 사기진작이라는 효과도 거둘 수 있는 방안이다. 그리고 예산 기준으로 보면 감소된 5급 공채(고시) 인원보다 7급, 9급 채용인원을 더 늘릴 수 있어 일자리 창출 효과도 있다. 둘째는 장·차관 등의 정무직 공무원에 관료 출신을 가능한 배제하여 진짜 정무직으로 운영하고, 정무직의 임기를 정권 임기와 같이하는 것이다. 정치권의 인재 부족 등으로 어려움이 있겠지만 언제인가는 극복해야 할 과제다. 셋째는 관피아 철폐를 통해 고위관료가 누리는 과도한 혜택과 영향력을 축소해야한다. 이렇게 하면 관료집단으로 사람·돈·세력 등이 덜 쏠려 개혁도 쉬워진다. 넷째는 정치권과 시민단체의 정책역량을 키워 관료의 전횡을 막고 관료를 대체할 인재를 키우는 일이다.

관료개혁에 필요한 과제는 이밖에도 많다. 관료의 재량권을 축소하고 투명성을 높이는 방향으로 법과 제도를 개선하는 일, 정부 부처의 성과를 객관적으로 평가하여 이를 보수와 승진에 연계시키는 일, 공무원의 경직적인 신분 보장을 완화하여 철밥통 문화를 개선하는 일, 9급 공채에 고졸자의 합격을 늘리는 일 등이다. 이와 함께 검사장 직선제 등 사법관료의 개혁, 교수와 교사의 폐쇄성 완화 등도 절실히 필요한 과제다.

그러나 한꺼번에 많은 것을 추진할 수 없다. 다음의 네가지 핵심 과제를 우선적으로 추진해보자. 이중 일부라도 이루어지면 개혁의 파급효과가 생긴다. 한국에서 가장 강한 이익집단이라고 볼 수 있는 관료개혁이 어느정도 이루어지면 다른 이익집단인 재벌, 임대소득자, 전문직, 공기업, 대기업 정규직의 개혁도 훨씬 수월해질 것이다.

행정고시 폐지 및 내부 승진 확대

한국 관료제도의 근간이 행정고시 제도인 만큼 관료제의 폐해도 많은 부분 여기서 나온다. 고시제도의 문제점은 오래전부터 많은 사람이 공감해왔고 개혁방안도 꽤 제시되어 있다. 박근혜정부도 2014년 5월 세월호참사 대책의 하나로 2017년까지 행정고시 선발 인원을 절반으로 줄이고 나머지는 민간경력자로 충원하겠다는 방안을 발표했다. 고시의 원조 격인 사법고시는 폐지 과정에 있고, 외무고시도 국립외교원 제도로 바뀌어 외형적으로는 사라졌다.

마지막 남은 행정고시도 폐지하는 것이 바람직하다. 인원만 줄이는 박근혜정부의 어정쩡한 개혁방안은 경쟁을 더 치열하게 하고 거기서 뽑힌 사람의 선민의식을 더 강화하여 관료제도의 폐해를 오히려 키울 수 있다. 계획대로 선발인원을 줄이는 데 그치지 말고 2019년까지 추가적으로 더 감축하여 2020년에는 행정고시로 뽑는 5급 공채를 완전히 없애는 방향으로 해야 한다.[15] 그리고 현재 5급 공채 인원의 절반 정도를

15 입법부 5급 공채인 입법고시와 법원 행정직 5급 공채도 행정고시와 같은 방식으로 폐

7급과 9급의 몫으로 돌려 내부 승진과 신규 채용을 확대할 필요가 있다. 현재 7급·9급 공채 공무원도 과거와 달리 시험성적이 매우 우수한 재원이다. 이들 가운데서 업무성과와 근무경력, 전문성, 학술지식 등을 평가하여 5급으로 승진할 수 있는 기회를 늘리면 된다.

나머지 절반은 박근혜정부의 개혁안대로 민간 부문에서 다양한 경력과 학력을 가진 사람을 객관적 평가 과정을 거쳐 선발한다. 이들의 경력과 학력 등은 7급과 9급의 5급 승진에 필요한 근무경력과 비슷하게 적용해 특혜 시비를 최소화한다. 민간 부문의 경력은 학력이나 학위보다 담당 업무와 유사한 분야의 실무경험을 우선시해야 한다. 예를 들어 중소기업청은 중소기업, 금융위원회는 금융기관, 지식경제부는 기업체, 교육과학부는 교육·과학기술 분야, 농림축산식품부는 농업이나 축산 분야에서 실제로 일한 사람을 우대하는 것이다. 다만 민관유착 가능성이 있기 때문에 선발 인원을 최대한 분산하여 특정 기관에 집중되지 않도록 조심할 필요가 있다.

행정고시 폐지에 대해 제기되는 대표적인 반론은 '개천에서 용 날' 기회를 없앤다는 것과 현대판 음서제(蔭敍制, 고려·조선시대에 상류층 자손을 과거시험 없이 관리로 채용한 제도)가 될 수도 있다는 것 두가지다. 이러한 비판도 다음과 같은 점에서 별 의미가 없다.

우선 개천에서 용 날 기회를 없앤다는 의미는 거꾸로 관료가 되면 엄청난 특혜와 특권을 얻는다는 현실의 반영이며 관료개혁이 그만큼 필요함을 말해준다. 또한 고시(과거시험)에 합격해서 입신양명하는 것을

___

지하고, 내부 승진 확대와 외부 경력자 채용 방식으로 개혁하여야 한다. 입법공무원과 사법공무원은 숫자가 작아 잘 안 보여 그렇지, 행정공무원보다 더 관료적이고 무사안 일하다는 의견도 있다.

선호하는 풍조는 아직도 우리의 사고가 왕조시대에서 크게 벗어나지 못했다는 증거이기도 하다. 민주주의와 시장경제를 바탕으로 선진화된 문명국가에서 '용'이 되는 길은 과거 왕조시대와 다를 수밖에 없다. 즉 선거에 나가 시민의 지지를 받아 정치 지도자가 되는 것, 시장에서 경쟁을 통해 좋은 기업을 만드는 것, 많은 사람에게 감동을 주는 예술작품을 만드는 것, 세상을 바꿀 수 있는 학문적 업적을 내는 것 등이 용이 되는 길이어야 한다. 개혁을 통해 관료가 누리는 특혜와 특권을 줄인다면 젊은이들이 자연스럽게 다른 방향에서 용이 되려고 노력할 것이다.

음서제 부활 가능성도 관료개혁이 잘 이루어지고 민간경력자 채용제도의 객관성과 투명성을 높인다면 거의 문제되지 않을 것이다. 특히 관직에서 물러난 후 국회의원·은행장·대학총장·교수 등이 쉽게 될 수 있는 특혜를 줄이면 이른바 '좋은 집안' 사람들의 관료직에 대한 욕구도 많이 사라질 것이다. 5급 민간경력직 채용제도는 조금만 고민하면 투명성과 객관성을 높일 수 있다. 경력과 학력 등 채용조건의 구체화, 전문지식에 대한 필기시험, 다중면접 등의 시행과 함께 합격자의 학력·경력·혈연관계 등을 공개하는 식의 방법이 있을 것이다.

정무직 공무원, 제대로 운영하기

정무직 공무원이란 국가공무원법상 선거로 취임하거나 그 임명에 국회 동의가 필요한 공무원, 고도의 정책결정 업무를 담당하거나 이러한 업무를 보조하는 공무원을 말한다. 선거로 취임하는 자리를 제외하고는 통상 장·차관, 청장, 국회사무처 등의 처장 및 차장, 정부 주요 위원회의 위원장 및 위원 등이 이에 해당한다. 이러한 자리를 정무직으로 운영하는 것은 정치적 소신이 있고 집권세력과 정치적 판단을 같이하는 사람으로 하여금 정책결정을 담당케 하여 책임정치를 하라는 것이다.

그러나 정무직에 임명되는 사람을 보면 정치적 소신이 있는 인물보다는 시키는 일을 잘할 것 같은 현직 관료나 관료 출신이 훨씬 많다. 특히 차관급 정무직의 경우 거의 대부분 관료가 바로 승진한다. 관료도 정치의식이 있겠지만 통상 그들이 더 중시하는 바는 누가 정권을 잡을지 감을 잡고 거기에 줄을 대는 것이다. 즉 어떻게 해야 나라가 잘될까보다는 어떤 쪽에 줄을 서야 승진에 유리할지를 감지하는 것이 관료의 일반적인 정치의식이다.

이러한 관료를 정무직 공무원으로 대거 기용하는 이유는 근본적으로 정치권이 무능하기 때문이다. 정치권은 나라를 끌고갈 경륜이나 정책 개발보다는 정권 획득을 위한 선거운동과 이를 위한 구호 만들기에 주력해왔다. 이런 운동과 구호에 능한 사람이 정치권의 대부분을 차지하고 있다. 머리는 빌려쓰면 된다는 것이 정치인의 생각이다. 어느 정치 집단이든 운 좋게 정권을 잡으면 정책의 개발과 집행은 대부분 관료를 통해 수행해왔다. 어느 정부든 관료의 등에 업혀 나라를 끌고가는 모습은 비슷했다는 것이다. 어떻게 보면 정무직 공무원 중 관료 출신 비중이 클수록 그 정부는 무능하고 준비가 덜 됐다고도 할 수 있다.

제대로 된 정무직을 운영하기 위해서는 첫째, 정치권이 우수하고 소신을 가진 인적자원을 확보해야 한다. 이는 정치지도자의 의지만 있으면 어렵지 않은 일이다. 한국에는 기본적 자질과 정치의식을 갖춘 사람이 꽤 있기 때문에 이들이 조금만 준비되면 충분히 가능하다. 실무적으로 훈련이 다소 덜 되었더라도 정치의식과 소신을 갖춘 사람을 임명하는 것이, 정치적 소신이 전혀 다른 관료를 앉히는 것보다 부작용이 적다. 정치적 소신이 다른 관료는 시간이 지나면서 다른 길로 가거나, 디테일에서 완전히 상반된 정책을 추진할 수 있기 때문이다. 참여정부에서 정부의 의도와는 전혀 다르게 멀쩡한 외환은행을 론스타에 매각한 어처구니없는 사건이 그러한 예다.

둘째, 정무직 공무원은 정치적 소신의 변화나 건강 등 특별한 문제가 없는 한 한번 임명되면 정권과 임기를 같이해야 한다. 이것이 책임정치이고, 대다수 선진국에서도 그렇게 한다. 전문성이 좀 떨어지더라도 기본적 자질이 있으면 시간이 지나면서 업무지식이 늘고 관료 장악력이 커진다. 관료 입장에서는 장·차관이 자주 바뀔수록 좋다. 승진 기회가 생기는 데다 업무를 잘 모르는 정치인이 장관으로 오면 재량권이 늘기 때문이다. 관료들은 언론을 이용하여 마음에 들지 않는 장관을 흔들고 자신에게 유리한 하마평이 실리게 한다. 이렇게 보면 장·차관의 임기가 짧은 정권일수록 관료에 휘둘린 정권이라고 평가할 수도 있다. 장·차관 등의 임기가 대통령 임기와 같은 5년이라면 관료는 자신의 승진이나 뒷자리를 위해 협조적인 태도를 취할 수밖에 없다. 1~2년이라면 마음에 맞지 않는 장관을 피해 한직에서 잠시 쉬다가 장관이 바뀌면 재기할 수 있지만 5년을 그러기는 어렵기 때문이다.

셋째, 관료가 장·차관이 될 수 있는 새로운 길을 만들어주어야 한다. 관료는 전문성을 가진 아주 우수한 집단이기 때문에 가능한 많이 그렇게 될 수 있어야 한다. 다만 지금처럼 과장·국장·실장·차관보 같은 단계를 거쳐 위험부담 없이 바로 장·차관이 되게 해서는 안 된다. 장·차관이 되려는 관료는 국장급 전후로 전문성을 쌓은 다음 퇴직하여 정당·시민단체·연구소 등에서 경쟁력과 정치적 소신을 갖추도록 해야 한다. 이렇게 해야 영혼이 있는 관료가 나올 수 있다. 이런 사람이 장·차관 등 정무직 공무원에 많이 임명되면 관료 통제도 쉬워지고 정당이나 시민단체의 전문성과 정책역량도 높아지며, 한국경제도 좋아진다. 그야말로 일석삼조의 효과다.

장기적으로 정무직 공무원의 범위를 차관보·실장·외청의 차장 등으로 점진적으로 확대하면 관료개혁의 효과가 더 커질 것이다. 정무직 공무원을 지낸 사람이 지금처럼 주로 대형 로펌이나 기업 등에서 음성적인 로비를 하기보다 연구소나 시민단체 등에서 정책방향을 제시하고 젊은 세대를 교육하는 데 열중하게 만드는 분위기도 형성해갈 필요가 있다.

관피아 철폐와 채용의 공정성 높이기

관료는 퇴직 후 산하 공기업, 관련 협회, 금융기관, 법무법인과 회계법인, 대학, 언론, 민간기업에 이르기까지 광범위하게 자리를 얻는다. 이것은 민관유착인 동시에 관료집단의 또다른 정보력과 힘의 원천이 된다. 세월호참사 이후 이른바 관피아 철폐 움직임이 강하다. 관료들이 퇴직 후 관련 기관에 낙하산으로 내려가는 것은 확실히 금지해야 한다. 요즘은 관료가 가던 자리에 정치인이 간다고 해서 '정피아'라는 말이 나오기도 한다. 이것도 좋은 일은 아니지만 관료가 가는 것보다는 낫다. 관료가 감독 대상 기관에 낙하산으로 가지 못하면 어찌되었든 관리·감독이라도 좀더 객관적으로 할 수 있기 때문이다.

그러나 치매기가 있는 사람이나 고령의 코미디언이 공기업의 사장이나 감사로 간 사례[16]처럼 정치적 연이 있다고 아무나 가게 해선 안 된다. 그렇다면 누군가는 기관장 등을 맡아야 하는데 관료 출신이 아니라면 누가 가게 될까? 아마 '마당발'로 불리는 정계·관계·언론계 등의 인맥 많은 사람이 대부분을 차지할 것이다. 한국사회에서 마당발들은 술자리와 인맥·로비력을 이용하여 민원을 해결하거나 예산을 확보하는 등 조직에 기여해 승진이나 출세가 빠르다. 개인이나 개별 조직의 입장에서는 마당발이 내는 이런 성과가 의미있고 필요할 수도 있다. 그러나 국민경제 전체로 보면 이들은 다른 사람이나 조직으로 갈 것을 빼앗아오는 역할을 할 뿐이다. 즉 제로섬 게임의 승자일 뿐 새로운 가치를 창출하여 국민경제를 키우지는 못한다. 마당발들은 이권을 따먹는 경제에서는 뛰어나겠지만 창조경제에서는 쓸모가 없다. 또한 이들이 섭외나 로비에 돈을 많이 쓰면 다른 사람도 그와 비슷하게 써야 하기 때문에 고비용 구조를 낳고 국가경쟁력이 떨어진다.

통상 공기업·협회 등의 기관장, 부기관장, 감사는 공모-추천-검증 과정을 거쳐 임명된다. 마당발은 인맥이 좋은데다 대필로 책을 내거나 칼럼을 쓰는 경우도 있고, 박사학위를 받은 사람도 많아 유리할 수밖에 없다. 이들 중에서 전문성이나 업무지식은 거의 없고 인맥 관리만 한 사람을 걸러낼 수 있어야 관피아 철폐의 효과가 제대로 난다. 이들이 관료 출신의 자리를 메우면 인맥과 로비를 우선시하므로 관피아의 폐습이 사라지지 않는다. 여기에다 전문성 부족 탓에 업무에 문제가 생기면 관료 출신이 차라리 나았다는 말이 바로 나온다.

끼리끼리 나눠 먹기가 만연한 한국사회에서 능력 없는 마당발의 발

---

16 「코미디언 감사 임명 코미디」, 『한겨레』 2014.8.8.

호를 막기 위해서는 두가지가 꼭 필요하다. 먼저 과도하게 부풀려진 공기업 기관장 등의 보수를 국민의 눈높이에 맞춰 대폭 낮추는 일이다. 이러면 제사보다 젯밥에만 관심있는 사람들의 발호를 어느정도 막을 수 있다. 다음은 좀 생경할 수 있지만 가칭 '기관장 등 취임을 위한 국가자격시험' 제도를 도입하여, 일정 점수 이상인 사람 중에서 기관장 등을 선발하는 것이다. 유사한 제도가 군 장교들이 전역 후 예비군 지휘관이나 민간기관의 비상계획관으로 갈 때 배정순서를 결정하는 방법으로 운영되고 있다. 군에서는 이러한 시험제도를 시행한 후 자리 배정의 투명성과 대상자의 수용성이 높아졌다고 한다.

구체적 시행방안은 많은 논의가 필요하겠지만 대략의 안은 다음과 같다. 응시자격은 기업(비정규직 포함), 공공기관, 농림어업, 자영업, 시민단체, 예술활동 등의 사회활동을 일정기간(15년 정도) 이상 한 사람으로서 학력이나 자격증의 제한을 두지 않는다. 시험과목은 한국사, 조직 및 인사관리, 일반상식, 전공(여러 분야 중 선택), 논술 정도로 하면 좋을 것 같다. 출제 방식은 논술을 제외하고는 객관성을 담보하기 위해 수능처럼 5지선다형이 좋다. 시험 난이도는 아주 쉬워서는 안 되고 변별력을 확보할 수 있는 수준은 되어야 한다. 시험 관리는 수능이나 고시 수준으로 엄격하게 해 부정 시비를 없앤다. 이 자격시험 적용 대상은 정부 부처와 고도의 정책결정을 담당하는 일부 공공기관을 제외한 모든 공공기관과 공기업, 공공성이 있는 협회 등으로 한다. 민간 부문은 자율에 맡기면 될 것이다. 적용 대상자는 기관장, 부기관장, 감사 정도로 한다. 적용 대상 기관의 중요성에 따라 공모 대상자 선정의 최저 점수를 차등화할 수도 있다.

이 제도가 시행되면 많은 긍정적 효과를 거둘 수 있을 것이다. 첫째,

정피아 등이 가는 낙하산 인사의 자질 시비를 줄이고 국민의 수용성을 조금 높일 수 있다. 둘째, 정치적 연은 없지만 현장 경력이 풍부하고 자격시험 성적이 아주 우수한 인재가 기관장 등에 임명된다면, 현장에서 열심히 일하고 공부하는 많은 사람에게 희망을 주는 일이 된다. 셋째, 외부에서 오는 기관장도 지금보다는 떳떳해져서 조직 장악력이 커지고 공공 부문의 개혁도 쉬워진다. 넷째, 나라를 끌고가는 사람들이 술집 등에서 로비하고 인맥을 만들기보다 공부에 관심을 갖게 되어 사회가 건전해지고 지식 수준도 올라간다. 그밖에 행정고시 폐지 후 대안이 되는 시험으로서의 의미와 함께, 청년기의 시험으로 인생이 결정되던 것을 40대 이후로 분산시켜 평생학습과 현장 교육이 강화된다는 장점도 찾을 수 있다. 이 제도는 생경하고 거부감을 불러일으킬 수도 있겠지만 관피아 철폐 이후 한국사회의 투명성과 신뢰성이 충분히 높아지기 전까지는 꼭 필요하다.

정치권과 시민단체 등의 정책역량 강화

관료집단이 한국사회를 전횡할 수 있는 가장 큰 이유는 정치권과 시민단체 등의 실력 부족에 있다. 정당은 표 얻기에, 시민단체는 구호와 운동에 주력하기 때문인지 구체적인 정책대안을 개발할 인재와 능력이 거의 없다. 그래서 정권을 잡았을 때 정치권이나 시민단체 출신은 점차 관료와의 경쟁에서 밀리고 시간이 지나면서 관료가 국정을 주도하게 된다. 이러한 현상은 이른바 민주정부에서 더 심했던 것 같다. 구체적인 정책대안을 제시하기 위해서는 전문 인력을 확보하고 당장 문제가 되지 않는 과제에 대해서도 장기간 자세한 부분까지 연구해야 하기 때문에 비용이 많이 들지만 생색은 나지 않는다.

인적자원과 재원 활용구조를 생각하면, 여당이나 야당의 정책연구소·시민단체의 각종 위원회·조그만 민간연구소 등은 훈수 정도는 가능할지 몰라도 국정을 끌고갈 역량은 부족하다고 판단된다. 정치권과 시민단체의 정책역량이 강화되어야 관료개혁이 가능하고 집권 후에 성공한 정권으로 남을 수 있다. 이 또한 어렵고 실질적인 대안이 많지 않지만 다음 세가지 방안이 큰 도움이 될 듯하다.

첫째는 정치지도자나 시민단체를 이끄는 이들이 정책역량과 구체적 대안, 디테일 등의 중요성을 인식해 스스로 공부하고 관심을 갖는 것이다. 그러다보면 제한된 인적·물적 자원도 이러한 분야에 조금씩 더 많이 투입될 수 있다.

둘째는 영입하는 인재를 명망가보다는 실질적인 정책역량 보유자로 전환하는 일이다. 정당 등이 우선적으로 영입하는 대상은 정부기관이나 민간기업의 고위직이나 이름난 교수, 명사 등이다. 이들을 통해 조직의 세를 불리고 지명도 및 지지도를 높이려는 전략이겠지만 이들은 앞서 봤듯이 마당발인 경우가 많고 실무에서 손을 놓은 지 오래된 사람이 대부분이다. 덕담이나 몇몇 아이디어를 내주는 것은 가능할지 몰라도 구체적인 정책대안을 개발할 능력은 거의 없다.

정부기관 등의 실무책임자 출신, 기업 출신 전문가 중에서 정책개발 능력이 있고 사회·정치 의식을 갖춘 사람을 찾아 영입해야 한다. 이런 조건을 갖춘 사람이 많지는 않겠지만 분명 찾을 수 있을 것이다. 그렇게 찾아낸 인재는 직책·호칭 등에서 충분한 대우를 해 초빙할 필요가 있다. 필요하다면 이러한 인재 영입을 위한 조직도 만들어야 한다. 한국정치에서 우선 필요한 것은 명망가 등으로 구성된 '그림자 내각'이 아니다. 각 정치세력의 비전과 이를 실현할 구체적 정책대안이다.

셋째는 영입된 전문 인력의 활동을 지원하고 충분히 활용하는 것이다. 이들에게 정치권이나 시민단체 등의 젊은이와 손잡고 정책개발과 현안에 대한 연구를 담당케 하면, 정책개발과 함께 젊은 세대의 실질적인 업무능력 개발도 기대할 수 있다. 강의를 통해 배우는 것보다 일을 하면서 배우는 바가 훨씬 많기 때문이다. 이렇게 육성된 인재가 국회의원 보좌관 등으로 일할 수 있다면 효과는 더 클 것이다. 이런 정도는 제1, 2당이나 대형 시민단체에서 뜻이 있다면 할 수 있는 일인 것 같다.

5. 금융산업에 제 역할 찾아주기

국민경제를 위한 금융산업으로 바꾸자

한국의 금융산업은 낙후되어 있고 국민경제에 별 도움이 되지 않지만 금융기관 경영진과 금융관료에게는 꿀단지나 다름 없다. 주주와 기존 직원에게도 꽤 괜찮다. 한국의 금융기관은 제 역할을 하지 못하면서도 과보호 덕으로 수익을 편하게 내고 경영진은 엄청난 연봉을 챙긴다. 금융관료도 퇴임 후 비슷한 혜택을 누릴 수 있다. 한국의 금융산업이 금융기관 경영진과 금융관료를 위해서가 아니라 국민경제를 위해 존재하게 하여야 한다. 이를 위해 추진해야 할 정책은 많지만 다음 세가지가 우선이다.

첫째, 금융의 기본 기능인 자금융통 기능이 제대로 작동하게 하여야 한다. 즉 영세사업자·창업자·저신용자 등의 금융접근성을 넓힐 수 있도록 제도를 개선해야 한다. 영세기업과 창업자 등에 대한 자금 지원이 장기적으로 지속되기 위해서는 미소금융·햇살론 같은 서민정책금융의 신설·확충보다는 신협 등 서민금융기관이 제 역할을 할 수 있도록 지원·육성하는 것이 훨씬 더 중요하다. 서민금융도 시장에서 정상적으로 조달된 자금으로 운영되어야 지속가능하다. 기부금이나 정부보증 등에 의존한 정책자금은 일시적인 지원 효과는 있겠지만 장기적으로는 스스로 시장에서 자금을 조달해 대출하는 서민금융기관의 발전을 막을 수 있다.

영세사업자 등의 금융접근성 강화는 신협과 새마을금고, 농·수·축협의 단위 조합, 상호저축은행의 육성과 제도 정비가 핵심이다. 집세·병원비·등록금 등이 없어 대부업체나 사채업자로부터 약탈적 금융 피해를 당하는 사람들의 문제는 기본적으로 금융의 문제보다는 복지의 문제가 더 크다. 이들의 피해를 줄이기 위해서는 서민금융의 확충과 대부업체 등에 대한 규제보다 주거와 의료, 교육 등 인간의 기본적 생활을 위한 복지 확충이 더 시급하다.

둘째, 금융도 하나의 산업으로서 괜찮은 일자리를 충분히 만들고 경쟁력을 갖추며 실물 부문과 균형적으로 발전할 수 있게 해야 한다. 경쟁력은 기본적으로 경쟁을 통해 키워진다. 국내건 해외건 경쟁이 있어야 경쟁력 있는 금융기관이 나온다. 먼저 손쉬운 국내에서라도 은행에 대한 과보호를 조금씩 걷어내 경쟁을 시켜야 한다. 이를 위해서는 금융기관 신규 설립을 단계적으로 허용해야 한다. 은행 등 금융기관 신규 설립은 선진국에서는 일상적인 일이지만 한국에서는 1993년 이후 은행 신규 설립이 없었다. 은행 신규 설립 허용은 감독당국, 기존 은행, 신규 은행 모두에게 장애물이 많고 어려운 일이다. 정책당국은 은행 등의 신규 설립을 단계적으로 확대하고, 신규 설립 은행이 쉽게 영업을 할 수 있는 인프라도 만들어주어야 한다.

셋째, 금융감독체계와 감독방식을 전면적으로 개편해야 한다. 한국 금융산업은 감독당국의 철저한 통제하에 있고 금융산업의 많은 문제가 감독당국의 전문성·책임성·중립성 등의 부족에서 기인한다. 금융관료는 관료 가운데서도 퇴임 후에 고액연봉 등의 혜택을 가장 많이 챙겨온 집단일 것이다. 그럼에도 금융산업은 한국에서 가장 낙후된 산업의 하나로 남아 있다.

금융위원회와 금융감독원 조직을 통합하여 책임성·전문성·중립성을 지닌 조직으로 만드는 것이 중요하다. 금융감독 조직 개편은 그간 많은 논의가 있었고 2008년 세계 금융위기 이후 선진국의 사례가 있어 추진 의지만 있다면 어려운 과제는 아니다. 금융위·금감원·기획재정부·한국은행 등 이해 당사자 간의 의견조정이 안 되는 것은 금융감독권이 주는 이권과 특혜가 너무 크기 때문이다. 이러한 이권과 특혜를 줄이기 위해서는 금융 분야의 관피아를 철폐하고 금융감독당국의 업무 방식을 전면적으로 수술해야 한다.

이외에도 금융 규제의 투명성·합리성을 높이고 금융산업의 국제화를 촉진하는 작업도 금융산업 발전을 위해 중요하다. 다만 한 분야에서 너무 많은 정책을 추진하는 것은 부담이 크고 쉽게 피로감이 생긴다. 앞의 세가지 과제도 우선순위를 정해 두가지 정도는 먼저 추진하고 나머지 과제는 단계적으로 추진하는 것이 좋다.

서민금융기관의 지원 및 육성

한국에서 서민금융기관의 범주에 들어가는 것은 신용협동조합과 새마을금고, 농·수·축협의 단위 조합, 상호저축은행 등이다. 기관별로 처한 상황이 다르므로 지원·육성 방법도 달라야 한다.

신용협동조합·새마을금고의 지원 및 육성

첫째, 서민금융과 지역금융의 대표격인 신협과 새마을금고에 대해서는 많은 지원과 독려가 필요하다. 세제 혜택의 존치, 업무 규제의 완화와 건전성 규제의 강화, 중앙회와 연합회의 특수은행화와 함께 관계금융을 보다 많이 취급할 수 있도록 유도해야 한다.

서민금융은 소액거래로 취급 비용이 크고 차입자의 신용도가 낮다. 신협과 새마을금고가 은행과의 경쟁이 어려운 이유다. 신협과 새마을금고의 예금과 출자금에 대한 현재의 세제 혜택은 경쟁 기반을 확보할 때까지 상당 기간 유지하여야 한다. 규모가 작다고 제한해온 자기앞수표 발행, 펀드 판매 대행, 한국은행과의 거래 등의 업무 규제를 없애 은행 등과 경쟁할 수 있게 해야 한다. 반면 거액대출 제한 등 건전성 규제는 강화하여 부실화 가능성을 줄여야 한다. 소액대출이 다수 부실화되는 것보다 몇개의 거액대출이 부실화되는 것이 금융기관을 도산으로 이르게 할 가능성이 훨씬 크다.[17]

---

17 1997년 IMF 금융위기 때 많은 지방은행들이 도산한 이유도 지방 중소기업 대출의 부실화보다는 해태·삼미·진로·기아 등 대기업 대출의 부실화가 주 요인이었고, 2000년대 중반 여러 상호저축은행의 도산도 거액의 부동산 PF대출이 부실화되었기 때문이다. 이에 비해 소액대출에 주력해온 새마을금고는 일부 임직원의 비리 등 문제에도 불

신용협동조합중앙회와 새마을금고연합회는 농협중앙회·수협중앙회 같이 특수은행[18]화하여 폭넓은 금융서비스를 제공할 수 있게 하여야 한다. 현재는 신협·새마을금고와 거래하던 영세기업이 사업 규모가 어느 정도 커지면 대부분 은행으로 거래 금융기관을 바꾼다. 신협 등의 입장에서는 어렵게 지원해서 키워놓은 거래처를 빼앗기는 것이다. 기업의 입장에서도 오래 거래해온 신협 등을 떠나 은행과 새로운 관계를 수립하는 데 노력과 비용이 많이 든다. 특수은행화 한 신협중앙회 등이 성장한 기업에 대해 더 많은 규모의 대출과 복잡한 외환서비스 등을 제공할 수 있다면 모두에게 좋은 일일 것이다. 다만 중앙회·연합회와 개별 신협 등의 업무 경합이 발생하지 않도록 제도적 장치를 마련해야 한다. 중앙회와 연합회는 가계예금의 수취와 대출, 일정 규모 이하의 중소기업 대출 등을 취급할 수 없도록 할 필요가 있다. 이러한 제도적 개선이 이루어지면 한국의 신협과 새마을금고 제도도 독일 신용협동조합은행 제도와 유사해진다.

그러나 이러한 제도적 보완만으로 영세사업자 등의 금융접근성이 바로 좋아지지 않는다. 담보나 과거 실적 등 객관적 자료가 부족한 기업이나 개인 가운데서 대출상환 가능성이 높은 사람을 골라내어 대출을 해주는 관계금융이 활성화되어야 한다. 관계금융은 대출 대상자들과의 오랜 접촉과 관찰 등을 통해, 정량적 자료보다는 차입자의 평소 행동과

구하고 공적자금 투입 없이 지금까지 유지되고 있다.

18 특수은행은 신한·하나 등의 일반은행이 재원의 문제나 수익성·전문성의 제약으로 필요한 자금을 충분히 공급하지 못하는 특정 부문에 자금을 공급하기 위해 특별법으로 만든 은행이다. 현재 영업 중인 특수은행으로 수출입은행, 산업은행, 중소기업은행, 농협은행(농협중앙회 신용사업 부문), 수협은행(신협중앙회 신용사업 부문)이 있다.

독일의 신용협동조합은행은 단위 신협과 상위 조직인 신협중앙회로 구성되어 있고, 자회사로 자산운용사·생명보험사·리스사 등을 보유하여 종합 금융서비스를 제공한다. 단위 신협은 협동조합법에 따라 설립·운영되는 협동조합이면서 은행법에 따라 감독당국의 허가를 받아 모든 은행 업무를 영위하는 일반은행이기도 하다. 단위 신협의 종류는 지역 상공업자신협, 지역 농민신협, 철도역무원과 의료종사자의 신협 등 아주 다양하다.

신협중앙회는 단위 신협의 지급결제, 유동성 관리 등을 지원하고 일반은행으로서 은행 업무도 취급한다. 주요 업무는 대기업을 대상으로 한 기업금융·국제금융·투자금융이며, 가계를 대상으로 한 소매금융 업무는 거의 취급하지 않는다. 즉 단위 신협과 신용중앙회 간의 업무 중복이나 경합이 발생하는 일이 매우 드물다. 독일 신용협동조합은행은 조합원 수가 약 1600만명으로, 독일 경제활동인구의 40% 정도를 차지하는 독일 은행산업의 든든한 기반이다.

평판 등 정성적 자료를 중심으로 대출상환 가능성을 평가한다. 관계금융은 금융기관의 관리비용 증가, 대출기업의 협상력 약화 등을 초래할 가능성이 있지만 창업자나 영세사업자가 담보나 보증 없이 적절한 금리로 대출을 받을 수 있는 거의 유일한 방법이다.[19]

한국에서 관심이 적고 비용이 많이 드는 관계금융이 활성화되려면 신협·새마을금고의 직원 및 감독당국의 더 많은 노력과 고민이 있어야 한다. 신협 등의 경우 1997년 IMF 금융위기 이전에 신용대출이 현재보

---

19 Patrick, Baltan et al., "Relationship and Transaction Lending in a Crisis", BIS 2013.

다 훨씬 많았다는 것을 고려할 때 관계금융의 활성화가 불가능한 것은
아니다.

만약 정책당국의 지원에도 불구하고 신협과 새마을금고가 관계금융
등 본연의 기능을 하지 못한다면 협동조합기본법[20]을 개정하여 금융·
보험업 부문에서도 협동조합을 설립할 수 있게 하여야 한다. 금융·보험
분야에서 새로운 협동조합이 생겨나 풀뿌리 금융을 키워갈 수 있게 해
야 한다.

농·수·축협과 상호저축은행의 개선 및 정비

둘째, 농·수·축협의 단위 조합은 진짜 조합원이 주인 노릇을 할 수 있
도록 조합원 제도와 선거제도를 우선적으로 개선해야 한다. 농·수협은
정부지원이 많고 규모도 크고 기본 체계도 갖추어져 있으나, 조합원보
다는 조합장과 조합 직원을 위한 조직으로 변한 상태다. 제사보다는 젯
밥에 관심있는 짝퉁 조합원을 걸러내고, 기존 조합장에게 유리한 선거
제도를 개혁하며, 조합장과 조합 직원을 감시할 수 있는 시스템을 도입
하는 등 농·수협이 농민과 어민 등 조합원을 위한 조직으로 변할 수 있
도록 하여야 한다. 그리고 이러한 조합원 제도의 개선은 신용협동조합
과 새마을금고 등에도 적용하여야 한다.

셋째, 서민금융기관의 역할을 못하는 상호저축은행 제도를 정비해야
한다. 상호저축은행은 1972년 8월 사금융 양성화 조치의 하나로 사설
무진회사 등을 제도권 금융기관으로 만든 것이다. 2001년 3월에는 상

---

20 협동조합기본법상 협동조합은 5인 이상이 모여 금융·보험업을 제외한 모든 업종에
서 설립이 가능하다.

호신용금고에서 상호저축은행으로 명칭이 변경되었다. 문제는 2006년 5월에 88클럽(BIS 자기자본비율 8% 이상, 고정이하 여신〔부실채권〕 8% 이하)에 해당하는 저축은행에 대해서 동일인 여신한도 등 건전성 규제를 대폭 완화하면서 생겨났다. 상호저축은행의 절반 정도가 88클럽에 해당되고 이들은 서민금융과 거래가 먼 부동산 PF대출 같은 고수익·고위험 거액대출을 취급하다가 부실화되었다.

상호저축은행은 신협·새마을금고와 경쟁하는 서민금융기관보다는 은행과 서민금융기관 사이를 채워주는 금융기관으로 자리 잡도록 하는 것이 바람직하다. 현재 살아남은 저축은행들은 서민들에게 급전을 빌려주는 제도화된 대부업체 업무에 주력하고 있다. 이는 과거의 부동산 PF대출보다는 문제가 적지만 예금수취 금융기관이 고리의 대부업에 전념하는 것은 권장할 만한 일은 아니다.

신용도가 떨어지는 영세기업이나 소규모 신설 기업 같이 보다 생산적인 분야에 대출을 많이 하는 저축은행을 우대할 필요가 있다. 생산적인 분야에 대한 대출 비중이 크고 재무상태가 양호하며 소유 구조가 은행법상의 금산분리 규제에 저촉되지 않은 저축은행은 일반은행으로 전환시켜주는 것도 좋은 정책대안이다.

은행 설립의 단계적 허용

은행 등 금융기관의 신규 설립을 허용하는 것은 일자리 창출과 금융산업의 경쟁력 강화 등을 위해 꼭 필요하다. 선진국의 사례를 볼 때 한국에서 실시하지 못할 이유를 찾기도 어렵다. 그러나 당연한 정책이라도 감독당국과 기존 은행들에게 충격이 크기 때문에 단계적으로 실시하여야 한다.

첫째 단계는 재무 구조와 소유 구조가 양호한 상호저축은행을 은행으로 전환하거나 지방은행이 없는 지역에 지방은행 설립 허용, 신협중앙회 등의 특수은행화, 인터넷 전문은행 설립 허용[21] 등 은행의 신규 설립을 허용하는 것이다. 상호저축은행은 규모만 작을 뿐 업무 형태가 은행과 비슷해 전환에 따른 비용과 시간을 절약할 수 있다. 특히 은행이 없는 증권이나 보험 중심의 금융그룹이 저축은행을 인수해 은행으로 전환하면 시너지 효과가 클 것이다.

한편 신설 은행은 은행업의 영위를 위한 전산시스템 구축과 금융결제원 가입 등에 많은 비용이 든다. 이것이 은행 설립의 실질적 제약이 될 수 있다. 한국의 경우 소형은행이 영업할 수 있는 인프라가 없어 전산 및 결제시스템 구축 관련 비용이 더 클 것이다. 금융감독당국과 금융결제를 책임지는 중앙은행이 협력하여 소형은행용 공용 전산시스템 개발 등을 통해 신규 은행의 진입 비용을 줄여주어야 한다. 이는 1993년 이후 은행 설립을 실질적으로 금지하여왔던 정책에 대한 책임이라고 보면 된다.

두번째 단계는 신설된 은행이 큰 문제없이 은행업을 영위해나가면 상호저축은행의 은행 전환 확대, 인터넷 전문은행 등 특화된 은행의 설립 확대, 외국은행 현지법인의 적극 유치 등을 통해 은행의 신규 설립을

---

21 2015년 6월 인터넷 전문은행의 신규 설립에 관한 정부안이 발표되었다. 금산분리 규제가 완화될 수 있는 문제는 있지만 은행의 신규 설립을 허용하겠다는 점에서 큰 의미가 있다. 그러나 인터넷 전문은행보다는 규모가 작아도 서민금융·지역금융과 관계되는 일반은행의 신규 설립이 금융산업 발전에 더 도움이 되는 일이다.

확대해나가는 것이다. 이어 증권회사·보험회사 등의 신규 설립도 늘려야 한다.

마지막 단계는 미국·유럽 등 선진국 같이 은행 등 모든 금융기관에 대해, 설립 요건을 갖추어 인가 신청을 하면 특별한 문제가 없는 이상 설립을 허용하는 준칙주의로 전환하는 것이다. 아울러 과도하게 큰 은행의 최저 설립자본금[22]도 선진국과 비슷한 수준으로 낮추어 시장의 진입 문턱을 낮춰주어야 한다. 결국 금융기관 설립 인가가 특혜가 아닌, 지방공단에 공장 설립 인가를 내주는 것 같은 공공서비스의 하나가 되어야 한다. 이는 금융 강국인 미국과 영국뿐 아니라 제조업 강국인 독일에서도 일반화된 일이다.

독일의 은행 신규 설립과 외국은행 유치에 대한 의지

'Made in Germany'를 자랑하는 제조업 강국 독일은 은행 등 금융기관의 신규 설립 및 외국계 금융기관 유치에 적극적이다. 특히 독일 내대표적 금융도시인 프랑크푸르트 시는 더 열심이다. 프랑크푸르트 시는 매년 연말 프랑크푸르트에서 근무하는 국내외 주요 금융 인사를 모아 근사한 송년행사를 한다. 게다가 행사 장소는 과거 신성로마제국 시기에 황제의 대관식 후 피로연이 열렸던 구 시청사의 황제의 방(Kaiser-saal)이다. 이때 중요한 일정의 하나가 그해 새로 생긴 외국계 은행 등에 대한 소개와 고마움의 표시다.

---

22 한국의 은행 설립을 위한 최저 자본금은 1000억원(지방은행 200억원)이다. 미국은 과거 200만달러(22억원)였다가 2002년부터 구체적인 기준을 없애고 사업 수행에 필요한 자본금이 있으면 설립 허가를 내주고 있다. 유럽연합은 모든 EU국가에서 증권업까지 할 수 있는 은행의 최저 자본금을 500만유로(60억원)로 정하고 있다.

독일 감독당국도 이를 적극적으로 지원하고 있다. 독일 금융감독원 국제국장과의 대화 도중에 "만약 한국의 대표기업인 삼성이 독일에서 은행을 설립하겠다고 한다면 어떻게 하겠느냐?"는 질문을 했다. 독일은 금산분리 규제가 없어 삼성 같은 산업자본도 은행업을 할 수 있다. "삼성 같은 세계적 기업이 독일에서 은행을 하겠다면 대환영이다. 국장인 나 자신이 은행 인가 서류를 직접 들고 다니면서 최대한 빨리 해줄 것이다. 그리고 삼성뿐 아니라 한국의 다른 금융기관이 독일에서 은행을 설립할 때도 나에게 이야기하면 적극 지원할 것이다"라고 약속을 했다. 여기에는 외교적인 수사도 섞여 있겠지만 독일 감독당국의 은행 신규 설립과 외국은행 유치에 대한 강한 의지를 알 수 있는 일화다.

은행이 새로 생겨나야 은행시스템이 지속가능하다

은행 등 금융기관의 신규 설립으로 금융기관 수가 늘어났을 때 사람들이 가장 크게 걱정하는 것은 경쟁 심화로 망하는 은행 등이 많아져 금융이 불안해질 수 있다는 것이다. 그러나 은행이 크고 은행 수가 적다고 금융이 안전한 것은 아니다. 대형은행이 소형은행보다 더 건전하며 망하지 않는다는 보장도 전혀 없다. 2008년 세계 금융위기 때 세계 5대 투자은행 중 리먼 브라더스, 베어스턴스, 메릴린치 등 세개가 망했다. 금융위기의 근본적 원인은 인간의 과도한 탐욕이고 인간이 과도한 탐욕을 자제하지 못하는 한 금융위기는 계속된다. 금융위기가 발생했을 때 지금의 한국 같이 소수의 대형은행만 존재하는 경우가 더 위험하다. 작은 은행들이 많아야 부실 은행의 구조조정이 쉽고 비용도 적게 들 수 있다.

1997년 IMF 금융위기 이전에 한국의 은행산업은 조흥·상업·제일·한

일·서울 등 오랜 역사를 가진 다섯개 대형은행이 주도했다. 이들 은행은 모두 부실화되어 많은 공적자금이 투입되었고, 이후 인수합병을 통해 모두 없어졌다. 다행히 1982년부터 1992년까지 신한·하나·한미·보람·대동·동남·평화 등의 은행이 신설된 상태였다. 이들 중 일부는 5개 대형은행과 같이 1997년 금융위기 이후 망했지만 신한·하나·한미 은행 등은 건전성을 유지해 살아남았다. 이들 건전 은행이 금융 구조조정 때 인수합병의 주체가 되었다. 만약 당시에 신한·하나 등의 은행이 신규로 설립되지 않았다면 한국의 은행산업은 거의 모두 외국인에게 넘어갔을 것이다.

지금 영업을 잘하고 있는 국민·신한 등의 대형은행이 앞으로 10~20년 후 과거 조흥·상업·제일 등과 같은 길을 가지 않는다는 보장이 없다. 은행의 신규 설립을 반대하는 정책당국자는 은행의 영생을 믿거나 아니면 내 임기 동안만 은행이 망하지 않으면 괜찮다는 사람이다. 사람이 죽듯이 은행도 언젠가는 망해서 사라진다. 새로운 은행이 계속 생겨나야 은행시스템이 지속가능해지는 것이다. 은행의 신규 설립 허용으로 기존 은행의 수익은 조금 줄겠지만 일자리 창출과 은행의 경쟁력 강화뿐 아니라 금융접근성 확대와 금융시스템의 안정성 강화 등 많은 효과를 거둘 수 있다. 그리고 이는 미국·유럽 등 선진국이 다 하고 있는, 그야말로 글로벌스탠더드인 정책이다.

금융감독체계 개편

서민금융 활성화와 은행 설립 확대 등의 금융산업 발전정책이 제대로 추진되고 정착되려면 금융감독당국의 역할이 중요하다. 한국의 금융감독체계는 1997년 말 금융위기 와중에서 졸속 개편되어 현재의 골격을 취하게 되었다. 한국은행 은행감독원·증권감독원·보험감독원·신용관리기금 등 네개 권역별 감독기관이 민간 공공조직인 금융감독원으로 통합되고, 이를 총괄하는 공무원 조직인 금융감독위원회(현재 금융위원회)가 설치되어 체계가 이원화되었다.

설립 당시에는 공무원 조직인 금융감독위원회는 「금융감독기구 설치 등에 관한 법률」 제15조 제1항에 의거 예산·회계 및 의사관리에 필요한 최소한의 인원만 둘 수 있게 되었으나, 1999년 5월 24일 동 조항이 슬쩍 삭제되고, 정부조직법이 개정되면서 금융감독위원회의 공무원 수가 빠르게 늘어났다. 2008년에는 금융감독위원회가 금융위원회로 이름을 바꾸고 금융정책 업무까지 수행하는 완전한 정부 부처가 되었다. 금융감독 조직이 명실상부하게 이원화된 것이다.

영국의 금융감독체계 개편

2008년 세계 금융위기 이후 미국·영국 등은 금융시스템의 안정과 금융산업의 건전한 발전을 위해 금융감독체계를 대폭 개편하였다. 이중에서 한국과 금융감독체계가 비슷했던 영국의 사례를 살펴보자. 영국은 2000년 6월 제정된 「금융서비스 및 시장법」에 의거, 영란은행 감독부, 증권투자위원회, 재무부 보험감독국 등을 통합하여 한국과 비슷한 단일 감독기구인 금융감독원(Financial Service Authority)을 설립·운영하였다. 물론 영국 금융감독원은 한국의 금융위원회·금융감독원의 이중 체계와는 달리 완전한 단일 감독기구였다. 그러나 2008년 세계 금융위기 시 단일 감독기구는 부적절한 대처, 중앙은행과의 업무 공조 미흡 등으로 시장의 신뢰를 잃었다.

영국 정부는 2013년 비대한 금융감독원을 건전성감독원(Prudential Regulation Authority)과 영업감독원(Financial Conduct Authority)으로 나누었다. 건전성감독원은 중앙은행인 영란은행의 자회사로 하고, 예금수취 금융기관과 보험사, 그리고 규모가 커 시스템적으로 중요한 기타 금융기관에 대한 건전성 감독을 담당한다. 영업감독원은 독립된 민간기구로 금융소비자 보호, 금융산업의 경쟁 촉진 등과 함께 건전성감독원이 담당하지 않는 중소형 금융기관의 건전성 감독도 담당한다. 영국의 금융감독제도는 건전성 감독과 소비자 보호 등 영업감독이 분리된 쌍봉형 체제다. 이로 인해 문제가 생겼을 때 금융시스템이 불안해질 수 있는 대형 금융기관, 즉 시스템적으로 중요한 금융기관은 두개의 감독기관으로부터 이중 감독을 받게 되어 있다.

영국을 포함한 여러 나라의 감독체계 개편 방향과 각국의 금융감독제도를 검토해보면 한국의 금융감독제도 개편방안도 쉽게 찾을 수 있다. 그간 학자들 사이에서 금융감독제도 개편에 관한 논의가 많이 이루어져 공감대도 어느정도 형성된 상태다. 금융감독도 기본적으로 중앙은행 같이 정치적으로 중립적인 조직에서 수행해야 어느 쪽으로 치우치지 않고 지속적으로 발전할 수 있다.

한국 금융감독체계의 개편 방향

먼저 금융위원회와 금융감독원을 통합하여 책임성·전문성을 높여야 한다. 단일 감독조직은 중앙은행인 한국은행과 비슷하게 중립성이 보장된 민간 공공기관으로 만들어야 한다. 이에 대해서는 금융감독이 주는 이권 때문에 공무원들의 반대가 극심할 것이다. 최악의 경우 단일 감독기구가 공무원 조직으로 간다 하더라도 기형적으로 분리된 지금보다는 나을 것이다. 중립성 확보는 어렵더라도 책임성·전문성은 커질 수 있기 때문이다.

다음으로는 단일 감독당국의 업무 부담을 줄여주어야 한다. 단일 감독기관은 은행·금융투자회사·보험사·서민금융기관·자산운용사·금융지원기관·헤지펀드 등 수많은 금융기관의 설립 및 폐쇄 등과 관련된 인허가, 이들 금융기관의 건전성 감독과 검사, 금융기관 및 임직원의 제재, 시장 감시, 금융상품 인허가, 소비자 보호 등을 담당한다. 단일 기관이 제대로 수행하기에는 너무나 많은 업무량이다. 금융기관 신설이 이루어지지 않는 것도 금융감독당국의 과중한 업무 부담과도 일부 관계가 있다.

일차적으로 금융소비자 보호 업무는 이해상충 문제가 있을 수 있으므로 단일 감독조직에서 완전 분리하여 독립된 기구에서 수행토록 해야 한다. 장기적으로는 영국 사례와 같이 시장 감시 업무와 금융기관 영업행위의 규제 업무도 분리하여 금융소비자 보호기구에서 담당하는 것을 고려해볼 만하다. 금융감독당국의 업무라고 볼 수 없는 금융정책 업무와 금융안정 업무도 분리하여야 한다. 금융정책 업무는 원래대로 기획재정부가 국제금융 업무와 같이 담당하도록 하면 된다. 금융안정 업무는 금융기관 건전성 분석 외에 거시경제 상황, 국제금융 시장 동향, 자산시장 평가 등 종합적인 분석과 평가가 필요한 업무이기 때문에 어느 한개 기관이 담당하기 어렵다. 선진국 사례처럼 기획재정부, 한국은행, 단일 감독기구의 세개 조직이 협의기구를 만들어 금융안정 업무를 담당하는 것이 바람직하다.

6. 조세와 복지, 이렇게 개혁하자

조세제도 개혁 방향

한국의 재정적자와 국가부채 등 재정 건전성이 빠르게 악화되고 있다. 일반 정부와 공기업[23]을 포함한 공공 부문 전체는 일시적으로 흑자를 보이고 있는 사회보장기금을 제외[24]할 경우 2013년 기준으로 GDP의 3.0% 적자를 보였다. 이는 재정적자는 GDP의 3%, 국가부채는 GDP의 60% 이내로 유지하는 것이 바람직하다는 재정 건전성 기준[25]에서 볼 때

---

[23] 한국은 4대강사업 등과 같이 정부사업을 공기업에서 대신하는 것이 많아 공기업의 적자와 부채를 포함하여야 정확한 재정 건전성을 평가할 수 있다.

[24] 국민연금이나 국민건강보험 같은 사회보장기금 재정은 현재는 흑자이나 장기적으로는 큰 폭의 적자를 보일 것으로 예상된다. 단기로 보면 사회보장기금은 재정에 대해 큰 흑자 요인이나, 장기로 보면 엄청난 적자 요인이다. 따라서 현재의 정부 재정수지를 평가하기 위해서는 사회보장기금을 제외하는 것이 좋다.

[25] 재정 건전성은 현재 은행의 건전성을 평가하는 BIS자기자본비율과 같이 통일된 기

위험치 수준이다. 공공 부문 부채는 국민연금이나 공무원연금 등의 충당금 부족분을 반영하지 않아도 2013년에 GDP의 63%를 차지하여 이미 기준치를 약간 넘어섰다. 공공 부문 전체에서 매년 GDP 2~3% 정도의 적자를 보이고 있기 때문에 공공 부문의 부채도 매년 이 정도 늘어나 재정 건전성은 계속 악화될 것이 확실하다.

과거에는 경제성장도 좋았고 물가도 올라, 조세수입이 쉽게 늘어나고 재정 건전성 유지가 저절로 되었다. 그러나 2008년 이후 저성장 기조가 고착화되고 있는데다 2015년부터는 물가도 거의 오르지 않고 있어, 구조상 앞으로 조세수입이 늘어나기 어렵다. 어설프고 부실한 조세제도를 개혁하지 않는다면 한국의 재정 상황은 머지않아 그리스나 일본의 뒤를 따를 가능성이 아주 높다.

담뱃세 인상이나 법인세율을 조금 인상하는 것은 미봉책일 뿐이다. 소득이 있는 곳에 세금이 있다는 조세정의 확립과 조세 기반 확충이 조세개혁의 기본 방향이 되어야 한다. 분명한 소득이 있는데도 이러저러한 이유로 세금을 내지 않는 경우가 많다면 세금을 제대로 내는 사람만 바보가 된다. 증세를 해도 공정성이 부족하면 조세에 대한 저항과 회피가 심해 기대한 만큼 추가 세금을 거두어들이기 어렵다. 부가가치세율 인상이나 담뱃세 인상 같은 간접세 인상은 미래에 더 어려운 시기를 위해 사용을 자제해야 한다. 한국은 남북통일이나 교류 확대 시, 그리고 급격한 고령화로 조만간 연금과 의료보험에서 거대한 재정수요가 발생할 수밖에 없기 때문이다.

준은 없다. 유럽연합이 회원국의 재정 건전성 유지를 위해 권고하는 기준이 GDP 대비 국가부채 비율 60%, 재정적자 비율 3% 이내이다. 개발도상국은 이보다 더 엄격한 기준을 적용해야 안전하다는 의견도 있다.

비과세 대상 축소, 법인세율 인상, 부동산 임대업에 대한 과세 강화

보다 구체적인 조세제도의 개혁 방향은 다음과 같다. 첫째, 조세특례제한법의 대대적인 정비를 통해 비과세 거래 및 대상을 대폭 축소해야 한다. 조세특례제한법에 보면 중소기업, 벤처 및 창업 기업, 연구 및 인력개발, 창업투자, 외자도입, 투자촉진, 고용지원, 기업 및 금융 구조조정, 지역 간 균형발전, 저축지원 등의 분야에서 비과세 거래나 대상이 열거할 수 없을 정도로 많다. 이중에서 혜택이 대기업, 부동산 보유자, 거액 금융투자자 등에 주로 돌아가는 조세특례는 과감하게 철폐하여야 한다. 중소기업, 농림업, 고용확대, 지역분산, 서민금융 등 지원이 필요한 부분은 당연히 존치해야겠지만 공론화·투명화 과정을 거쳐야 한다.

둘째, 소득세와 법인세의 세율 등 과도한 격차를 축소하여 조세 회피와 세수 감소를 막아야 한다. 개인소득에 적용되는 소득세 최고세율은 연간소득 1억 5000만원 이상인 경우 38%이다. 이에 비해 법인소득에 적용되는 법인세율은 2억원 이하 10%, 2억원 초과 20%, 200억원 초과 22%로 소득세율에 비해 크게 낮다. 여기에다 법인세는 중소기업, 창업기업, 벤처기업, 고용확대 기업, 농업법인 등의 경우 많은 우대 혜택이 있다. 따라서 법인 설립비용 등의 부담과 법인세·소득세의 이중과세 가능성은 있지만 법인이 개인보다 세율이나 비용처리 등에서 크게 유리하다.

주식회사 등 법인기업은 회계 투명성, 장기존속 가능성, 위험분산 등의 장점이 있어 개인기업보다 세금우대가 조금은 필요하지만 과도해서는 안 된다. 현재는 조세체계의 근본이 흔들릴 정도로 불균형이 심하다. 우선 소폭으로 법인세율을 인상하고 법인세 누진 제도를 두단계로 단순화해야 한다. 법인은 개인과 달리 해외 이전을 통한 조세 회피가 쉬운 점을 고려해 법인세율 인상 후에 그 효과를 점검할 필요가 있다. 세수 증가 등 법인세 인상 효과가 긍정적으로 나타나면 추가적인 인상을 하면 된다.

셋째, 상업용 건물 등 부동산 임대사업을 법인화하여 절세·탈세하는 것을 막을 방안이 꼭 필요하다. 부동산 임대사업의 법인화는 소득세에 비해 낮은 세율 적용, 임직원 급여를 통한 사전 증여, 상속과 증여의 용이, 양도소득세의 이연, 법인부동산의 취득세 면제(2014년 이전) 등의 혜택이 있다. 한국의 기득권층이 부동산이라는 공동이익으로 뭉쳐 있다는 것 외에는 부동산 임대사업자에게 이렇게 큰 혜택을 주는 이유를 설명하기 어렵다.

부동산 임대업의 법인화는 국민경제에 도움이 되지 않으며, 고용 효과도 별로 없다. 또한 부동산은 해외로 옮길 수 없으니 법인의 해외 이전 가능성도 거의 없다. 따라서 부동산 임대업에 대한 과세 강화는 부작용도 적다. 부동산 임대소득이 총 법인 수입의 일정 비율(예, 50%) 이상인 법인은 법인세율을 개인 소득세와 동일하게 적용하는 방안을 검토해야 한다. 그래도 상속증여의 용이, 양도소득세 이연 등 혜택이 크다. 그리고 당연히 가족의 임직원 채용의 경우 실제 근무 여부를 엄격히 관리해야 한다.

소득세 포괄주의의 도입 등 소득세 기반 확충

넷째, 주택임대소득에 대한 정상적인 과세, 소득세 포괄주의 도입 등을 통해 소득세 기반을 확충해야 한다. 주택임대소득에 대해서는 앞의 부동산시장 정상화 방안에서 제시한 방안대로 과세하여야 한다. 주택임대소득에 대한 과세가 정상화되면 소액 주식매매차익에 대한 과세, 종교인 소득 과세 등을 통해 과세되지 않은 소득 범위를 줄여야 한다.

보다 근본적인 것은 소득세 제도를 열거주의에서 포괄주의로 전환하는 것이다. 미국의 소득세 포괄주의는 소득의 종류와 관계없이 법상 명백히 비과세로 정한 것 이외의 모든 소득이 과세 대상이다. 뇌물·마약·도박 등 불법소득이든, 음성적 소득이든, 새로운 형태의 소득이든 모든 수입은 과세 대상이다. 납세자는 언제든 자신이 보유한 자산과 지출한 돈에 대해 탈세하지 않았음을 입증(탈세 무죄 증명)해야 한다.

한국의 경우 이와 같은 미국식 완전 소득세 포괄주의로 전환하는 것은 다소 어려울지 몰라도 유럽 국가들처럼 열거주의하에서 포괄주의 원칙을 넓게 적용하여 세금 탈루를 막는 것은 의지만 있으면 가능하다. 소득세 포괄주의를 도입했을 때 문제가 되는 사람은 뇌물을 받는 정치인과 공무원, 갑의 위치에 있는 기업 임직원, 불법도박업자·마약거래업자·조직폭력배 등 불법소득자, 세금을 탈루하는 고소득 자영업자나 전문직 등 소수다. 국민의 1%도 안 될 것이다.

소득세 포괄주의 도입에 대한 반대의견은 1994년도 금융실명제 도입 때와 같이 많이 있을 것이다. 금융실명제 도입 전까지는 금융실명제가 도입되면 자유로운 금융거래가 불가능해지고 충격이 커 경제가 곧 망할 것이라는 주장이 많았다. 현재 금융실명제는 덜 철저해서 문제이지 잘 작동하고 있고 경제에도 영향이 없다. 소득세 포괄주의도 금융실명제처럼 선진국에서 대부분 채택하고 있는 글로벌스탠더드로, 철저히 준비한다면 무리 없이 도입할 수 있다.

소득세 포괄주의는 조세 기반의 확충뿐 아니라 부정부패를 줄이는 데 기여해 사회의 투명성을 높이고 부의 정당성을 확보하게 해주는 정책 수단이다. 현재 한국의 부자 중에는 잘못된 소득세 제도 등으로 인해 세금을 제대로 내지 않고 부자가 된 경우가 많다. 소득세 포괄주의가 도입된다 하더라도 소급 적용은 불가능할 것이다. 따라서 부동산과 금융 자산 등 자산에 대한 과세는 상당 기간 높은 수준을 유지하여 과거 잘못된 조세제도를 보완할 필요가 있다.

이러한 조세 기반 확충과 조세개혁을 위한 정책이 성공하기 위해서는 '함께 세금 조금 더 내기' 같은 국민적 운동도 필요할 것 같다. 그리고 이러한 운동이 정착되고 조세제도의 공정성이 제고되면, 소득세 최고 세율 인상이나 부유세 같은 부자 증세도 본격적으로 논의할 수 있고 도입도 쉬울 것이다. 영세자영업자 등의 불만이 큰, 지역가입자의 국민건강보험료 또한 소득중심 부과체계로 개편하기 쉬워진다.[26]

마지막으로, 공자님 말씀 같지만 재정 건전성 확보를 위해서는 조세제도 개혁 못지않게 재정지출을 합리화·효율화·투명화 하는 것도 중요하다. 이를 위해 각종 정부지원 사업이나 토목사업 등을 국민이 직접 감시하는 방법을 찾아볼 필요가 있다. 국회나 지방의회, 감사원 등이 제 역할을 다하지 못하고 있기 때문에 이를 보완하는 방법으로 운용할 수 있다.

---

26 지역가입자의 국민건강보험료는 소득 파악 수준이 낮아 소득과 함께 부동산이나 자동차 등의 자산도 부과 기준으로 하고 있다. 따라서 실제 소득이 낮은 영세자영업자는 국민건강보험료의 부담이 크고, 임대사업자 같이 숨겨진 소득이 많은 사람은 부담이 적은 구조다.

복지제도 개혁 방향

복지제도를 둘러싼 현실적 제약과 문제점

한국의 복지제도는 앞에서 살펴본대로 어설프고 부족한 점이 많아 개혁과 보완이 필요하지만 다음과 같은 제약 요인이 있어 쉽지 않다. 첫째는 복지제도에 대한 사람들의 시각이 크게 다를 뿐 아니라 주장과 이론이 과도하게 정치화되어 있다는 것이다. 한쪽 끝에는 한국의 복지 수준은 경제능력에 비추어 이미 충분하니 더이상 확대할 필요가 없다는 사람들이 있고, 또 반대편 끝에는 아직 세계 주요국 가운데서 시행된 사례가 없는 '기본소득제'의 전면 도입을 주장하는 사람까지 있다.

더욱이 복지 확대의 필요성을 인정하는 사람들 사이에서도 우선순위와 방향이 크게 갈린다. 선별적 복지냐, 보편적 복지냐, 사회보험료 방식이냐 세금부과 방식이냐, 청년 복지가 우선이다, 여성과 장애인 등 사회적 약자에 대한 복지가 우선이다, 실업급여가 더 중요하다, 노인빈곤이 더 심각하다 등 아주 다양하다. 또한 무상급식과 무상보육 논쟁에서 보듯 복지 문제가 정치세력화 및 선거에서의 표 얻기 수단으로 사용되기도 한다.

모든 복지제도는 예산부담 외에도 각각의 부작용이 있다. 야당과 여당의 대표적인 복지정책 이슈인 무상급식과 무상보육을 살펴보자. 무상급식은 음식물 낭비가 대표적인 부작용으로 지적된다. 무상보육도 어린이집 부족, 질 떨어지는 사설 어린이집과 유치원의 난립 등 아주 큰 부작용이 있다. 그러니 부작용만을 생각하면 시행할 수 있는 복지정책이 없는 셈이다.

둘째는 한국의 경제 상황이 나빠지고 있어 복지 확대가 쉽지 않다는 것이다. 복지 확대는 경제 성장세가 커 나누어가질 것이 많을 때, 즉 재정 상황이 좋은 때 하기 쉽다. 복지 논쟁이 본격화된 2011년부터 한국경제는 저성장기로 들어갔다. 여기에다 부자 감세와 무리한 토목사업 등 이명박정부의 잘못된 재정 운영으로 재정 건전성도 크게 악화되었다.[27] 저성장·저물가 시기에는 조세수입의 자동적 증가가 없어 재정 건전성 유지가 매우 어렵다. 재정 건전성 유지와 복지 확대를 동시에 추구해야 하는 상황이 된 것이다. 복지 확대 주장이 설득력을 지니기 위해서는 단순한 부자 증세나 법인세 인상 외에 보다 체계적인 조세수입 확대방안, 다른 분야의 재정지출 삭감 등의 대안을 제시해야 한다.

셋째, 일부 복지는 경제능력 등에 비해 상대적으로 과도하게 지원되고 있어 축소가 필요하지만 기득권자의 저항이 너무 크다는 것이다. 공무원연금 등 특수직연금의 과도한 혜택, 국민연금을 이미 수령하고 있거나 곧 수령할 사람의 기여에 비해 과도한 혜택, 의료보험의 가벼운 증상에 대한 과다 지원 등이다. 복지제도의 균형과 예산 확보 등을 위해 복지 혜택의 축소와 조정이 필수적이나 공무원연금제도 개혁의 사례에서 보듯 한번 주어진 복지 혜택을 축소하기란 매우 어렵다.

복지제도의 개혁 및 운용 방향

이러한 제약 조건을 고려할 때 복지제도 개혁을 위해 가장 중요한 것은 한국 복지제도의 큰 틀에 대한 국민적인 공감대를 만드는 일이다. 현재 한국 상황에서 우선적으로 확대할 복지가 무엇이냐, 반대로 축소할

---

27 이명박정부 시절인 2008년에는 사회보장기금을 제외한 공공 부문 전체의 재정적자가 GDP의 7.2%까지 증가했었다. 이는 재정위기국 수준이었다.

부분이 있다면 어느 부분이냐, 복지 확충을 위해 재원을 어떻게 조달할 것이냐 등에 대해 어느정도라도 국민의 합의가 이루어져야 한다. 이를 위해서는 여당·야당·시민단체 등에서 상대방 진영의 인물을 포함해 토론회나 공청회 등을 지속적으로 개최하고 언론도 이에 주목해주어야 한다.

경제적 측면까지 고려한다면 한국에서 우선적으로 확대할 복지는 부동산 시장의 정상화 부분에서 언급한 집세에 대한 지원 확대이고, 다른 하나는 일자리 창출 부분에서 언급한 실업급여의 확대다. 특히 실업급여가 노동시장으로 진입하기 어렵거나 주저하는 청년층에게 많은 혜택을 주는 방식으로 디자인되면 청년실업 해소와 노동인구 증가라는 이중효과를 기대할 수 있다. 실업급여 확대를 위한 재원 확보를 위해서는 실업기금에서 부담하고 있는 출산휴가·육아휴직 등 모성보호 관련 사업자금을 해당 사업 취지에 맞게 재정이나 국민건강보험에서 부담하는 것도 우선 필요하다.

다음으로 복지제도의 운용 방향을 검토해보자. 복지 문제에서는 '보편이냐 선별이냐'보다는 연대와 자조를 중시하고 사각지대를 최소화하는 것이 더 중요하다. 보편이냐 선별이냐 논쟁은 복지라는 현실 문제를 이념화할 뿐이다. 다수 국민의 생각에 따라 보편 복지가 필요한 곳에서 보편 복지를, 선별 복지가 필요한 곳에서는 선별 복지를 하면 된다.

또한 연대와 자조에 기초한 복지는 정당성·지속가능성 등이 상대적으로 우수하다. 연대와 자조에 기초한 분야에 정부가 지원하고 관심을 보이면 복지 확대에 대한 일부 국민의 거부감을 줄이고 복지 관련 재정 부담을 완화할 수 있다. 요즘 조금씩 생겨나고 있는 의료생협의 경우 조합원의 의료비 부담을 줄이는 효과 외에 의료 과소비를 줄여 의료보험

재정에도 도움이 된다. 급격히 수요가 늘어나는, 거동이 어려운 노인의 복지 문제도 지역이나 종교단체를 기반으로 한 협동조합이나 사회적 기업이 대안이 될 수 있다. 경제력과 노동력이 있는 노인이 참여하여 돌봄이 필요한 노인을 지원하면 노인세대 내의 연대가 강화된다. 실업급여도 직업 안정성이 높은 공공 부문이나 정규직 직원의 보험료 인상을 기초로 비정규직이나 젊은이에게 돌아갈 혜택을 더 확대한다면 노동자 간의 연대가 강화될 수 있다.

사각지대를 최소화하는 것은 모든 복지에서 중요한 과제이지만 연금제도에서 더 시급한 것 같다. 한국은 고령화가 급속히 이루어지는 데 비해 연금 혜택이 부족한 사람이 아주 많기 때문이다. 연금제도는 사각지대가 클 뿐 아니라 이해관계가 복잡하게 얽혀 있어, 별도로 자세히 살펴볼 필요가 있다.

연금제도 개혁 방향

기초연금과 특수직연금의 문제점

한국의 공적 연금은 기초연금, 국민연금, 공무원연금 등 특수직연금의 세가지로 구성되어 있다. 이중 기초연금과 공무원연금 등 특수직 연금은 문제점과 개혁 방향이 비교적 단순하다. 물론 실제 해결에는 많은 어려움이 따른다.

기초연금은 지급 금액이 20만원 정도로 생계의 기초로서 크게 부족하다. 개혁 방향은 지급 금액을 단계적으로 인상하는 것이다. 그러나 급격한 고령화로 대상 인구가 빠르게 늘어나 재정 부담이 크다. 그리고 장애인·청년실업·주거비 지원 등 다른 복지 수요도 시급해 기초연금에만 재원을 더 쏟기가 매우 어렵다.

공무원연금·사학연금·군인연금의 특수직연금은 다른 연금이나 국민경제의 능력에 비해 혜택이 과도하다. 여기에다 군인연금과 공무원연금은 이미 기금 재원이 바닥나 세금으로 지원하고 있고, 사학연금도 머지않아 기금 재원의 고갈이 예상된다. 당연히 연금 기여금을 올리고 연금 혜택을 줄이는 방향으로 개혁해야 하나, 공무원 등 연금 대상자의 반발이 매우 크다. 또한 개혁이 일부 된다 하더라도 기여와 혜택 측면에서 세대 간 심각한 불균형 문제가 발생한다. 공무원연금 등을 이미 받고 있거나 곧 받을 사람은 기여한 것에 비해 아주 큰 혜택을 받는다. 젊은 공무원 등은 기여는 많이 하겠지만 혜택은 적어진다. 개혁의 소급 적용이 불가능하기 때문이다.

2015년 5월 타결된 공무원연금 개혁도 이러한 문제를 해결하지 못했다. 조금 더 내고 조금 덜 받는 방향으로 개혁되어 공무원연금의 과도한 혜택은 조금 줄었으나, 이번 개혁은 대부분 젊은 공무원에게만 적용된다. 현재 공무원연금을 받고 있거나 곧 받을 사람은 이번 개혁의 영향을 거의 받지 않는다. 여기에다 연금에 대한 과세도 문제다. 공무원연금이나 국민연금도 종합과세 대상이기는 하나 2002년 이후 발생한 연금만 해당된다. 현재 고액의 공무원연금을 받고 있는 사람은 대부분 비과세 대상이다. 젊은 공무원들은 앞으로 줄어든 연금 수령액과 세금부과라는 이중의 불이익을 안게 될 것이다. 엄청난 세대 간 불균형이다.

국민연금의 개혁 방향

국민연금은 문제가 아주 복잡하고 제대로 된 개혁 방향을 찾기도 더 어렵다. 주요 문제는 사각지대가 크고, 수령 금액이 노후 생활에 크게 부족하며, 2050~60년경 연금 재원이 고갈되지만 그 이전에 주식시장 등에 엄청난 충격을 준다는 것이다. 2035년경 국민연금의 보험료 수입보다 연금의 지급 규모가 더 커질 때 주식시장에 투자한 자금을 회수하면 시장이 붕괴할 수 있다.[28]

기초연금제도가 국민연금과 연계되면서, 국민연금 보험료를 조금씩이나마 내 월 30~40만원을 수령하는 사람은 기초연금을 제대로 못 받게 되었다. 국민연금 보험료를 전혀 내지 않고 20만원씩 받는 사람과 비교했을 때 불만이 크다는 것도 또 하나의 문제다. 따라서 조금 내고 조금 받느니, 차라리 내지 않고 나중에 기초연금을 받겠다는 사람이 늘어나 사각지대가 커진다. 또한 국민연금도 종합과세 문제를 포함해 공무원연금 못지않은 세대 간 불균형 문제를 가지고 있다. 이러한 문제를 기초로 먼저 생각할 수 있는 몇가지 국민연금 개혁방안을 점검해보자.

첫째, 소득대체율 인상 등과 같은 연금가입자의 부담과 혜택을 같이 늘리는 방안이다. 이는 연금의 사각지대를 해소하지 못한다. 오히려 부담이 늘면 가입자가 줄어 사각지대가 늘어날 수 있다. 연금 재원 고갈 시기를 다소 늦출 수 있지만 근본적인 해결방안이 되지 못하며, 상당 기간 연금 재원이 과도하게 쌓여 주식시장 등에 충격을 주는 문제는 오히려 더 커진다. 또한 젊은 세대는 보험료 부담이 늘어나는 데 비해 노후 연금 수령의 불확실성은 해소되지 않아 세대 간 불균형 문제도 더 커질 수 있다.

---

28 국민연금 고갈 시점과 연금 지급 규모가 보험료 수입보다 많아지는 시점은 훨씬 당겨질 수 있다. 고갈 시점 등의 예측을 위해 사용된 국민연금 수익률·경제성장률·출산율 등이 경제 현실에 비해 지나치게 낙관적이기 때문이다.

둘째는 국민연금의 의무가입제를 폐지하고 가입과 탈퇴가 자유로운 공영 노후연금 형태로 바꾸는, 보다 급진적인 방안이다. 이와 병행하여 연금의 사각지대 해소를 위해 기초연금의 지급금액과 수혜 대상자를 대폭 확대한다.[29] 이 방안을 도입하면 젊은 세대의 탈퇴가 급격히 늘어나 세대 간 불균형 문제와 연금재원의 급증 문제는 상당 부분 해결될 것이다. 그러나 현재 연금을 수령하고 있는 사람이나 곧 연금을 수령할 사람은 재정지원 없이는 지속적인 연금 수령이 거의 불가능해진다. 연금 탈퇴가 20~30대뿐 아니라 40~50대까지 확산되면 국민연금제도 자체가 붕괴되고 큰 사회불안 요인이 될 수 있다는 등의 문제도 있다. 이 때문에 이 방안은 합리적이기는 하지만 시행이 어렵다.

셋째는 국민연금 적립금의 일부를 기초연금 재원으로 사용하는 방안이다. 이 방안은 국민연금 적립금의 과다한 증가를 막고, 기초연금 지급액을 늘릴 수 있다는 장점이 있으나, 국민연금 가입자의 반발이 아주 거셀 것이다. 특히 국민연금 보험료를 어렵게 내온 비정규직 노동자나 영세자영업자들의 반발이 클 것이며, 국민연금 납부 거부로 이어지면 국민연금 고갈 시기가 더 당겨져 불확실성이 커진다. 이 방안보다는 정부가 30~50년짜리 장기 국채를 발행해 국민연금에게 인수시키고 돈을 빌려 기초연금 재원으로 사용하는 방안이 합리적이다. 국민연금 적립금은 어찌되었든 가입자와 가입자가 근무하는 기업이 번 돈으로 만들어놓은 것이기 때문이다.

넷째는 자영업자에 대해서는 국민연금 의무가입제를 폐지하고, 자영

---

29 이 방안과 셋째 국민연금 적립금을 활용하는 방안은 조국준 전 국민연금기금운영본부장이 주장한 것이다.(조국준 「우리나라 국민연금제도는 지속가능하며 고령사회를 대비할 수 있는가?」 국민연금연구원 세미나 자료, 2014.3.28.)

업자를 위한 별도 국민연금(국민연금II)을 만드는 방안이다. 국민연금 II의 관리는 현재와 같이 국민연금관리공단에서 계속 담당한다. 국민연금II는 가입·탈퇴·연금 납부 등을 자유롭게 하고 납입금액에 대해서는 소득공제 혜택을 주되 공제한도는 늘려준다. 자영업자가 사업이 잘 될 때는 국민연금을 충분히 납부하여 소득공제 혜택을 받고 노후대비를 하면 된다. 사업이 안 될 때는 조금만 납부하든가 납부하지 않을 수 있다. 특히 생존에 허덕이는 영세자영업자는 마음 편하게 국민연금을 납부하지 않고 노후에 기초연금 수령자가 될 수 있다.

이 방안은 의무가입 대상자가 줄어 국민연금 적립금이 빠르게 늘어나는 것을 완화할 수 있고 고갈 시기도 조금은 뒤로 늦출 수 있다. 또한 영세자영업자의 국민연금 의무납부에 따른 저항을 줄일 수 있다는 장점이 있다. 그러나 이 방안도 국민연금II가 아주 잘 운영되지 않는 한 국민연금 사각지대가 더 커질 수 있다는 문제와 함께 이미 국민연금에 가입된 자영업자를 강제로 국민연금II로 옮길 수 없다는 한계가 있다.[30]

연금제도 전반을 보완할 방법

이렇게 국민연금제도 개혁은 어렵고 문제가 많다. 국민연금제도는 구조적인 문제를 완화하고 경제논리에 맞는 개혁방안을 찾기가 거의 불가능한 것 같다. 따라서 현재로서는 국민연금제도 개혁 자체보다는 사각지대 축소와 세대 간 불균형 해소라는 방향에서 연금제도 전반을 보완할 수 있는 방안이라도 찾아야 한다. 어렵더라도 다음의 두가지가

---

30 이 방안은 국민연금제도를 자영업자까지 포함하여 전국민으로 확대하던 1999년에 도입되었다면 효과가 컸을 것이다.

현재 한국의 상황에서 현실적인 대안일 것 같다. 국민연금제도의 근본적 개혁은 좀더 시간이 지나서 문제들이 드러나기 시작할 때 추진하는 편이 국민적 합의점을 찾기 쉬울 것이다.

첫번째 방안은 부자 노인의 부담을 늘려 가난한 노인을 지원하는 노인 간 연대를 통해 노인 빈곤층에 대한 연금지원을 확대하는 것이다. 한국의 노인은 빈곤율이 높고 폐지를 주워야 연명할 정도로 가난한 경우가 많지만, 한편으로 부자도 노인이 많다. 부동산이나 금융자산을 많이 가진 사람은 대부분 노인이고 돈 잘 버는 사업장의 주인도 대부분 노인일 가능성이 크다. 공무원연금과 국민연금의 혜택도 나이든 사람의 혜택이 훨씬 크다.

여기에다 부실한 조세제도로 인해 과거에 돈을 많이 벌었거나 자산을 많이 가졌음에도 세금을 제대로 내지 않은 경우가 많을 것이다. 임대소득, 이자 및 배당 소득, 각종 연금소득 등은 대부분 분리과세 되거나 일부는 아예 과세되지 않는 상황이다. 이러한 소득원의 대부분은 노인들이 갖고 있고, 일부 노인의 이러한 소득은 젊은 봉급생활자의 평균소득보다 훨씬 많을 것이다. 그러나 이들은 세금이나 의료보험료 등을 전혀 내지 않거나 아주 적게 부담한다.

여기서 제안하고자 하는 가칭 '노인연대세'는 노인들 가운데서 위에서 말한 여러 소득의 합계액이 일정 규모(예: 매년 3600만원) 이상인 경우 저율로 과세하여 기초연금 확충과 국민연금 사각지대 해소 등 노인복지에 사용하는 것이다. 이는 노인 간 연대를 위한 새로운 세금으로, 증세의 문제가 있지만 과거 교육세와 농어촌 관련 세금 같이 고령화에 따른 목적세로 보면 된다. 노인연대세에는 세대 간 연금 혜택의 불균형을 완화하고 같은 세대를 어렵게 살아온 이웃을 지원한다는 의미도 있다. 이와 같은 노인연대세 제도가 제대로 작동하려면 임대소득세 과세 등 소득세제의 개편이 선행되어야 한다. 세금을 안 내는 소득이 많은 상태에서의 증세는 조세 저항이 더 클 수밖에 없다.

둘째는 토지·주택 등 부동산은 있지만 소득이 없는 노인에게 부동산을 소득으로 전환시켜 자신의 노후에 사용케 하는 것이다. 노인들 가운데는 토지와 주택 등 부동산은 많지만 소득이 없어 어렵게 사는 사람이 꽤 있다. 이 경우 정부는 우선 부동산 보유 노인에게 주택연금이나 농지연금 등에 가입할 것을 권유하고, 유산 상속예정자에게는 상속을 전제로 노인에게 생활비를 지급할 것을 권유한다.[31] 이 두가지가 이루어지지 않을 경우 정부는 부동산 보유 노인에게 연금을 지급하고, 대상자 사후에 부동산을 매각하여 연금지급액을 회수한다. 차액은 상속자산으로 상속자에게 귀속시키면 된다.

이 방안은 자신은 살기 어려워도 재산을 자식에게 주려는 생각이 많은 한국 노인들에게는 저항감을 불러일으킬 수 있다. 그러나 독일 등에서 시행하고 있는 제도이고, 급격히 고령화되고 있는 한국에서 부동산의 현금화를 통해 경제 활력을 조금 회복할 수 있다는 장점도 있다. 즉 노인 보유 재산의 회춘 방안의 하나이고, 재정 부담 없이 연금 대상자의 사각지대를 줄일 꽤 괜찮은 제도다. 연구라도 해보자.

---

31 주택연금이나 농지연금 대상이 아닌 부동산(임야나 나대지 등)을 소유한 경우에는 곧바로 유산상속 예정자에게 생활비 지급을 권유하면 된다.

7. 산업정책과 남북협력사업에 관한 몇가지 아이디어

중요하지 않은 산업은 없다

산업정책이나 남북협력사업은 경제 현장의 일이며 실제 일자리 창출이 일어나는 부문과 연결돼 있어 중요하다. 남북협력사업도 그렇지만 모든 산업은 하나하나가 중요한 의미를 지닌다.

농업과 에너지산업은 한국의 식량과 에너지 자급률이 낮은 점을 생각할 때 국민의 생존을 위해 필수적이다. 전자산업은 첨단 IT와 밀접히 연결돼 있고, 한국의 주력 산업의 하나다. 자동차산업은 전·후방 연관 효과가 크고 한국의 주요 수출산업이다. 철강은 모든 사업의 기초가 되는 산업이고, 화학산업은 중요한 소재산업이다. 기계산업은 숙련된 인력이 많이 필요하고 타 산업의 부가가치를 높인다. 금융은 독자적인 산업으로 좋은 일자리와 부가가치를 생산하고 다른 산업에 대한 자금지원 등 금융서비스를 제공한다. 섬유·패션은 장인 등 숙련 인력이 많이 쓰이는 명품산업이 될 수 있다. 술 산업도 농산물을 고부가가치화 하고 국가의 품격과 문화 수준을 높일 수 있는 분야다.

이렇게 모든 산업은 의미가 있으며 균형적으로 발전하는 것이 바람직하다. 이때 모든 산업의 발전은 시장원리를 원칙으로 스스로 경쟁력을 키우는 것이 전제되어야 한다. 따라서 산업정책의 일차적 과제는 시장원리나 경쟁력을 제약하는 불필요한 규제와 잘못된 제도를 개선하는 것이 되어야 한다. 아울러 시장 실패가 심각한 분야, 낙후된 산업, 국민경제에서 파급효과가 큰 산업에 대한 우선적인 지원과 육성이 필요하다. 그러나 특정 산업에 대한 지원이 과도해서는 안 되고 단기에 성과를 내려 해서도 안 된다. 이런 경우 기본적인 준비도 안 된 기업에 지원이 이루어지는 등 재정 낭비가 심하게 이루어질 수 있고, 시장원리가 깨져 장기적으로 경쟁력 기반을 훼손할 수 있다.

산업정책은 IT산업, 녹색산업, 창조산업 같이 시대적 필요나 유행에 따라 좋은 이름을 붙여 할 수 있다. 산업별로는 전자·금융 등 큰 범위도 가능하고, 보다 세분화된 반도체·모바일·투자은행·서민금융 등에서도 이루어질 수 있고, 아니면 핀테크(금융+기술) 같이 몇개 산업이 융합된 형태로도 가능하다. 결국 산업정책은 종류가 아주 많을 수밖에 없고 세세한 전문지식이 뒷받침되어야 하는 분야다. 남북협력사업은 이러한 산업정책적 측면과 함께 불확실성이 큰 북한과 함께한다는 어려움까지 있다. 즉 북한 전문가의 참여가 필요한, 더 복합적인 분야다.

산업정책이나 남북협력사업은 각 분야의 전문가들이 참여해 만들어내야 구체적 대안이 나올 수 있다. 여기서는 몇가지 분야에 대한 간단한 아이디어 정도만을 제시하고자 한다. 추후 전문가들이 구체화하는 작업이 필요하다. 많은 전문가들이 또다른 산업 분야와 남북협력사업에 대해 아이디어를 내고 정책을 만들어가면 산업정책과 남북협력사업은 더 풍성해질 것이다.

중소기업 정책의 방향 전환과 킹핀

역동적인 자본주의 경제라면 능력있는 사람들이 많이 창업에 나서고, 이들이 기업을 중견기업·대기업으로 키워나갈 수 있어야 한다. 한국에서 능력있는 젊은이는 창업보다 전문직이나 공무원이 되는 것을 목표로 한다. 또한 창업은 해서 살아남기도 어렵지만 살아남아도 이를 중견기업·대기업으로 키우기는 더 어렵다. 한국 중소기업 대부분은 종업원 5인 이하의 소기업이고, 1990년대 이후 창업해서 대기업으로 성장한 기업은 손으로 꼽을 정도다. 한국에서 중소기업이 중견기업·대기업으로 성장하기 어려운 이유는 금융의 낙후성, 인재 부족, 잘못된 규제 등 아주 많다. 이중 대표적으로 지적되는 것이 다음 두가지다.

하나는 중소기업에 대한 지원정책이 너무 많아 기업이 커지는 것을 기피하는 것이다. 즉 사업이 잘 되는 경우에도 기업 쪼개기, 인력 구조조정, 공장 해외 이전 등을 통해 인위적으로 중소기업의 지위를 유지하려 한다. 요즈음 중소기업은 규모만 작을 뿐이지 재벌과 비슷하게 기업집단을 이루어 그룹화된 경우가 많다. 잘 나가는 중소기업은 대부분 재벌과 같은 회장 체제로 운영하고 있다. 이제는 중소기업도 기업 집단을 지정해 동일 계열에 속한 중소기업들을 하나의 기업으로 보는 문제를 진지하게 고민해야 할 상황이 되었다.

또다른 이유는 재벌의 계열기업이 거의 모든 산업분야에서 철옹성을 치고 소왕국을 건설하고 있는 문제다. 즉 재벌기업들은 외부기업에 대한 의존 없이 계열기업을 통해 제조·판매·마케팅·유통 등을 거의 수행할 수 있는 체제를 구축했다. 재벌 계열기업은 자금력, 일감 몰아주기 등 내부 거래, 인지도 등을 통해 쉽게 성장한다. 반면 재벌은 일반 중소기업에 대해서는 단가 후려치기, 인력 및 기술 빼가기 등 불공정 거래를 통해 중소기업의 성장과 발전을 막고 있다.

이 두가지 외에 창업과 기업발전을 막는 큰 걸림돌은 앞에서 설명한 대표이사 등 기업 경영자의 연대보증제다. 이 연대보증제는 경제력과 능력이 있는 사람의 창업을 막고, 실패 시 재기를 어렵게 하며, 장기간 경영하여 기업을 중견기업·대기업으로 키우는 것을 꺼리게 한다. 어쩌면 이것이 한국에서 경쟁력 있는 중소기업이 부족하고 기업이 성장하기 어려운 가장 큰 제약 요인일지 모른다. 이렇게 볼 때 중소기업 정책의 방향과 킹핀은 자명하다.

중소기업 정책의 운용 방향

첫째, 중소기업 지원제도는 확충보다는 정비와 내실화가 필요하다. 금융·세제 등 중소기업 우대를 효율화하여 낭비 요소를 없애야 한다. 특히 정부보증 등 중소기업 지원제도에 의존해 생존해가는 좀비기업을 최소화해야 한다.

그렇지만 중소기업 지원도 새로이 꼭 추가할 것이 하나 있다. 창업 및 기업 경영에 필요한 인허가와 각종 보고 업무를 실제 대행해줄 시스템을 구축하는 것이다. 한국은 잘못된 관료제도로 인해 규제가 복잡하고 불투명하다. 이에 따라 인허가와 각종 보고에 노력과 시간, 비용이 아주 많이 든다. 그러나 인허가와 보고를 줄이기도 쉽지 않다. 이중 상당수는 실제 꼭 필요한 것이고, 필요한 것과 불필요한 것을 외형상 구분하기가 매우 어렵기 때문이다. 이러한 인허가와 보고는 신생 기업과 영세기업에 더 큰 부담이 된다. 기업이 어느정도 커지면 인허가와 보고 업무가 익숙해지고 기업 규모에 비해 이러한 업무의 비중이 작아 비용 부담이 줄어든다.

복잡한 인허가 때문에 사업하기 싫다는 사람도 꽤 있다. 자신의 돈을 들여 고용하고 생산하려는 것인데도 그 절차가 너무 까다롭다는 것이다. 따라서 정부 또는 공공기관이 요구하는 인허가와 보고 가운데 일정 규모 이하의 중소 제조업의 인허가와 보고는 해당 정부기관에서 책임지고 비용까지 부담하여 대행해주는 것이다. 인허가 및 보고 대행은 퇴직 공무원이나 관련 협회 퇴직 직원을 중심으로 자원봉사 형태의 비영리 조직을 만들어 수행하고, 해당 인허가와 보고를 담당하는 행정기관의 예산으로 최소 실비를 보전한다.

이는 일석삼조의 효과가 있다. 창업자나 소기업 경영자에 대한 실질적인 지원 효과가 있는데다, 행정기관 인허가에 대한 자율통제 효과와 은퇴자의 보람있는 일자리 창출 효과도 있다. 여기에다 이러한 중소기업 지원은 필요한 부분만 지원이 이루어져 실질적이고, 유용 가능성이 거의 없다. 자금지원이나 세제 혜택처럼 중소기업에 바로 돈이 주어지는 것이 아니라 창업할 사람과 사업을 하고 있는 기업의 업무를 경감해주어 기업이 잘 되게 하는 것이기 때문이다.

둘째, 중소기업 지원의 핵심은 재벌 및 대기업과의 거래에서 공정한 관계를 유지할 수 있게 제도와 법을 정비하는 것이 되어야 한다. 이를 위해 일차적으로, 재벌들이 가장 두려워하는 말이라는 '법대로'를 제대로 해보는 것이다. 공정거래법 등을 엄격히 적용하여 부당하도급, 인력 및 기술 빼가기 등을 막아야 한다. 복지뿐 아니라 중소기업 정책도 지원 확대보다는 정의와 공정을 우선시해야 한다. 중소기업과 학계에서 주장하고 있는 공정위의 전속 고발권 제도의 폐지, 집단소송제와 징벌적 손해배상제도 도입도 필요하다. 이는 선진국에서는 이미 시행되고 있는 것들이다.

특히 징벌적 손해배상제도는 자유주의적 시장원리를 기본으로 하는 미국에서 경제주체의 신뢰성을 확보하며 경쟁력을 높이는 핵심 수단이다. 징벌적 손해배상제가 도입되면 재벌 등 대기업 횡포가 크게 줄고 신뢰성이 높아져 경제 효율성이 크게 좋아질 것이다. 이러한 제도가 도입된다 하더라도 최종 판결은 법원에서 이루어지는 것이기 때문에 실제 충격은 그렇게 크지 않을 것이다.

중소기업 지원을 위한 킹핀

셋째 한국에서 창업 및 기업 성장에 실질적으로 가장 큰 도움을 줄 수 있는 정책은 대표이사 등의 연대보증제를 폐지하는 것이다. 한국에서 법인기업이 금융기관에서 대출 등을 받으려면 대표이사나 대주주로서 기업을 경영하는 사람은 의무적으로 연대보증을 서야 한다. 국가에 대한 조세 채무도 연대보증을 서야 하는 것으로 되어 있다. 이러한 강제적이고 의무적인 연대보증제는 독일 등 선진국에는 없고, 한국과 같은 경영자의 연대보증제가 있어 문제가 많았던 일본도 2000년 이후 대폭 축소했다. 대표이사 등의 연대보증제 폐지는 은행의 대출 기피 우려 등 부작용이 있겠지만 강력한 중소기업 지원정책이고, 장기적으로는 은행의 신용평가 능력도 높아진다. 돈이 들지 않고, 법을 지키거나 지키려고 노력하는 기업에 지원 효과가 큰 정책대안이다.

실제 시행 과정에서는 부작용을 줄이기 위해서 특수하고 예외적인 경우 기간을 정해 연대보증제를 인정하는 등 단계적으로 실시하는 것도 필요하다. 즉 초기에는 금융기관이 대표이사 등의 연대보증을 요구한 경우 필요성과 이유를 구체적으로 명시하게 하고 이를 감독당국이 점검하는 방식으로 운용할 수 있다. 또한 감독당국이 연대보증 대출의 비중을 은행 등 금융기관의 평가 시 중요한 참고지표로 삼으면 효과가 크다. 요즘 은행들이 추구하는 '착한 은행', 즉 은행의 사회공헌 등에 연대보증제 폐지를 가장 중요한 항목으로 포함시킬 수 있다. 실제 기부금 등을 많이 내는 것보다 연대보증제의 폐지가 국민경제에 기여하는 효과가 훨씬 크다. 또한 장기적으로는 은행산업이 선진화되는 길이기도 하다.

농업정책에 대한 몇가지 생각과 새로운 시도

한국 농업의 문제점

한국 농업을 생각하면 답답하고 어렵다. 산악국가인 스위스나, 사막 근처에 있는 이스라엘보다 낮은 식량자급률[32]과 농촌경제의 낙후성은 오래된 문제다. 여기에다 1997년 IMF 사태 이후 한국의 종자기업마저 외국인 손에 넘어가 한국농업은 근본까지 취약해졌다. 한국은 산지 비율이 70% 정도인데 건축용 목재와 가구용 목재의 거의 대부분을 수입하고 난방용 목재(팰릿)까지 수입을 한다. 또한 산에 가보면 껍데기는

---

32 한국은 곡물자급률이 사료용 포함시 23%로 OECD 국가 중 최저 수준이다.

푸르고 울창해 그럴 듯해 보이지만 안에는 간벌 등 관리가 거의 되지 않아 산림자원으로서는 엉망이다. 한국의 농림업이 왜 이렇게 되었을까? 무엇이 문제일까? 답을 찾기 쉽지 않다.

먼저 그 흔한 신자유주의나 재벌의 탓으로 돌리기도 마땅치 않다. 농림업에 대한 정부의 지원과 보호는 아주 폭넓고 재벌의 불법하도급 같은 것도 찾기 쉽지 않기 때문이다. 농업과 농촌지역에 대한 정부지원은 직불금 등의 직접 지원, 미곡 등의 수매, 농기구·비료·농약·석유류·전기 등의 저가 공급, 저리 자금대출, 비닐하우스, 농산물 가공시설 설치비 지원 등이 있다. 농촌에서는 땅만 있으면 가진 돈이 없어도 농사를 지을 수 있다.

농업 관련 지원 기관도 많다. 농림축산식품부·산림청·농촌진흥청·국립수목원·국립농림과학원 등의 정부기관, 여러 국책 연구기관, 농업정책금융보험원, 지방자치단체의 기술센터나 지역발전연구원 등이 있다. 너무 많아 어디서 무엇을 하는지 헷갈릴 정도다. 여기에다 어마어마한 돈과 조직, 인원, 힘을 가진 농업협동조합도 있다. 한국 농업의 현실을 볼 때 농협도 가진 돈과 힘에 비해 제대로 일을 하지 못하는 것은 확실하다. 농업 관련 정책과 지원, 기관이 많지만 무엇인가 크게 잘못되어 있고 제대로 작동하지 않는다.

한국 농업을 어렵게 만드는 원흉으로 지적되는 또다른 사안은 우루과이라운드나 FTA와 같은 개방이다. 이것은 상당한 영향이 있겠지만 진짜 근본 원인은 아닌 것 같고, 무엇보다 현재 시점에서 개방을 되돌리는 것은 거의 불가능하다. 개방으로 값싼 농산물이 수입되어 농업에 많은 피해를 준 것은 사실이다. 그렇지만 개방 이전에도 한국 농업은 낙후되어 있었다. 어떤 면에서 보면 개방으로 인해 농업에 대한 정책적 배려와 지원이 더 많아지기도 했다. 또한 네덜란드·덴마크·프랑스 등은 오래전부터 개방을 해왔음에도 농업의 경쟁력을 유지하고 있다. 개방이라는 외부 조건이 아닌, 낙후된 우리 내부의 진짜 원인을 찾아야 농업의 낙후라는 문제를 조금이라도 쉽게 해결할 수 있다. 이에 대해서는 다른 의견이 많이 있겠지만 일단 두가지가 눈에 뜨인다.

첫째는 땅값이 비싸다는 것이다. 단순한 경제논리로 보면 농산물의 생산가격은 농지가격의 기회비용, 농기구·비료·농약·종자 등의 비용, 인건비와 적정 마진의 합으로 구성된다. 한국은 땅값이 비싸, 농지를 사서 농사를 지으면 농지 매입대금의 은행이자 이상의 수익을 내기 어렵다. 산지를 사서 임업을 해도 마찬가지일 것이다. 1960년대 독일에 광부로 갔던 분들의 이야기를 들어보면 독일의 싼 농지 값에 놀란 사람이 많았고, 실제 싼 농지를 빌리거나 사서 농사를 지어 돈을 번 사람도 있다. 한국은 도시지역의 집값과 집세가 비싸 서민들의 삶이 어려울 뿐 아니라, 농지 값도 비싸 농업이 잘 안 되고 있는 것이다.

둘째는 여러가지 문제가 복합되어 드러난 현상이기도 하지만 농촌에 좋은 인재가 부족하다는 것이다. 특히 도전적이고 열정적인 젊은이는 농촌에서 찾기 매우 어렵다. 땅값이 비싸고 교육·문화시설이 부족하고 돈을 벌기 어렵기 때문일 것이다. 좋은 사람이 없는 것과 농업이 낙후되는 것은 서로서로 큰 영향을 주면서 악순환을 한다. 이 악순환의 고리를 어떻게 해서든 끊어야 한다. 그렇지 못하면 농촌은 미래에 더 큰 어려움을 겪게 될 것이다.

이 두가지 큰 문제를 해결하고 극복할 방안을 어렵더라도 계속 찾아야 한다. 땅값을 낮추거나 농촌으로 오려는 젊은 사람들에게는 거의 무료에 가깝게 농지를 빌릴 수 있도록 해주어야 한다. 이러한 방향에서 농업정책의 큰 방향을 점검해보자.

농업정책의 방향과 과제

먼저 지금 하고 있는 경지정리와 기계화를 통한 농업 생산성 증대 방식은 보조금 지급이나 농산물의 가격지지 없이는 땅값 때문에 경쟁력을 갖기 어렵다. 그렇지만 이 방식은 쌀 등 기본 농산물의 생산을 유지하기 위해서는 어쩔 수 없이 상당 부분 필요한 정책이다.

다음은 최근 조금씩 늘어나고 있는 것으로, 대형 온실의 수경재배 같이 시설투자를 통해 생산성을 높이는 방안이다. 이는 자본투입이 많아져 땅값 차이에 따른 경쟁력 격차를 줄일 수 있지만 위험부담이 크다. 농산물은 기상재해 등의 영향이 크고 가격 변동도 심하다. 따라서 자본투입이 많은 농업은 잘못되었을 경우 농민이 큰 피해를 볼 수밖에 없다. 농민의 부채가 과도하게 늘지 않는 선에서 적절히 키워야 한다. 성장에는 한계가 있을 수밖에 없다. 또 이 분야에 대기업 투자를 유도하는 것은 농민들의 반대 때문에 쉽지 않을 것 같다.

결국 한국 농업정책의 새로운 방향은 인력 투입이 많더라도 명품 농산물을 생산해 비싼 값을 받을 수 있게 하는 것이 되어야 한다. 농산물을 고급화하여 부가가치를 높이는 것이다. 한국 농업을 발전시키기 위해서는 쉽지는 않지만 이 방법뿐일 것 같다. 기본적으로 명품은 사람의 손이 많이 들어간 것이다. 자동차, 옷, 구두, 가방, 술, 음식 등의 명품도 마찬가지다. 어떤 농법이나 방식으로 명품 농산물을 만들 것인가와 어떻게 이러한 것을 만들 우수한 인재를 유치할 것인가가 관건이다. 농법은 여러가지가 있을 수 있지만 자연농법이 좋은 대안일 것이다.

자연농법은 친환경을 넘어 자연상태와 거의 같은 방식으로 농사를 짓는 것이다. 무농약과 무비료는 당연하고 유기농에서 쓰는 퇴비도 쓰지 않으며, 심지어 밭을 갈지 않는 무경운 방식까지 쓰는 경우도 있다. 당연히 이런 농산물은 비쌀 수밖에 없다. 자연농법은 아직 많이 알려지지 않았지만 공부와 연구모임이 늘어나고 실제 농장을 어느정도 성공적으로 운영하는 사람도 생겨나고 있다. 자연농법으로 생산한 농산물은 관행농법의 농산물뿐 아니라 유기농 농산물에 비해서도 안전성과 맛 등 여러가지 면에서 뛰어나다. 자연농법은 기술 교육과 보급, 품질 기준 마련, 유통망 구축 등 준비할 것이 많다.

자연농법에 적당한 농지는 관행농법으로 계속 농사짓던, 잘 정리된 농지보다는 버려졌던 땅이나 산지가 더 좋다. 4대강 난개발 이후 사용 안 하고 있는 강변 부지, 댐 상류 수몰지구로 수용된 지역 중 물이 안 차는 지역, 전방 군부대 이전 지역, 산림자원이 좋지 않은 산지 등이 자연농법에 좋은 후보지다. 정부는 이런 땅을 자연농법에 대한 인식 수준이 높고 자연농법으로 농사짓겠다는 사람이나 단체에 아주 싼 임대료를 받고 장기 임대를 하도록 한다. 특히 젊은이나 젊은이가 많이 포함된 단체에 임대 우선권을 주면 농촌지역에 젊은 인재를 유치하는 방안이 될 수 있다.[33]

다음으로 농산물을 고부가가치화 하는 방법은 농촌형 농산물 가공산업을 키우는 것이다. 농산물의 부가가치를 크게 높일 수 있는 대표적 산업 분야는 술과 식초일 것이다. 포도주의 경우 한 병에 몇천원부터 몇백만원에 이르기까지 가격대가 다양하다. 싼 포도주든 비싼 포도주든 들

---

[33] 정부의 특별한 지원 없이도 충청남도 홍성 지역에 젊은이들이 스스로 모여 친환경농업과 관련 농산물 가공업을 통해 지역 경제를 활성화시키고 있는 사례를 볼 때, 이러한 사업은 어렵지만 가능성이 있다.

어간 포도 양이나 병 값은 거의 비슷하다. 그러나 어떤 포도를 썼느냐, 어떻게 만들었느냐에 따라 가격 차이가 크게 나고 엄청난 부가가치가 생긴다.

한국에서 좋은 술로 취급되는 것은 위스키·포도주·사께 등 거의 대부분 수입산이고, 대중주인 막걸리·소주·맥주 등도 원료가 거의 수입된다. 현재 한국의 술 산업은 농업과 국민경제에 거의 기여하지 못하는 상태다. 또한 요즘 건강 등의 이유로 관심이 커진 천연발효식초도 비싼 것은 일본 흑초나 이딸리아 발사믹식초 등 수입산이다. 국내에서 좋은 천연발효식초는 구하기도 어렵고 신뢰성도 떨어진다. 식초는 술로 만드는 것인데 한국은 술 산업이 형편없기 때문에 식초산업도 좋을 수 없다. 술과 식초산업을 제대로 지원·육성하는 것은 한국 농업의 발전을 위한 중요한 정책 대안이다. 술과 식초 산업은 농촌에서 젊은이에게 수익성 있는 일자리를 창출하고, 관련 기자재·원료·가공판매 산업 등 전·후방 연관효과도 크다. 술 산업 육성방안에 대해서는 다음 부분에서 보다 구체적으로 살펴본다.

마지막으로 농업정책과 관련하여 중요한 과제는 농산물의 가격안정이다. 돼지고기와 닭고기, 양파와 배추, 마늘, 고추, 과일 등은 가격 폭등과 폭락 등 변동이 심하다. 농민은 농사를 잘 지어 풍년이 들어도 가격 폭락으로 힘들다. 소비자도 좋은 것만은 아니다. 다음해에는 가격 폭등 가능성이 크기 때문이다. 그간 농산물 가격안정을 위해 유통구조 개선, 정부의 수매와 비축, 긴급수입 등의 정책이 있었지만 효과는 크지 않고 예산 낭비만 하는 경우가 많았다. 농산물은 생산의 계절성이 크고 기상 여건 변화에 따른 생산량 변동도 많기 때문에 가격안정이 매우 어렵다. 다음 두가지 대안은 많은 노력과 연구가 필요한 과제이지만 농산물 가격안정에 큰 도움이 될 수 있을 것 같다.

품목별 농민 조직과 선물시장 활성화

첫째는 이헌묵[34]씨가 추진하고 있는 전국 단위 품목별 농민의 조직화 사업이다. 고추·양파·사과·오미자 등 각 품목별로 농민이 주도하는, 전국에 걸친 조직을 만들어 생산 조정 등을 통해 농산물 가격안정을 유도하는 것이다. 품목 문제는 해당 품목을 생산하는 농민이 우선 해결한다는 원칙하에 정부의 품목 관련 정책도 품목조직과 협의하여 수립·집행한다. 그리고 품목조직화 정도에 따라 정부는 정책 위임과 지원을 차등화한다. 이러한 품목별 조직이 농민에 의해 만들어지고 잘 운영된다면 농산물 가격안정 등의 효과는 클 것이다. 현실은 품목별 전국 조직화 작업이 쉽지 않고 앞장서 할 사람을 찾기 어렵다는 것이다.

둘째는 더 많은 연구가 필요한 과제이지만 국내에 우리 농산물을 대상으로 한 선물시장의 활성화와 추가 도입이다. 2008년 돼지고기 선물이 도입되었으나 홍보와 지원 부족 등으로 실적이 미미한 상태다. 추가 도입 대상 품목으로 생산과 수요가 충분하고 가격변동이 큰 닭고기·고추(고춧가루)·양파·배추·사과 등을 고려해볼 수 있다.

농산물 선물시장은 1848년 미국 시카고에서 밀·옥수수 등의 가격 폭등과 폭락을 방지하기 위해 농민과 농산물 가공업자가 만든 파생상품 시장이다. 당시 작황에 따른 곡물가격의 급등락으로 농민과 곡물 가공업자 모두 안정적인 경영이 어려웠다. 이를 극복하기 위해 농민과 가공업자는 곡물을 미리 정해진 가격으로 사고파는 선도(forward)거래를 시

---

34 사단법인 우리농업품목조직화 지원그룹 공동대표.

작했다. 그리고 이러한 거래를 쉽고 안전하게 하기 위해 거래 대상 곡물의 품질과 계약조건을 표준화하고 증거금 제도를 도입해 선물(futures) 거래로 발전시켰다. 이후 농산물 선물거래는 세계 여러 나라에 도입되었고 대상 품목도 주요 곡물·육류·과일 등으로 확대되었다. 농산물 선물거래에 이어 금·은 등 귀금속, 원유, 비철금속, 금융상품 등의 선물거래도 생겨났다.

한국은 농산물 시장 규모가 작아 어려움이 많겠지만, 제도를 잘 디자인하고 정책당국의 홍보와 강력한 지원이 있다면 불가능하지는 않다. 농산물 선물시장을 제도화하면 재정 부담 없이 농산물 가격안정을 유도할 수 있다. 또한 추가적인 투자 없이 한국증권거래소·농업정책금융보험원·농협 등 기존 관련 조직을 활용할 수 있기 때문에 실패를 하더라도 비용의 낭비가 크지 않다. 한번 추진해볼 만한 정책과제다.

우리 술 산업 육성방안

한국 술 산업의 현실

한국의 술 시장은 출고가격 기준으로 8~9조원, 음식점과 주점 등 최종 소비자가격 기준으로 25~30조원 정도로 추정된다. 원료와 관련 기자재, 유통 등 전·후방 연관 산업까지 생각하면 규모가 훨씬 더 클 뿐 아니라 많은 고용이 창출될 수 있는 산업이다. 이중 소주와 맥주 등 대중주 시장은 국내 대기업이 주도하고, 고급 술시장은 위스키·와인·사께·프리미엄 맥주 등 수입주류가 압도적이다. 이들 사이에 막걸리와 약주 등 전통주·민속주라고 불리는 술이 자리하고 있으나, 시장에서 차지하는 비중은 미미하다. 여기에다 막걸리 등의 전통주는 대부분 외국산 원료를 사용하고 제조방식까지 우리의 전통 술빚기 방식과는 거리가 멀다. 따라서 '우리 술이 무엇인가?' '한국이라는 나라를 상징하거나 대표할 술이 무엇인가?'에 대해 자신있게 답을 내놓기 어렵다.

한국 술 산업은 부가가치와 고용 등 국민경제에 대해서뿐 아니라 문화적으로도 의미가 거의 없는 셈이다. 우리 민족은 오래전부터 술을 즐겼고, 주몽탄생 신화에도 술 이야기가 나오고, 고구려 고분벽화에도 술마시는 그림이 있다. 조선 후기에는 많은 집에서 술을 직접 빚어 마셨고, 다양한 종류의 청주·탁주·소주가 있었다. 장례식이나 결혼식 등 큰 집안일뿐 아니라, 제사·농사일의 새참·손님 접대 등을 위해 집에서 술을 빚어 마시는 가양주 문화가 크게 번성했다.

한국에서 가장 오래된 한글 요리책인 『음식디미방』(1690년경)에 146종류의 음식조리법이 나오는데 이중 3분의 1이 넘는 51가지가 술 빚는 방법이다. 술 빚는 법은 집안에서 음식과 함께 주로 여성들에 의해 자연스럽게 계승되어왔다. 이러한 가양주 문화가 일부라도 기업화되어 발전하였다면 우리 술 산업은 지금보다 많이 좋아졌을 것이다. 가양주 문화가 단절되고 우리 술 산업이 낙후된 주된 원인은 일제침탈 및 해방 이후 잘못된 정책과 이상한 규제에 있다.

일제는 1905년 통감부 설치 이후부터 단계적으로 집에서 술을 빚는 것을 금지하고 술에 고율의 세금을 매겨 우리 민족을 수탈했다. 1930년대 중반 당시 조선 조세수입의 30% 정도가 주세 수입이었다. 해방 이후에는 일제 정책기조의 답습, 관료의 이권 챙기기, 기존 주류업체의 로비등이 겹쳐 우리 술 산업을 계속 뒤처지게 만들었다. 술과 관련된 한국의 경제 여건은 근본적으로 바뀌었다.

전체 조세수입 가운데 주세 비중은 2013년 기준으로 1.5% 정도에 불과하다. 한국의 전체 식량자급률은 낮지만 우리 술의 주원료인 쌀은 오히려 소비가 줄어 보관비용 등 재고관리가 문제가 되고 있다. 소득 수준 향상으로 고급 술, 맛있는 술에 대한 수요가 늘고 술 수입이 증가하는 상황에서, 우리 쌀로 만든 술 소비가 늘어나면 쌀농사를 지키고 식량위기에 대비[35]하는 효과를 거둘 수 있다. 경제 여건이 바뀐 것 이상으로 우리 술 관련 정책·제도·규제가 바뀌어야 한다.

한국 술 산업의 발전을 가로막는 것들

먼저 한국 술 산업 발전을 막고 있는 잘못되고 이상한 제도와 규제를 짚어보자. 첫째, 주류 제조면허(양조장 허가)는 국세청에서 내주는데, 허가요건·절차·제출서류 등이 매우 까다롭고 복잡하다. 주류 제조면허를 내는 것이 너무 번거롭고 시간이 많이 드는 것이 우리 술 관련 창업이 어려운 큰 이유다. 또한 제조면허 이외에 제조 품목별로 술 이름, 구체적인 제조 공정과 방법, 원료 종류와 배합 비율, 첨가물 종류 등에 대해 허가를 받고 가격과 용기도 사전에 신고해야 한다. 여기에다 원료와 첨가물, 제조방법이 국세청 제시 기준에서 벗어나는 술은 만들 수 없다. 의류 제조업체가 옷감·박음질 방법·디자인 등의 변경뿐 아니라 상표명·판매가격·포장박스 변경 때에도 다 사전허가를 받아야 한다면 정상적인 영업이 불가능할 것이다. 별도 세금을 내는 주류의 특성을 인정한

---

35 쌀의 소비가 늘어나야 논의 축소를 막고 식량위기에 대비할 수 있다. 쌀 소비를 늘릴 수 있는 방안은 우리 쌀로 만든 좋은 술을 마시는 것이다. 좋은 전통 청주 750ml 한병을 만들기 위해서는 2kg 정도의 쌀이 소비된다. 이런 술 한병을 마시면 일반인이 10일 이상 먹을 쌀을 소비하는 것이다.

다 하더라도 규제가 너무 심하다.

둘째, 한국 주세는 종가세를 채택하고 있어 고급술이 나오기 어렵고, 주세의 술 소비 감소 효과도 미미하다. 대부분의 선진국이 채택하고 있는 종량세는 술 양(알코올 양)에 따라 세금을 부과하기 때문에 비싼 술과 싼 술의 세금 차이가 적어 비싼 술의 가격경쟁력이 상대적으로 커진다. 또한 싼 술의 가격이 원가 대비 비싸져 국민의 술 소비가 줄고 건강이 개선되는 효과도 있다. 현재 한국에서 주세를 종량제로 전환하면 싼 술인 소주의 가격이 오르고, 위스키·포도주·사께 등 수입 고급주의 가격이 떨어지게 된다. 이것이 한국에서 주세를 종량세로 전환하기 어려운 이유다. 그러나 지금과 같은 '싸구려 술은 국산' '고급술은 수입산' 체제를 개선하기 위해서도 준비 기간을 갖고 주세 제도를 종량세로 전환하여야 한다.

셋째는 참으로 이해하기 어려운 규제인데 주세법 시행령 제3조에 의거 청주는 누룩을 사용된 쌀 총 무게의 1% 미만으로만 사용해야 한다. 우리의 전통 술 빚기는 쌀·누룩·물을 주원료로 쓴다. 우리 청주는『조선왕조실록』에도 수없이 나오고, 조선 후기에는 왕실뿐 아니라 경제적으로 여유있는 집에서 많이 빚어 마셨다. 전통 청주는 종류도 많고 제대로 빚으면 유럽 와인이나 일본 사께 이상으로 맛있다. 누룩을 이용해 전통방식으로 빚은 청주는 청주라는 이름을 못 쓰고, 일본의 사께 제조방식으로 만든 일본식 청주만 청주라는 이름을 쓸 수 있다는 것은 참으로 반문화적이고 비정상적인 규제다.

넷째, 증류주에 대한 과도한 규제가 좋은 증류주 출현을 막고 있다. 좋은 증류주는 구리로 만든 이중 자켓 방식의 증류기를 사용하고, 증류된 술의 가운데 부분(본류, heart)만 받아서 잘 숙성시키면 만들 수 있다. 한국은 국세청이 탈세 방지라는 이유로 증류주는 회수율을 높게 유지하도록 하고 있어 한국에서는 맛이 나쁘고 몸에 해로운 성분이 있을 수 있는 초류나 후류 부분까지 판매할 수밖에 없다. 이러한 규제하에서는 아무리 좋은 증류기를 사용한다 하더라도 위스키나 꼬냑 같은 고급 증류주를 만들 수 없다.

다섯째는 술의 특성을 무시한 과도한 위생기준 적용이다. 식약청은 술을 일반 식품과 똑같이 HACCP 등의 기준을 적용하여 위생 상태를 관리하고 있다. 이는 외형적으로는 타당해 보이고 식품안전이라는 측면에서 충분한 이유도 있다. 그러나 스토리가 있는 명주 제조에는 잘 맞지 않고 규모가 작은 주류 제조업체에게는 엄청난 비용 부담이 된다. 일본 사께에 관한 한가지 이야기가 있다. 오래된 사께 공장이 어쩔 수 없이 이전을 하게 되었다. 술맛의 유지를 위해 새 공장은 예전 공장과 모든 것을 똑같이 하여 옮겼는데 예전과 같은 술 맛이 나지 않았다고 한다. 예전 공장 천장 구석에 있는 거미줄 때문인 것 같아 거미줄까지 옮겨오니 맛이 거의 같아졌다는 이야기가 있다. 사실인지 지어낸 것인지는 알 수 없지만 그만큼 술은 전통이 중요하다는 점을 드러내는 이야기다.

중국은 더 심하다. 중국의 전통있는 백주 공장은 '교'라고 불리는 발효조가 있는 발효실과, 장기숙성을 위한 숙성실 내부는 잘 청소하지 않는다. 오래된 곰팡이가 술 맛을 좋게 한다고 생각하기 때문이다. 중국 백주 공장의 발효실이나 숙성실 내부의 벽면과 천장 등에는 시꺼먼 곰팡이가 그대로 있다. 한국 식약청에서 보면 즉시 영업정지 감이다. 공장이 깨끗하고 자동화 설비가 있다고 명주가 나오는 것이 아니다. 명주의 조건은 맛, 문화와 전통 그리고 스토리다.[36]

우리 술 산업 발전 방향

우리 술 산업이 발전하려면 참으로 많은 규제개혁과 함께 지원 방식의 변화와 새로운 우리 술 산업 발전 모델 등이 필요하다. 전문가들의 의견이 모아지면 더 많은 구체적 대안이 나오겠지만 우선 몇가지만 제시해보고자 한다.

첫째, 주류 제조면허 등을 포함하여 술 산업을 종합적으로 담당하는 기관을 농림축산식품부로 일원화하는 것을 추진해야 한다. 세상에 평계 없는 무덤이 없듯이 국세청이 주류 제조면허 허가를 담당해야 하는 이유도 분명히 있다. 그러나 국세청은 주무 관청으로서 현재 우리 술 산업이 낙후된 것에 대해 책임을 져야 한다. 권한과 책임은 같이 가는 것이기 때문이다. 이제는 조세수입 중 주세의 비중이 크게 낮아졌다. 술 산업은 조세수입의 확보 대상으로서가 아니라 농업과 국민경제에 도움이 되는 방향으로 접근하고 발전시켜야 한다. 또한 술 관련 규제는 규제의 관성 때문에 담당 부처를 바꾸지 않고는 대대적인 개혁이 어렵다.

둘째, 앞에서 꼭 필요한 중소기업 지원정책으로 제시한 인허가·보고 등의 대행시스템 구축을 우리 술 산업에 우선 적용해보자. 술 관련 인허가 등이 복잡하여 영세기업이나 신설 기업의 부담이 아주 크다. 퇴직 공무원들이 이를 대행해주면 지원 효과가 크고, 인허가 대행 과정에서 업무지도도 가능하며, 현직 공무원에게 문제점을 쉽게 전달할 수 있어 규제개혁도 용이해질 수 있다.

셋째, 우리 술 산업에 대한 지원은 고급술 제조업체, 소규모 업체, 신

---

36 중국 명주의 하나인 수정방은 1998년 중국 사천성 성도의 수정가에 있던 양조장을 보수공사하던 중 원·명 대의 술공장 터를 발견하고, 남아 있던 유적에서 찾아낸 미생물을 배양해 술을 빚는다는 스토리로 유명해졌다.

설 기업에 우선적으로 하여야 한다. 한국에서 싼 술은 기존의 소주와 막걸리로 충분하다. 막걸리나 소주는 생수 값과 별 차이가 없을 정도로 가격경쟁력이 있다. 한국 술 산업에서 필요한 것은 와인이나 위스키, 사께 등과 경쟁할 수 있는 고급술이다. 고급술은 대기업이 많은 설비투자를 해서 만들면 실패했을 때 부담이 크다. 그것이 전통주 관련 유명 대기업이 고급술을 만들지 못하는 이유일 것이다. 고급 우리 술에 대한 시장이 커질 때까지는 소규모 업체가 최소한의 장비로 사람 손을 많이 써 맛있는 고급술을 조금씩 만들어야 한다. 이런 술이 대기업에서 대량생산하는 술보다 명품 술이 될 가능성이 크다. 공장에서 최신 설비로 만든 김치가 손맛 좋은 주부의 김치 맛을 따라잡을 수 없는 것과 마찬가지다.

보다 구체적인 대안은 우리 술산업의 씨를 뿌리듯 고급술을 만드는 기업의 창업 지원을 늘리는 것이다. 그리고 이들이 경쟁과 협력을 통해 새로운 시장을 창출하도록 해야 한다. 농촌지역에서 자가 건물이 있다면 5000만원 정도로 전통방식의 고급 청주와 막걸리를 빚어 팔 수 있는 소규모 양조장을 잘 만들 수 있다.[37] 매출은 술 빚는 능력과 마케팅 역량에 따라 달라지겠지만, 연 5000만원 정도면 1~2인 기업으로 최소 생존은 할 수 있다. 살아남는 양조장이 많아지고 시장이 커지면 협동조합이나 인수합병 등의 형식으로 대형화할 수 있다. 또한 이들 소규모 양조장 중 일부는 맛있는 술과 '스토리'로 미래에 세계적인 명주를 만드는 장인기업으로 성장할 수 있다.

정부는 기존 업체에 대규모로 지원하기보다는 전통청주 등의 사업

---

37 청주·약주·막걸리의 경우 지역특산주(농민주) 면허의 시설 기준은 10제곱미터 이상의 담금실과 간이증류기, 주정계 등의 시험시설로 간단하다.

을 새로 시작하는 사람에게 3~4000만원 정도 지원하고 1~2000만원 정도는 자비로 부담케 해보자. 몇년 지난 다음 이중 매출규모가 일정 수준 이상인 업체를 골라 추가적인 지원을 통해 규모를 키우게 하면 된다. 많은 창업자가 실패할 수 있겠지만 그간 일자리를 제공한 효과와 우리 농산물의 소비를 늘린 효과는 남는다. 정부는 들인 비용에 비해 크게 밑지는 장사는 아닐 것 같다.

넷째는 다양한 과일을 이용한 농가형 증류주 업체를 육성하는 것이다. 사과·포도 등 한국 과일은 당도가 13~15브릭스 정도다. 서양 양조용 포도(22브릭스 내외)에 비해 당도가 크게 떨어져 좋은 과일주를 만들기 어렵다. 설탕 등을 넣지 않고는 알코올 도수 12% 정도의 술을 만들 수 없기 때문이다. 그러나 일반적인 한국 과일에 설탕을 첨가하지 않고 발효시킨 술은 훌륭한 증류주의 재료가 될 수 있다. 알코올 도수 7~8%의 신맛이 많은 과일주는 그냥 마시면 맛이 없지만 증류하면 향이 풍부한 고급 증류주[38]가 될 수 있다. 과일 농가에서 너무 익어 수확기를 놓친 과일이나 상처가 난 과일을 발효해 증류주로 만들면 큰 소득원이 된다. 또한 도수 높은 증류주는 바이오연료의 하나로, 비상시에 에너지원으로 사용할 수도 있다.

증류주 제조업체는 규모가 큰 과일 농가가 겸업하거나, 소규모 과일 농가를 조합으로 만들어 할 수 있다. 이를 위해서는 증류기 공동 사용, 증류주 과세의 단순화 등 많은 규제완화 조치가 필요할 것이다. 여기에

---

38 세계적인 증류주인 꼬냑은 프랑스 꼬냑 지방의 포도로 담근 포도주가 시고 도수가 낮아 보르도 지역의 포도주와 경쟁할 수 없어 증류주로 발전한 것이다. 그리고 노르망디 지역의 사과도 당도가 높지 않지만 깔바도스라는 세계적인 사과 증류주의 원료가 되고 있다.

다 좋은 국산 증류기 제조업체를 지원·육성하면 산업 연관효과는 더 커질 것이다.

이외에 좋은 우리 술과 잘 어울리는 한식 개발, 이러한 술과 음식을 파는 식당에 대한 지원, 술과 음식에 관한 문화 콘텐츠 발굴과 개발, 우리 술과 최고의 건강음료로 알려진 천연발효식초를 연결하여 산업화하는 방안, 우리 술과 한식의 동반 해외 진출 등도 필요한 과제다. 아주 작은 분야인 우리 술만 보아도 개혁해야 할 일과 해볼 만한 일이 아주 많다.

자연의학·민간요법 등의 연구와 검증, 제도화

현대의학은 인간의 수명연장·건강증진 등에 크게 기여해왔다. 그러나 아직 제대로 치유할 수 없는 병이 많고, 의료 혜택을 충분히 받지 못하는 사람도 꽤 있다. 여기에다 한국의 의료산업은 MRI나 CT 촬영기 등 고가 장비 사용이 급속히 늘어나 고비용 구조로 되고 고용효과는 낮은 상황이다. 현재 고령화가 급속히 진행되고 있어 의료 수요와 의료비 지출도 급증할 것이다. 가계의 경제적 부담도 문제지만 향후 국민건강보험의 재정 부실화는 더 심각할 것이다.

한국 의료산업이 안고 있는 여러 문제를 해결할 수 있는 방안 중 하나가 자연의학·민간요법 등의 활성화 및 제도화일 수 있다. 한국은 전통의학의 뿌리가 깊고 이와 관련된 자연의학·민간요법도 다양하다. 그럼에도 자연의학 등에 관심있는 의사는 한국보다 미국·일본 등에서 공부하는 경우가 많다. 의료법 등의 제도적인 문제와 정책당국의 무관심, 의사·한의사들의 밥그릇 지키기 때문이다.

현대의학으로 못 고치는 병, 의사가 못 고치는 병을 가진 사람은 자연의학이나 민간요법 등에 의존하는 경우가 많다. 이 가운데는 효과를 본 사람도 있지만 도움을 못 받고 오히려 피해를 당한 사람도 있다. 물론 민간요법만 그런 것이 아니라, 현대의학도 치료효과는 없고 부작용이 크고 돈만 낭비하는 경우도 상당하다.

한국에서 자연의학이나 민간요법 등으로 분류될 수 있는 것은 아주 많다. 단식, 음양오행론과 경혈론, 기공술과 단전호흡, 침과 뜸, 부항 및 사혈, 지압 및 추나요법, 몸펴기와 요가 등의 신체교정술, 자기(磁氣)치료 등이다. 이러한 것들은 자연의학, 대체의학, 전통의학, 통합의학, 우리의학 등의 이름으로 불리며, 관심을 갖고 실제로 활용하는 이들이 많다. 이중 일부는 한의학 범주에 포함되기도 하지만, 거의 대부분은 개인이나 사설 단체 등을 통해 의료 제도권 밖에서 운영되고 있다. 일부 시술자는 의료법에 따라 불법 의료행위자로 처벌을 받기도 한다.

한국에서 뛰어난 침술사 한 분은 이런 핍박에 시달리다 미국으로 이민 가 난치병 치료에 전념하고 있다고 한다. 자기 나라인 한국에서 불법 의료행위자로 몰려 어렵게 지내던 사람이 세계 의료 선진국인 미국에서 영어도 못하는 외국인 신분으로 정상적인 의료행위를 하고 있다는 것은 무엇인가 크게 이상하다. 이것만 봐도 한국의 의료법이 잘못되고, 의사·한의사들의 욕심이 과도하다는 것을 알 수 있다. 한국도 최소한 현대의학의 본산인 미국이나 유럽과 비슷한 정도로 자연의학·민간요법이 인정을 받고 자리를 잡을 수 있게 해야 한다. 글로벌스탠더드는 기업 부문뿐 아니라 의료산업에도 절실히 필요하다. 국민경제에는 이것이 의료산업의 수출산업화나 영리기업화보다 더 도움이 된다.

아무리 정부조직을 줄이고 정부위원회를 정비해야 한다고 해도 자연의학·민간요법 분야만은 예외로 했으면 좋겠다. 보건복지부에 전담 조직과 관련 학자·전문가·의사·한의사·약사 등으로 구성된 위원회를 만들어야 한다. 우선 수많은 자연의학과 민간요법 등에 대한 자료수집과 연구가 필요하다. 기초연구가 어느정도 이루어지면 검증 작업을 통해 옥석을 가리고 제도화해야 한다. 즉 자연의학과 민간요법 가운데서 치료 효과가 인정되고, 안전성이 있는 것은 제도적인 의료행위로 인정하고 이에 종사하는 사람들은 제한적인 범위 내에서라도 합법적 의료인으로 받아들이는 것이다. 이는 기득권층의 반발이 아주 심할 것이다. 그러나 의사와 한의사 등과 공존할 수 있는 지점도 분명 찾을 수 있을 것이다. 이것들이 잘 제도화되고 확산되면 고령화 사회에 대비한 의료비 절감, 일자리 창출, 국민건강 증진을 이룰 수 있을 뿐 아니라 한국 의학 발전에도 도움이 될 것이다.

북한에 토끼사육 지원 및 개성공단 등에 토끼가죽 가공공장 건립[39]

남북한의 협력사업 대상은 아주 많다. 건설업이 대표적일 것이다. 한국에서는 건설 부문의 과잉투자가 문제이고, 북한에서는 사회간접자본 등이 크게 부족하다. 이외에 농업·임업·광업·섬유봉제·조선업 등 거의

---

39 (주)삼양모피의 이영일 대표가 제안한 내용을 정리한 것으로, 『창작과비평』 2012년 가을호의 「한국경제 무엇을 먹고 살 것인가?」에 포함되었던 내용이다.

모든 산업이 협력 대상이다. 사소해 보이지만 북한 주민과 한국기업에 실질적으로 큰 도움이 될 수 있는 남북협력사업이 있다. 북한 주민에게 토끼사육을 지원하고 개성공단 등에 한국기업이 토끼가죽 가공공장을 건립하는 방안이다.

한국은 세계적으로 인정받는 토끼·여우·밍크 등의 모피 가공기술을 갖추었지만, 원피는 거의 전량 수입에 의존하고 있다. 가장 저렴한 모피인 토끼가죽은 과거에는 중국에서 사육한 것을 수입했으나, 최근에는 중국도 경쟁력을 잃어 주로 유럽 생가죽을 수입하여 중국에서 1차 가공후 한국에서 사용하고 있다. 프랑스·벨기에·스페인 등은 토끼고기를 먹기 때문에 부산물인 토끼가죽을 수출할 수 있는 것이다. 토끼가죽 생피 1장 가격은 2달러 내외이며 한국의 최대 모피 가공기업의 연간 수입량은 400만장 정도다.

남북경협기금을 이용, 토끼 사육장과 종자 토끼를 북한 주민에게 지원하고 개성공단 등에 토끼가죽 가공공장을 건립하여 북한 주민이 사육한 토끼가죽을 전량 수매하는 것이다. 토끼는 번식력이 높고 생육기간이 짧다. 또 주 사료가 풀이기 때문에 북한 주민의 식량과 경합도 적어 어려운 북한 경제 여건에서 쉽게 기를 수 있다. 이 방안이 시행되면 북한 주민의 소득 증가와 단백질 공급원 확보, 한국 기업의 수익 증가 등 일석삼조 효과를 거둘 수 있다.

중국도 토끼가죽 수입국이기 때문에 북한의 토끼사육 지역이 확대되고 토끼가죽 가공공장이 늘어나면 관련 산업은 남한과 북한의 수출산업으로 성장할 수 있다. 또한 우리 입맛에 맞는 토끼고기 조리법이 개발되면 남한 육류 소비의 해외의존도를 낮출 수도 있다. 장기적으로는 가격이 토끼의 10배 정도인 렉스토끼, 70배 정도인 여우나 밍크 사육으로 발전할 수도 있다. 렉스토끼 사육은 현재 중국이 주도하고 있으며 여우와 밍크 사육은 북유럽 선진국이 주도하는 첨단 축산 분야로 중국이 눈독을 들이고 있다. 또한 나무가 없어 북한의 산은 가뭄과 홍수 피해가 크다. 헐벗은 북한의 산에 아카시아 등 토끼사료로 사용될 수 있는 나무의 조림사업과 병행하면 파급효과가 더 클 것이다.

아시아판 에어버스 사업[40]

에어버스는 프랑스·독일·영국·스페인 등이 공동 투자한 항공기 제작 회사다. 최종 조립과 경영을 담당하는 본사는 프랑스 툴루즈에 있고, 공장은 독일·영국·스페인 등 유럽과 미국·중국 등에 있다. 1960년대에 들어 프랑스·독일·영국은 미국의 보잉사와 맥도넬 더글라스사 등에 비해 경쟁력이 크게 떨어지는 자국 항공기 제작 기업들의 통합을 추진했다. 이는 1965년 파리 에어쇼를 계기로 구체화되었지만 각국의 이해관계가 얽혀 처음에는 추진이 쉽지 않았다. 1968년에 MOU가 체결되고 1970년 통합 항공기 제작 기업인 에어버스사가 설립되었다.

에어버스사는 베스트셀러 기종인 중형 여객기 A320에 이어 세계 최대 여객기 A380 등을 개발하여 미국 보잉사와 함께 세계 여객기 시장을 양분하고 있다. 프랑스·독일·영국의 자국 항공기 제작 기업을 통합하지 않았다면 불가능했을 일이다. 한국·중국·일본·러시아 등 동아시아

---

40 법무법인 가인 대표 김진욱 변호사가 아이디어를 제공했고, 한국의 민간기업 쪽에서도 유사한 제안이 나오고 있다.

지역 국가도 자국 항공기 제작 기업의 경쟁력 강화, 동아시아 지역의 평화와 협력 등을 위해 민간항공기 제작 사업을 공동으로 추진하는 것을 생각해볼 수 있다.

중국은 세계에서 가장 빠르게 성장하는 시장을 가졌고, 우주산업과 군용기 제작 능력을 볼 때 민간항공기 제작을 위한 기초능력은 충분하다. 또한 중국은 오래전부터 민간여객기의 자체 제작을 위해 의욕적으로 대규모 투자를 해왔다. 현재 중국상용항공기유한공사(COMAC)에서 소형 여객기를 제작하고 있으나, 경제성·안전성 등에서 경쟁력을 확보하지 못한 상태다. 항공기 제작은 설계·엔진 제작 등 핵심기술도 중요하지만 실제 가장 중요한 것은 수천개 부품을 제대로 조달하고 조립할 수 있는 능력이다. 즉 수많은 부품 공급업체가 각 부품을 정밀하게 만들 수 있게 조율해야 하고, 최종 단계에서 이를 납품받아 오차 없이 조립해야 한다. 이런 면에서 중국의 경쟁력이 아직 조금 부족한 것으로 보인다.

일본은 항공기 제작 역사가 오래되고 항공기의 엔진과 부품뿐 아니라 기계·전자 등 관련 분야의 기초 기술력이 뛰어나다. 최근 일본 미쓰비시 항공제작소는 지역 제트여객기(70~100인승) 개발을 완료하고 생산·판매를 시작하고 있다. 경제성·안전성이 뛰어나다고 알려져 있으나 시장 확보에는 한계가 있을 것으로 보인다. 러시아는 항공기 제작 역사가 오래되었고, 자국 시장도 크고 항공기 제작업체도 많다. 그러나 시장에서 신뢰성이 높지 않다.

한국은 한국항공우주산업(KAI)이 군수산업용에 주력하여 민간항공기 분야에서는 실적이 미미하다. 최근 한국항공우주산업이 에어버스사 등에 여객기 날개 구조물 등 항공기 부품의 공급을 하고, 대한항공 등도 여객기 정비뿐 아니라 부품 생산에도 투자를 늘리고 있지만 아직 걸음마 단계다. 그렇지만 한국은 중국과 일본 등의 사이에서 이견과 대립을 조정할 수 있는 장점이 있다고 생각된다.

중국·일본·러시아·한국 가운데 어느 나라도 혼자서는 앞으로 상당 기간 보잉사나 에어버스사와 경쟁할 세계적인 민간항공기 제작 기업을 키울 수 없을 것 같다. 3~4개국이 연합하면 가능성이 있다. 한국이 주도적으로 동아시아 지역의 민간항공기 제작 기업의 통합을 추진해보자. 어렵고 시간이 많이 걸리고 국가 간 이견이 커 쉽지 않을 것이다. 그러나 유럽의 에어버스 성공 사례에서 보듯이, 불가능하지는 않다. 민간항공기 제작 사업에는 뛰어난 핵심기술과 수많은 부품의 정밀한 조립을 위한 많은 부품 기업의 협력이 필요하다. 또한 이는 군수산업과도 연결되어 있다. 이러한 사업을 한·중·일·러가 공동으로 추진해간다면 동아시아의 협력 수준을 한 단계 높일 수 있다.

이 사업을 북핵 문제 해결 등 동아시아 평화체제 구축과 연결할 여지도 있다. 북한이 핵문제를 국제사회가 받아들일 수 있는 수준으로 양보하면 합작 민간항공기 조립 공장이나 핵심부품 공장 등을 북한 지역에 설립한다는 안을 제안해볼 수 있는 것이다. 북한이 이를 받아들이고 미국·중국·일본 등이 동의해야 가능한 일이지만 우선 누군가가 나서서 시작이라도 해보자.

오래 미뤄두었던 숙제를 끝냈지만 홀가분하지가 않다. 이 책에서 제시한 정책대안의 대부분이 쉽게 실현될 것 같지 않기 때문이다. 한국의 기득권 세력은 힘이 강할 뿐 아니라 이익을 위해서는 어떻게든 뭉친다. 반면 개혁 세력은 수가 부족한데다 생각이 서로 다르고 문제해결 능력도 별로 없다. 지금 한국 상황은 조선이 영·정조 시대의 부흥기를 끝내고 서서히 쇠락해가던 1800년대 초반과 비슷한 것 같다. 이후 조선은 몇 번의 기회와 시간이 주어졌음에도 개혁에 실패하고 일제의 식민지가 되었다. 이미 지나가버린 역사를 두고 가정하는 것만큼 허망한 일이 없지만, 정조가 요절하지 않고 개혁정치가 성공했다면 조선은 어찌 되었을지 가끔 상상해보게 된다. 아마도 일제의 지배, 남북분단, 한국전쟁도 겪지 않고 완전히 다른 나라가 되었을 것이다.

한국은 남북분단과 한국전쟁을 겪고도 지금까지 대단한 경제적 성과를 이루어왔다. 그러나 2000년대 중반 이후 양극화 심화와 중산층 붕괴,

급격한 출산율 저하, 저성장 기조 고착 등 나라의 쇠락 징후가 계속 나타나고 있다. 지금 우리가 어떤 선택을 하느냐에 따라 한국의 미래가 크게 바뀔 것이다. 현재의 한국은 분단국가지만 1800년대 조선과 달리 정치지도자를 스스로 뽑는 민주국가이고, 인터넷과 SNS 등 국민이 다양하게 정보를 얻고 소통할 수 있는 수단이 있다. 한국의 미래에 대한 국민의 책임이 더 커진 것이다.

우리가 바른 선택을 하고 개혁에 성공한다면 우리도 선진국 대열에 합류할 수 있다. 미국 같은 패권 국가까지는 아니어도 독일·프랑스 같은 나라는 노력하면 될 수 있다. 독일은 경제력뿐 아니라 복지와 환경까지 갖춘 한국의 모델이 될 수 있는 국가이다. 또한 독일은 몇가지 점에서 한국과 비슷하기도 하다. 분단국가였다는 점, 인구가 8200만으로 통일 한국과 비슷하다는 점, 제조업 비중이 상대적으로 높은 산업구조라는 점 등이다. 여기에다 한국인과 독일인은 종교적이기보다는 이성적이고, 경제적 가치와 함께 자유·평등 등 정치적 가치도 비슷하게 중시한다는 점에서 가치관이 유사하다는 의견도 있다. 그러나 중소기업의 경쟁력, 노사관계, 교육제도, 환경 문제 등 여러 면에서 한국과 독일은 크게 다르다. 특히 다음 네가지는 독일이 경쟁력을 유지하는 기본 덕목으로 한국에 가장 부족한 부분이다.

첫째, 독일은 국민의 정직성과 제도의 공정성을 바탕으로 사회의 신뢰 수준이 아주 높다. 신뢰 수준은 사회적 자본의 기본 요소로, 앞서 살펴본 대로 경제 전체의 효율성과 생산성을 좌우하는 핵심 변수다. 국민의 정직성과 제도의 공정성에 국민의 법규 준수, 고발정신이 더해져 독일은 탄탄한 신뢰구조를 지닌 국가로 자리매김했다. 서로 믿을 수 있는 사회라는 것이 독일의 공동체 의식과 국가경쟁력의 기초다.

둘째, 독일은 국민경제에 기여한 정도에 상응하는 정당한 보상체계가 잘 작동하고 있다. 엔지니어와 기능인이 좋은 대우를 받고 대기업과 중소기업의 임금격차가 적다. 교수와 의사는 명예가 있고 존경을 받지만 금전적으로 특별한 대우를 받지 않는다. 대학을 가지 않은 기능인이 마이스터가 돼 조그만 사업장을 운영하면 의사나 교수보다 더 많은 소득을 올리는 경우가 많다. 교수와 공무원보다 엔지니어·기능인·무역회사 직원 등이 생산과 수출에 더 직접적으로 기여하기 때문에 더 많은 보상을 받아야 한다. 이러한 보상체계를 갖추어야 과학기술이 발전하고 성장잠재력이 커진다.

셋째, 독일이 1870년대 비스마르크 시대 이후 폭넓은 사회보장제도를 구축하여 시행하고 있는 것도 강한 경쟁력의 중요한 요인이다. 사회보장제도의 유지를 위한 높은 세금이나 혜택에 기댄 노동의욕 감퇴는 경쟁력을 약화하는 요인으로 작용할 수 있지만, 사회보장제도로 인한 사회통합과 안전망이 가져오는 엄청난 효과에 비하면 미미한 수준이다. 탄탄하게 운영되는 사회보장제도는 빈민층이 자포자기로 범죄와 마약 등에 빠지는 것을 방지하여 노동력 상실을 막고 치안유지 비용도 크게 줄일 수 있다. 사람들로 하여금 창의적이고 다양한 일에 도전하게 하여 문화예술과 인문학 그리고 기초과학 등이 발전하고 경제의 역동성을 유지할 수 있다. 무엇보다 인간이 인간답게 살 수 있다. 이것은 경쟁력 이상의 문제다.

넷째, 독일은 물가와 부동산가격이 안정되어 있다. 독일의 소비자물가는 2000년 이후 연 1.7% 내외로 상승했고, 전국 주택가격은 통독 이후 연 1% 정도 상승하여 소비자물가 상승률보다 낮다. 물가와 부동산가격의 안정은 독일의 높은 세금과 적은 노동시간을 보완하여 국가경쟁력을 강화시킨다. 주거비와 생계비가 안정되어 노동자들은 낮은 임금상승을 받아들일 수 있다. 기업이나 개인 등 경제주체는 부동산가격 상승 등 투기적 이익을 추구하지 않고 생산적인 투자와 자신의 업무에만 열중해도 사업과 살림살이를 유지하는 데 문제가 없다.

독일이 갖고 있는 네가지 기본 덕목은 상식적이고 당연한 것이지만, 다른 국가들이 제대로 갖추기는 어렵다. 이 책의 여러 정책대안은 한국이 이 네가지 덕목을 갖출 수 있게 하는 것이라고도 볼 수 있다. 일본은 1970~80년대 고도성장기를 거쳐 경제대국이 되었지만 이후 잃어버린 20년이라는 장기 침체를 겪고 있다. 일본은 역사왜곡 등을 볼 때 국민의 정직성이 충분치 못하고, 1980년대 말 부동산 시장의 엄청난 거품이 있었다. 이러한 것들이 일본경제를 힘들게 하는 기조적 원인일지 모른다.

한국은 네가지 기본 덕목이라는 측면에서 일본보다도 수준이 더 미약하다. 일본은 선진국이 된 이후에 장기 침체에 빠졌지만, 한국은 제대로 된 선진국이 되어보지도 못하고 무너져버릴 수 있다. 우리가 어떤 선택을 하느냐에 우리의 미래가 달려 있다. 우리 국민은 굉장히 근면하고 똑똑하기 때문에 핵심적인 정책대안 몇가지라도 시행된다면 지금의 어려움을 극복하고 한국경제의 질적 수준을 한단계 높일 수 있다. 희망을 가져야 꿈이 이루어진다.

그레고리 맨큐『거시경제학』(제5판), 이병락 옮김, 시그마프레스 2003.

김낙년「한국의 개인소득 분포: 소득세 자료에 의한 접근」, 낙성대경제연구소 워킹페이퍼 2014.8.

김대호『2013년 이후: 희망코리아 가는 길』, 백산서당 2012.

김정성·이영호「주택시장의 월세주거비 상승이 소비 및 소득분배에 미치는 영향」,『조사통계월보』제69권 5호, 한국은행 2015.6.

마쓰바라 류이치로『경제학 세계명저 30선』, 최선임 옮김, 지식여행 2010.

박승록「한국 기업의 성장과 성과 2010」,『한국경제연구원 정책연구』, 한국경제연구원 2011.

박양수 외『부채경제학과 한국의 가계 및 정부부채』, 한국은행 2012.

박양수·김도완·연승은·최창훈「금융중립적 잠재GDP 및 GDP갭 추정」,『조사통계월보』제68권 4호, 한국은행 2014.5.

박양수·장영재·김현수·구자현「GDP갭 추정의 불확실성과 통화정책」,『조사통계월보』제67권 4호, 한국은행 2013.4.

백두현『음식디미방 주해』, 글누림 2006.

손민규·조항서「인플레이션이 실물투자에 미치는 영향」,『조사통계월보』제 67권 9호, 한국은행 2013.9.

시드니 호머· 리처드 실라『금리의 역사』, 이은주 옮김, 홍춘욱 감수, 리딩리 더 2011.

월간조선 편집부 엮음『마이스터의 나라 독일』, 월간조선사 2004.

유종일·윤석준·주상영·이진순『피케티, 어떻게 읽을 것인가: 21세기 자본과 한 국 사회』, 지식협동조합좋은나라 기획, 유종일 엮음, 한울아카데미 2015.

윤경수·엄상민·이종현「환율변동의 소비 및 투자에 대한 대체효과와 소득효 과」,『조사통계월보』제66권 4호, 한국은행 2012.4.

이근태·고기영「우리나라 장기침체 리스크 커지고 있다」, LG ERI 레포트, LG경제연구원 2015.5.20.

이병기「중소기업의 중견·대기업으로의 성장동인과 정책과제」,『한국경제연 구원 정책연구』, 한국경제연구원 2013.

이재준『문명의 수레바퀴 그리고 이탈: 폭력의 지배에서 민주주의의 승리까 지』, 백산서당 2012.

장근호『주요국의 조세제도: 미국편 I』, 한국조세재정연구원 2012.

정대영「관료개혁, 4대 방안으로 실현하자」,『창작과비평』2015년 봄호.

_____「한국경제, 무엇을 먹고살 것인가」,『창작과비평』2012년 가을호.

_____『동전에는 옆면도 있다: 정대영의 금융 바로 보기』, 한울 2013.

_____『신위험 관리론』, 한국금융연수원 2005.

_____『한국경제의 미필적 고의: 잘사는 나라에서 당신은 왜 가난한가』, 한울 2011.

정대영·장광수『시장환경분석: 경기분석』, 한국금융연수원 2002.

정운찬·김홍범『화폐와 금융시장』(제3판), 율곡출판사 2007.

조국준「우리나라 국민연금제도는 지속가능하며 고령사회를 대비할 수 있는
　　　가?」, 국민연금연구원 세미나 자료, 2014.3.28.

케네스 로고프·카르멘 라인하트『이번엔 다르다』, 최재형·박영란 옮김, 다른
　　　세상 2010.

KB금융지주경영연구소「주요국의 주택가격 비교와 시사점」, KB 경영정보리
　　　포트 2013-11호, KB금융지주경영연구소 2013.9.

토마 피케티『21세기 자본』, 장경덕 외 옮김, 이강국 감수, 글항아리 2014.

한국은행 경제통계국 엮음『산업연관표』해설편, 한국은행 2014.

_____『알기 쉬운 경제지표 해설, 2014』, 한국은행 2014.

_____『우리나라의 국민계정체계』, 한국은행 2010.

한국은행 국제협력실 엮음『국제금융기구』, 한국은행 2011.

한국은행 금융시장국 엮음『우리나라의 금융시장』, 한국은행 2009.

한국은행 정책기획국 엮음『우리나라의 통화정책』, 한국은행 2005.

한국은행 조사국 엮음『한국의 금융제도』, 한국은행 2011.

황태호·이강수「주류산업과 경쟁정책」, 공정거래위원회 2010.

「국민대차대조표 공동개발 결과(잠정)」, 한국은행·통계청 2014.5.

「2014 국세통계연보」, 국세청 2014.12.

Balton Patrick, "Relationship and Transaction Lending," BIS 2013.

BIS, Basel III, "A Global Regulatory Framework for More Resilient Bank and
　　　Banking System," 2010.

David N. Weil, *Economic Growth* (3rd ed.), Pearson 2013.

IMF, "Managing Systemic Banking Crisis," 2003.

Klaus Schwab, "The Global Competitiveness Report 2014~2015," World Economic Forum.

"KRW and Export; Weakening Links," Goldman Sachs 2010.3.

Mc Kinsey Global Institute, "Financial Global Future: Retreat or Reset, Global Capital Market," 2013.3.

McCallum Bennett T., *Monetary Economics*, Macmillan Publishing Company 1989.

Mishkin, Frederic S., *Financial Markets and Institutions*, Addison-Wesley 2000.

Nicholas BARR, *Economics of the Welfare State* (4th ed.), Oxford University Press 2004.

Richard Bluhm and Adam Szirmai, "Instituions, Inequality and Growth," Innocenti Working Paper, 2011.5.

Younggak Kim, Myungchul Kim, Seongyon Im, "Impact of demographic change upon the Sustainability of Fiscal Policy," Bank of Korea 2014.

한국경제 대안 찾기
경제정책 전문가가 제안하는 대한민국 개혁 매뉴얼

초판 1쇄 발행 / 2015년 12월 7일
초판 2쇄 발행 / 2016년 1월 8일

지은이 / 정대영
펴낸이 / 강일우
책임편집 / 김정희·박대우
조판 / 신혜원
펴낸곳 / (주)창비
등록 / 1986년 8월 5일 제85호
주소 / 10881 경기도 파주시 회동길 184
전화 / 031-955-3333
팩시밀리 / 영업 031-955-3399 편집 031-955-3400
홈페이지 / www.changbi.com
전자우편 / human@changbi.com

ⓒ 정대영 2015
ISBN 978-89-364-8600-6 03300